トマ・ピケティ

平等についての小さな歴史

広野和美訳

みすず書房

UNE BRÈVE HISTOIRE DE L'ÉGALITÉ

by

Thomas Piketty

First published by Éditions du Seuil, 2021

平等についての小さな歴史▩目次

9 新植民地主義からの脱却 175

10 環境に配慮した多民族共生の民主社会主義へ 193

謝辞

「あなたの著書はとても興味深いです。でも、その研究について友人や家族と共有できるように、もう少し短くまとめて書いてもらえるとありがたいですが、どうでしょう？」

このささやかな本はある意味、読者の皆さんにお会いするたびに決まって言われたそんな要望に応えたものだ。私はこの20年間に不平等の歴史について3冊の著作を世に出したが、いずれもおよそ1000ページにも及ぶものになった。『格差と再分配――20世紀フランスの資本』（早川書房、2016年）『21世紀の資本』（みすず書房、2014年）『資本とイデオロギー』（みすず書房、2023年）の3冊だ。これらの著作はそれ自体、比較歴史研究の大規模な国際プログラムから得た情報に基づいている。このプログラムは、いくつもの報告書や共同研究を発表し、世界不平等データベース（WID.world）[1]を発展させてきた。こうして積み重ねられた膨大な量の考証を前にすれば、どんなに好奇心旺盛な人でも意気消沈してしまうことだろう。そこで私はこれまでの研究を要約することにした。本書はその成果である。

しかし本書は、こうした研究から得られる主な教訓を総論的に紹介しているだけではない。この数年間に持ちあがったさまざまな問題についての論争を取り上げながら、自分の数々の研究を通して深めた確信に基づいて平等の歴史についての新たな展望を示している。平等への歩みはずっと前からあるもので、ぜひとも21世紀に引き継ぐべき闘いだが、そのためには、往々にして前進を妨げているアイデンティティや生活規範の違いによる対立をみんなで力を合わせて断ち切らなければならない。経済問題は非常に重要で、一握りのスペシャリストや指導者たちに任せてはおけない。力関係を変えるには、市民が経済に関する知識を得ることがひとつの重要なステップだ。もちろん一部の読者には、いずれはもっと分厚い著書（分厚いが、非常に読みやすいと断言する！）を読むよう説得したいと思っている。いずれにしろ、この短い本は他の著作と切り離して読むことができる。このような取り組みに向けて背中を押してくれたすべての読者、学生、一般市民の皆さんに、ここに感謝の意を表したい。皆さんからの質問のおかげで本書の内容を豊かなものにすることができた。本書をそういう方々に献呈する。

はじめに

本書では、人間社会における社会階層間の不平等が歴史上どのように変化してきたかについて考察する。これはむしろ平等の歴史といえるだろう。なぜなら、これから見ていくように、歴史の流れにおいて社会・経済・政治面での一層の平等に向かう長い動きがあったのだから。

平等の歴史は決して平穏なものではなく、途切れなく進んだわけでもない。本書で学ぶ平等の歴史においては、反乱、革命、社会闘争、さらにはあらゆる種類の危機が重要な役割を果たしている。平等の歴史にはまた、幾度となく以前の状態に戻った時期やアイデンティティへの引きこもりの時期があった。

いずれにせよ、少なくとも18世紀末以降は平等に向かう歴史的な動きがあった。2020年代初頭になっても相変わらず世の中は不平等に見えるが、1950年代や1900年代に比べればずっと平等な世の中になっている。その1950年代や1900年代も1850年代や1780年代に比べれば多くの面でずっと平等になっていた。もっともその細かい推移は時代によって異なるし、社会階級間の不平等をどの角度から見るかによっても異なる。社会階級は、法的身分、生産手段を所有しているかどうか、また、所得、学歴、性別、国籍あるいは民族や人種によって決まるのだ。しかし、どんな指標をとってみても、長い歴史を通して同じようなことが確認できる。１７８０年代から２０２０年代までの間に地球上のほとんどの地域や社会で、またある意味で世界的に、社会的地位、資産、所得、性別、民族による不平等が次第に解消される傾向が見られる。さまざまな面での不平等について世界を見渡してみれば、ときに想像以上に複雑で対照的な１９８０年代から２０２０年代にかけての時期にも、こうした平等への歩みは続けられてきた。

確かに18世紀末以降、平等への長いうねりが続いていたが、その規模は限定的だった。本書では、社会的地位、資産、権力、所得、性別、出自などあらゆる面で著しく不当なさまざまな不平等がまかり通り続け、しかも、その影響を個人レベルで何重にも被るケースさえあることを見ていく。平等に向かう傾向が確実にあったとはいえ、決して胸を張れるようなレベルではなく、むしろその反対だ。それだけに歴史が残した確固たる基盤の上で闘いを続けようと呼びかける必要がある。平等を求める運動が実際にどのようにして起こったのかということに関心を向ければ、そこから将来に向けた貴重な教訓を引き出し、どのような闘争や運動によって平等を勝ち取ることができたのか、また平等を持続的に実現できる対策や法律、社会、税、教育、選挙などの制度について、もっとよく理解できる。残念ながら、こうした公正な諸制度を共に学ぶプロセスは、歴史の忘却、知的なナショナリズム、知識の細分化によって弱められがちだ。平等への歩みを追求するには、歴史に立ち返り、諸国間の国境と規律の境界線を乗り越えることが急務である。本書の目的は、歴史と社会科学を学びながら市民に結集を呼びかけ、平等な社会に向けて前進するよう促すことだ。

新しい経済史、社会史

今、本書を執筆することができるのは、何よりもここ数十年の間に経済史、社会史や社会科学の研究を徹底的に塗りかえた世界中の数々の研究のおかげだ。

とくに、資本主義や産業革命の歴史を真に世界的な視野で捉えた多くの研究をよりどころとしている。その中にはたとえば、18世紀および19世紀のヨーロッパと中国の『大分岐』[1]についてケネス・ポメランツが著した2000年刊行の著書がある。これは、1979年刊行のフェルナン・ブローデルの著書、『物質文明・経済・資本主義』やイマニュエル・ウォーラーステインの世界システム[2]に関するいくつかの著書が刊行されて以来、おそらく世界経済史について最も重要で最も影響力のある書物だろう。ポメランツによれば、ヨーロッパにおける産業資本主義の発展は、国際分業システム、天然資源の過剰な開発、ヨーロッパ列強によるその他諸国の軍事的植民地支配と密接な関わりがある。その後も、プラサナン・パルタサラティやスヴェン・ベッカートの研究、「資本主義の新しい歴史」をめぐる近年の潮流など、この結論を裏づける研究書[3]が多く世に出ている。

より広くは、植民地帝国と奴隷制の歴史、グローバルで接続された歴史といった研究がここ20—30年の間に大きく進んだため、私はそうした研究も大いに参考にしている。とくに、フレデリック・クーパー、キャサリン・ホール、オル・ローゼンボイム、エマニュエル・サーダ、ピエール・サンガラヴェルー、サンジェイ・スブラフマニヤム、アレッサンドロ・スタンチアーニの研究や、本書で言及する多くのその他の研究[4]が挙げられる。また、近年、息を吹き返している民衆史や闘争史[5]をめぐる研究からも着想を得ている。

本書は、社会階級間の富の分配の変遷に関する研究が進められていなければ書き上げることはできなかっただろう。富の分配に関する研究はそれ自体長い歴史がある。どんな社会においても、少なくともプラトンが『国家』や『法律』を著して以降、貧しい者と富める者の格差の実際の状況や、推定される状況、あるいは望ましい状況についての研究や分析がなされてきた（プラトンは『法律』のなかで、富の格差は1対4を超えるべきでないと言っている）。18世紀にはジャン＝ジャック・ルソーが、私有財産の形成とその桁外れの蓄積が人間の不平等と対立の原因であると記している。いずれにしても、労働者の賃金や生活状況、また所得・利益・資産に関する新たな資料に関する本格的な調査が進められるようになったのは産業革命以降のことだ。19世紀には、活用できる手段や資料が限られていたなかで、カール・マルクスがその時代のイギリスにおける金融資産や相続財産に関するデータを最大限活用しようとした。[6]

20世紀になると、この問題についての研究はより体系的に検討されるようになった。研究者は物価、賃金、地代、利益、相続財産、土地の区画などのデータを大々的に収集し始めた。エルネスト・ラブルースは１９３３年に出版した壮大な研究書『18世紀フランスにおける物価および所得の変動についての試論 *Esquisse du mouvement des prix et des revenus en France au 18e siècle*』の中で、フランス革命前の数十年間に、人口圧が非常に高いという状況下で麦の価格や地代に比べて農民の労賃が低下したことを明らかにしている。革命を唯一の理由にしなくとも、こうした変化が貴族階級や当時の政治体制に対する不満を増幅させる一方だったことは明らかだ。[7] １９６５年に刊行された『19世紀フランスにおける利益の変動 *Mouvement du profit en France au 19e siècle*』でジャン・ブーヴィエとその共著者は研究要綱の最初の数行に、「学術調査が現代社会における各社会階級の所得に踏み込まないでいる限り、価値のある経済史や社会史に取り組もうとしても無駄だろう[8]」と書いている。

こうした新しい経済史、社会史の研究の多くは、１９３０年代から１９８０年代にかけてフランスの歴史研究分野にとりわけ強い影響を与えた「アナール学派」とのつながりが深く、所有権制度に関する研究に力を入れている。たとえば、１９３１年にマルク・ブロックが中世および近代の典型的な土地所有制度に関する古典的研究[9]を発表している。また１９７３年にはアドリーヌ・ドマールが19世紀フランスの相続記録文書の大規模な調査結果を公表した。[10] この傾向は１９８０年代以降はいくぶん足踏みするものの、その業績は社会科学の研究実績にいつまでも刻まれている。20世紀の間に、フランソワ・シミアン、クリスチャン・ボードロ、エマニュエル・ル・ロワ・ラデュリ、ジル・ポステル＝ヴィネなど多くの歴史家、社会学者、経済学者らによって賃金と物価、所得と富、税と資産に関する歴史的研究書が数多く出版された。(11)

英米の歴史家や経済学者も同様に富の分配の歴史に布石を打つことに貢献している。1953年、サイモン・クズネッツは国民所得における高所得の割合がどのように推移したかを調べるため、(1930年代の経済危機による痛手をきっかけに自ら作成に協力した）最初の国民経済計算と（長い政治・憲法論争の末に1913年に制定された）連邦所得税に関するデータを併せて分析した。(12)この調査は一国（アメリカ）のみが対象で、調査期間も比較的短い（1913−1948年）が、この種の分析がなされたのは初めてのことで、大きな反響を呼んだ。ロバート・ランプマンも1962年に連邦相続税に関するデータをもとに同様の調査をしている。(13)1978年には、トニー・アトキンソンがイギリスの相続税に関するデータに基づいてより深い分析を進めた。(14)またその少し前、1977年にはアリス・ハンソン・ジョーンズが植民地時代のアメリカ人の物故者財産目録の広範な調査結果を公表している。(15)

これらの先人の業績をベースに、2000年代初頭には所得および資産に関する新たな歴史的研究プログラムが立ち上げられた。トニー・アトキンソン、ファクンド・アルヴァレド、ルカ・シャンセル、エマニュエル・サエズ、ガブリエル・ズックマンをはじめ非常に多くの同僚の力強い後押しで、私にもこのプログラムに参加する機会が与えられた。(16)それまでの数々の研究とは異なり、この新しい潮流の研究では素晴らしい技術的手段が活用されている。1930−1980年代に、ラブルースやドマール、クズネッツらは厚紙のカードを使ってもっぱら手作業で研究を行っていた。データの収集や分析結果の表作成にとてつもない技術的な手間がかかり、歴史的な解釈や別の資料の収集、カテゴリーごとの批判的な分析をするエネルギーが研究者にほとんど残っていないことすらあった。そのために、おそらく、あまりに「時系列的」すぎる（すなわち、どんな方法であれ社会科学をいくらか進歩させるために必要な条件ではあるが、いずれもそれだけでは十分ではないと思われる時代別、地域別に比較できる歴史時系列を作ることに偏りすぎている）と見なされ、歴史を曖昧にすることになっただろう。そのうえ、こうした研究の最初の波が来たときに収集された資料はほとんど残っていないため、再利用できる資料が限られ、本格的なデータの累積は難しかった。

ところが２０００年以降にデジタル化が進歩したことで、より多くの国に関する、より長期にわたる分析が可能になった。この研究プログラムから生まれた「世界不平等データベース」は２０２１年現在、世界のあらゆる地域の80カ国以上を対象に、１００人ほどの研究者の努力が結集したものであり、遡ること18―19世紀から21世紀初頭に至るまでの所得と資産の分配に関するデータが揃っている。[17] このような長期にわたる、より広範な比較展望をすることで、さまざまな比較が可能になり、観察された推移の社会・経済・政治的な解釈を著しく前進させることができた。このデータベース構築という共同作業を成し遂げたことで、私は２０１３年と２０１９年に富の分配の歴史的推移をはじめて総合的に分析した二冊の著書を刊行することができ、この問題について開かれた議論を促すことができた。[18] また近年、政治社会学者、シーモア・リプセットとスタイン・ロッカンが１９６０年代に取り組んだ研究の流れを受けて、アモリー・ゲタンとクララ・マルチネス＝トレダノが社会の不平等や政治の分断の構造の変化についての研究に取り組んでいる。[19] こうしたさまざまな研究によって、いくらか前進できたには違いないが、さまざまな資料や能力をより効果的に相互活用して、新たな変化をもたらす端緒となったさまざまな事象、制度、運動、闘争、戦略、当事者などを満足できる方法で分析できるようになるには、まだまだやるべきことがたくさんあることを強調したい。

より総合的に見れば、今、本書を執筆することができたのは、非常に多様な手法を活用した数々の社会科学の研究書のおかげである。そうした書物を通して、平等の歴史に関する問題についての知識を深めることができたからだ。とりわけ数年前から新しい世代の研究者たちが、歴史、経済、社会、法律、人類学、政治科学の境界線を越えて、平等や不平等の社会的・歴史的動態に関する考察を刷新する多分野にまたがる研究を進めている。たとえば、ニコラ・バレイル、ティティ・バタチャーリャ、エリック・ベングトソン、アスマ・ベンヘンダ、マルレーヌ・ベンケ、セリーヌ・ベシエール、ラフェ・ブラウファルブ、ジュリア・カジェ、ドゥニ・コニョー、ニコラ・ドゥラランド、イザベル・フェレラ、ナンシー・フレイザー、シビル・ゴラック、ヤジュナ・ゴーヴィンド、デヴィッド・グレーバー、ジュリアン・グルネ、ステファニー・アネット、カミーユ・エルラン＝ジレ、エリーズ・ユイルリー、ステファニー・ケルトン、アレクサンドル・キルヴァルト、クレール・ルメルシエ、ノアム・マゴール、ドミニク・メダ、エリック・モネ、イワン・マクゴーギー、パップ・ンディアイ、マルタン・オニール、エレーヌ・ペリヴィエ、ファビアン・フェッファー、カタリナ・ピストール、パトリック・サイモン、アレクシス・スパイア、パヴリーナ・チェルネワ、サムエル・ウィークス、マドレーヌ・ワーカー、ショシャナ・ズボフらの名前が挙げられる。その他にもここには言及しきれないが、本書のページが進むにつれて登場する研究者が数多くいる。[20]

不公平に対する反乱、公正な制度を学ぶ

こうした新しい経済史、社会史によって主にどんな結論が導き出されるだろう？　最も明白なことは、間違いなく、不平等は何といっても社会や歴史や政治が生み出すものであるということだ。言いかえれば、経済や技術の発展レベルが同じでも、所有権制度や国境管理体制、政治や社会のシステム、税制や教育制度などを整備する手法は多岐にわたる。どんな制度が選択されるかは政治的なもので、社会階級間のパワーバランスの状況やその時々の世界観によって異なり、不平等の程度や構造は時代や社会によって千差万別だ。歴

史の中での富の創出はつねに集団によるプロセスに由来する。つまり富の創出は、国際分業や地球上の天然資源の利用、人類誕生以来蓄積されてきた知識に左右される。人間社会は絶えずさまざまなルールや制度を考案することで形成され、富と権力を分配してきたが、それはつねに政治的で変更可能な選択なのだ。

歴史から学ぶ第二の教訓は、18世紀末以降、平等への長い歩みがあったことだ。この平等への歩みは不公平に立ち向かう数々の闘争や反乱の結果であり、こうした闘争や反乱によってパワーバランスを変え、支配階級が自分たちに好都合な不平等社会を形成するために守ってきた制度を覆し、より多くの人々のための、より公正で解放的な新しい制度、新しい社会・経済・政治のルールに作り替えることができたのだ。概して、歴史上、不平等体制が根本的に覆された出来事は、社会闘争や大規模な政治的危機が契機となっている。貴族の特権を廃止に至らせたのは、1788年から1789年にかけて起こった農民暴動やフランス革命におけるさまざまな出来事だ。同様に、大西洋上の島々で奴隷制が廃止される端緒となったのは、1791年にサン＝ドマング〔ハイチの独立前の名称〕で起こった奴隷の反乱であり、パリのサロンでの静かな議論などではない。20世紀には、社会運動や組合運動が資本家と労働者の新しいパワーバランスを確立したり、不平等を軽減したりすることに重要な役割を果たした。二度の世界大戦は、1914年まで国レベルでも世界レベルでも蔓延していた耐え難い不平等がもたらした社会の緊張や矛盾が引き起こしたものだと言えるだろう。アメリカでは、1865年に奴隷制が廃止されるまでには多くの死者を出す内戦を経なければならなかった。そのちょうど1世紀後の1964年、アフリカ系アメリカ人が大挙して反人種差別運動を繰り広げ、ついに人種差別を正当化する法律（人種隔離法）の撤廃を勝ち取った（しかし、人種差別は非合法になったにもかかわらず、依然として終わっていない）。このような平等への歩みの例は枚挙にいとまがない。1950－1960年代に各地で起こった独立戦争はヨーロッパの植民地主義終焉に重要な役割を果たした。1994年に南アフリカのアパルトヘイトが撤廃されるまでには何十年にもわたって数々の暴動や社会運動が繰り広げられ、世界各地で同様の例が数多くある。

こうした革命や戦争、反乱の他にも、経済・財政危機が転機となって社会闘争が具体的な形となり、パワーバランスが変化するケースもよくある。1930年代の金融危機は、自由主義経済を永続的に非合法化し、国家の介入という新しい形を正当化する重要な役割を果たした。より直近の例では、2008年の金融危機や2020年から2021年にかけての世界的パンデミック危機によって、たとえば国債発行の容認レベルや中央銀行の役割など、つい最近まで侵してはならないと見なされていた確かなものがすでに揺らぎ始めている。もっとローカルなレベルだが意義深いものとしては、2018年にフランスで起こった「黄色いベスト運動」がきわめて不平等な炭素税の引き上げという政府案を断念させるに至った。2020年代初頭には、Black Lives Matter、#MeToo、Fridays for Futureといった人種差別や性差別、気候変動などをめぐる抗議運動が国境や世代を超えて結集する力を見せつけて世間を驚かせた。現在の経済システムが社会や環境にそぐわないことを考えると、将来を正確に予測するのが不可能な状況のなか、反乱や闘争、さまざまな危機が今後も重要な役割を担い続けることだろう。歴史は明日終わるわけではない。平等への歩みはまだまだ先が長い。とりわけ最富裕層の生活様式が気候や環境に大きなダメージを与え、最も貧しい人々（とくに最貧国の最貧層）がその弊害をますます激しく受けているという社会であるならなおさらだ。

歴史から得られるもうひとつの教訓も強調する必要がある。それは不平等に抗議する闘争やパワーバランスの変化だけでは十分でないということだ。これらは現状の不平等な制度や権力を覆すための必要条件ではあるが、残念ながら、将来、不平等な制度や権力にとって代わる新しい制度や新しい権力が必ずしも望み通りの平等で解放的なものになるという保証はまったくない。

その理由は簡単だ。現行の諸制度や政治が不平等で抑圧的だと告発するのはたやすくても、社会・経済・政治面で個人の権利や個々の多様性が尊重される本当の平等に向かって実際に前進できるような代替制度についで意見が一致することのほうが難しいからだ。この作業は不可能ではない。それどころか、必ずできるだろう。ただし、協議を重ね、さまざまな観点から比較検討し、分権化や妥協、数々の実験的作業を受け入れる必要がある。さらに、他国の歴史的な歩みや経験から学べること、そしてとくに、公正な制度とは具体的にどういうものかはただちにわかるものではなく、それなりの議論を必要とすることを受け入れる必要がある。本書では、具体的に18世紀末以降、平等への歩みがいくつかの特有な制度の発展に支えられてきたことを見ていく。そうした特有の制度には、たとえば、法の下での平等、普通選挙、議会制民主主義、無償の義務教育、国民皆保険制度、所得・相続財産・資産に対する累進税、労使共同決定制度や組合の権利、報道の自由、国際法などがある。

ところが、これらの制度は誰もが同意できる完成された形に達しているとは言い難く、むしろとりあえず整えた一時的な妥協案のようなもので、社会闘争や特有の社会運動、突然の方向転換や特殊な歴史的瞬間が起こるたびに修正されてきた。いくつもの欠陥があり、これからも絶えず検討し直されたり、補足されたり、他の制度にとって代わられたりするに違いない。現在、世界のそこかしこで謳われ、明文化された法の下での平等でさえ、出自や性別による根強い差別を妨げるものではなく、代表制民主主義は政治参加の不完全な形のひとつにすぎない。また、教育や保健医療サービスへのアクセスは底知れぬほど不平等だ。累進税や富の再分配は国内だけでなく超国家レベルでしっかりと再考する必要がある。企業における権限の共有は始まったばかりだ。ほとんどのメディアが少数の新興財閥の手中にあるという状況は、報道の自由の申し分のない形とはとても言えないだろう。社会目標も環境目標もない資本の自由な移動に基づく国際的な法体制は最も裕福な人々に利する新植民地主義と変わらない。

現行の諸制度を覆し、絶えず練り直し続けるためには、過去の例がそうだったように、さまざまな危機やパワーバランスの転換を経験する必要があるが、同時に、新しい政治方針や新しい諸制度の提案について学び、学んだことを集団で所有し、新しい諸制度の提案に向けて結集するプロセスを踏む必要もある。そのためには何度も討論し、推敲を重ね、政党や労働組合、学校や書物、旅行や数々の出会い、新聞やメディアを介して知識や経験を広めるといったさまざまな準備を経る必要がある。こうした活動のなかでは、当然のことながら社会科学が果たすべき役割、それも重要な役割があるが、度を越してはならない。最も重要なのは社会所有のプロセスだが、それは何よりも共同組織によって行われるべきで、まずはその組織の形自体を考える必要がある。

パワーバランスとその限界

要するに、対照的な二つの落とし穴に陥ることはぜひとも避けなければならない。落とし穴のひとつは、平等の歴史における闘争とパワーバランスの役割をないがしろにすることであり、もうひとつは、それとは反対に闘争とパワーバランスを絶対視して、政治や制度の平等に向けた糸口の重要性やその策定過程におけるさまざまな構想やイデオロギーの役割をないがしろにすることだ。(国外にも財産を保有し、政府よりも金持ちの億万長者たちが存在する)現在、そんなエリートたちの平等への動きに対する抵抗は、少なくともフランス革命の時代と変わらないくらい大きい。彼らの抵抗に打ち勝つことができるのは、さまざまな危機や緊張が訪れたときに固く結集する集団の力だけだ。しかし、公正で偏見のない制度についていずれ合意に達し、エリートたちの抵抗を打ち砕きさえすれば、そうした制度を実施できるだろうという考えは危険な幻想だ。

社会国家の形成、累進税や国際条約の見直し、植民地解放後の賠償、差別対策といった問題は複雑で、歴史をひもとき、知識を広めて討論を重ね、さまざまな観点から比較検討することによってしか超えることができない難しさがある。階級の位置がどんなに大きな意味を持つとはいえ、それだけでは、公正な社会についての理論、所有権の理論、国境・税金・教育・賃金・民主主義の理論を練り上げるには十分でない。同じひとつの社会経験をとってみても、ある種のイデオロギーの曖昧さが必ず生じるだろう。なぜなら、階級そのものが多様で多元的（社会的地位、資産、所得、学歴、ジェンダー、出自など）であるうえに、問われている問題が複雑で、具体的な対立関係だけを見て公正な制度について唯一の結論を導き出せると考えることはできないからだ。

20世紀に起こり、ある意味で20世紀を定義するともいえる重大な出来事であるソヴィエト共産主義が経験したこと（1917─1991年）は、この二つの落とし穴を如実に示している。つまり、ボルシェヴィキの革命戦士らが帝政ロシアに代わって歴史上はじめて「プロレタリア国家」を樹立することができたのは、まさにこのパワーバランスと激しい社会闘争によるものだ。そのプロレタリア国家がまず成し遂げたのは教育、保健医療、産業の目覚ましい発展であり、そのことによってナチ政権を徹底的に打ち負かすことができた。ソヴィエト社会主義共和国連邦（URSS）と世界的な共産主義運動の圧力がなければ、西ヨーロッパ諸国の有産階級は社会国家、累進税、植民地の独立、市民権を受け入れることは決してなかっただろう。その一方で、よく知られているように全体主義による災禍をもたらしたのは、パワーバランスの絶対視と数々の公正な制度に究極の真実があるというボルシェヴィキの仲間内の確信にほかならない。共産主義政権下で実施された諸制度（一党独裁、官公庁の中央集権化、覇権主義的な国家所有、共同所有権・選挙・組合の拒絶）はブルジョワ的なあるいは社会民主主義的な制度よりも解放的なものであることが望まれた。しかし、これらの諸制度の下で抑圧や投獄が頻繁に行われるようになると、この体制は完全に信用を失って凋落し、ハイパー資本主義という新しい体制の出現への道を開くことになった。こうして20世紀に私有財産を完全に廃止していたロシアは、21世紀初頭になると新興財閥、不透明な金融、税金天国の世界的メッカとなったのだ。以上のことから、さまざまな制度の成り立ちに深い関心を向ける必要があり、またロシアに勝るとも劣らず抑圧的でありながら、明らかにロシアよりはるかに長く続いている中国共産党政権で実施されている制度についても検討する必要があるだろう。

私はこの二つの落とし穴に陥らないように努めたい。パワーバランスは無視すべきでも絶対視すべきでもないからだ。平等の歴史においてはさまざまな闘争が重要な役割を果たしているが、公正な諸制度やそのことについての平等な討論も重視する必要がある。この二つの間でバランスの取れた立ち位置を見出すのは必ずしも容易ではない。パワーバランスや闘争を強調しすぎれば、善悪二元論に終始して、理念と内容の問題を軽視していると非難されるかもしれない。反対に、平等な協力関係を築くというイデオロギーや構想が不足していることに注目しすぎれば、問題を軽視し、支配階級の抵抗能力や近視眼的な（とはいえ明白であることの多い）エゴイズムを過小評価していると疑われかねない。私はこの二つの落とし穴を避けるために最善を尽くすつもりだが、必ずしもそうできるかどうかは確信が持てない。その点を読者の皆さんにはご容赦いただきたい。とりわけ、本書で提示したさまざまな比較歴史的な要素が、公正な社会と、公正な社会を構成する諸制度の本当の姿を明確にするために役に立つことを願っている。

1　平等への歩み——最初の手がかり

さっそく本題に入ろう。人類は確実に進歩しており、平等への歩みは勝ち取ることのできるひとつの闘いだが、それは漠然とした闘い、不安定な社会・政治プロセスであり、現在も進行中の課題だ。さまざまな社会・経済指標の選択によって提起されるきわめて政治的な問題を検討する前に、まずは、教育と保健医療面での平等が歴史上どのように前進してきたか振り返ってみよう。そして次の章では、権力や資産、所得の分散が遅々として進まない主な要因と概要を検討していく。

人類の進歩——すべての人のための教育と保健医療

人類は進歩している。1820年以降の世界各地の保健医療と教育の進歩を見れば、そのことを十分に納得できる（図1-1参照）。入手できるデータは不完全ではあるが、その傾向は疑うべくもない。世界の新生児期待寿命は1820年には約26歳だったが、2020年には72歳になっている。19世紀初頭には1歳未満の乳幼児死亡率が20%前後だったのに対し、今日では1%に満たない。満1歳以上の乳児に限れば、1820年の期待寿命は約32歳だったのに対し、2020年には73歳になっている。2世紀前には、50—60歳まで生きることができたのはほんの一握りの人にすぎなかったが、今日ではそれはごく普通のことだ。

図 1-1

世界における保健医療と教育　1820―2020 年

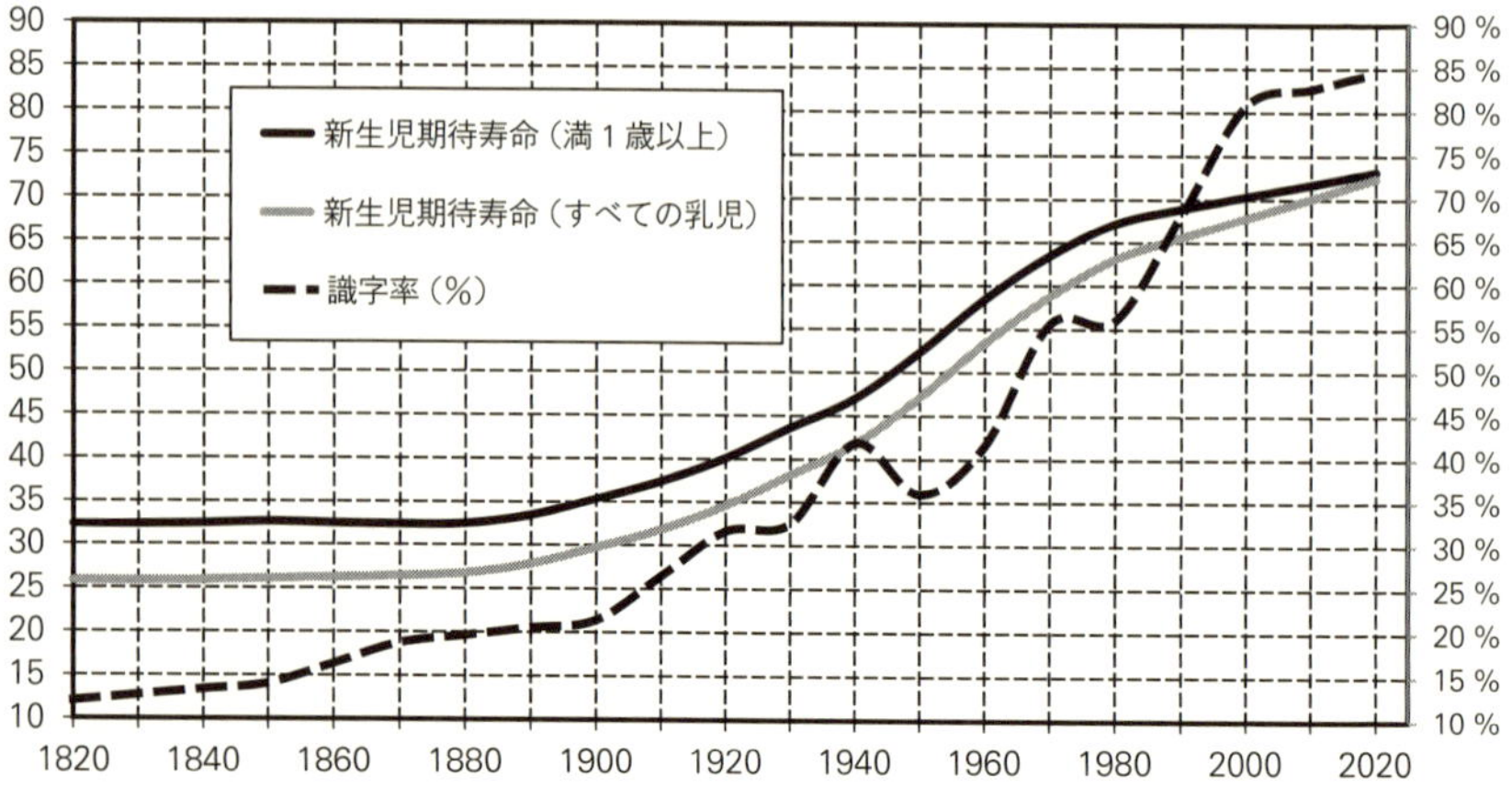

解説：世界の新生児期待寿命（すべての新生児を含む）は 1820 年には平均およそ 26 歳だったが、2020 年には 72 歳になった。満 1 歳に達した新生児の期待寿命は 32 歳から 73 歳に伸びた（1 歳未満の乳児死亡率は 1820 年には約 20%だったが、2020 年には 1%未満になった）。世界の 15 歳以上の識字率は 12%から 85%になった。

出所と時系列データ：piketty.pse.ens.fr/egalite を参照。

人間は今日、かつてないほど健康な生活をしている。また、かつてないほど高度な教育を受け、質の高い文化に接している。数々のアンケートや調査で収集された情報によれば、19世紀初頭には世界の15歳以上の識字率は10%そこそこにすぎなかったが、今日では85%を超えている。この点についてもっと細かい指標で分析してみよう。世界の平均就学年数は2世紀前には1年がやっとだったが、今では8年以上で、しかも先進国では12年以上だ。１８２０年には小学校就学人口は世界人口の10%に満たなかったが、２０２０年では富裕国の若者の半数以上が大学に通っている。これまでずっと上流階級の特権だったことが、次第に一般市民にまで広がっているのだ。

しかし、この大きな前進は不平等をほんの少し遠ざけたにすぎない。教育や基本的な保健医療を受ける機会は、北側世界と南側世界には依然として非常に大きな開きがあり、とくに、たとえば高等教育などのより高度な教育や保健医療については、どの地域でも著しい機会の不均衡が依然としてまかり通っている。このように、不平等は少しずつ解消されているものの、依然として大きいままであることが将来のための重要な課題のひとつであることはのちに見ていく。ここでは、平等への歩みはつねにこうしたものだとだけ言っておこう。つまり、段階的に一歩一歩進むものなのだ。特定の基本的な権利や基本的ニーズ（識字教育や最低限の保健医療など）が徐々にすべての人々に行き渡るにつれて、より高度なレベルで新しい不平等が現れ、新たな解決策が必要となる。平等な政治への歩みそのものである理想的な民主主義の追求がそうであるように、（社会、経済、教育、文化、政治など）あらゆる面での平等への歩みはプロセスの途上で、いまだに達成されていない。

20世紀に平均寿命と識字率が大きく向上したことはすでに指摘したが、それはちょうど激しい政治論争の末に社会国家と累進税が大きく発展した時期だった。そのことにざっと触れてみよう。19世紀には、社会福祉予算はごくわずかであり、税金は逆進税で、これらの指標の伸びはきわめて緩やかな、取るに足りないものだった。人類の進歩は決して「自然に」推移するものではない。歴史的なさまざまなプロセスや特有の社会闘争を経て得られるものなのだ。

世界人口と平均所得――成長の限界

歴史がどれほど大きく変化しているかを認識するために、18世紀以降、世界の人口と平均所得がいずれも10倍以上になっていることを思い起こす必要もある。世界人口は1700年には6億人だったが、2020年には75億人以上に達している。また世界の平均所得は、不完全とはいえ賃金、生産高、物価について入手できる歴史的データから計測できる範囲では、18世紀には購買力平価で人口1人につき1カ月当たり100

図 1-2
世界の人口と平均所得　1700－2020 年

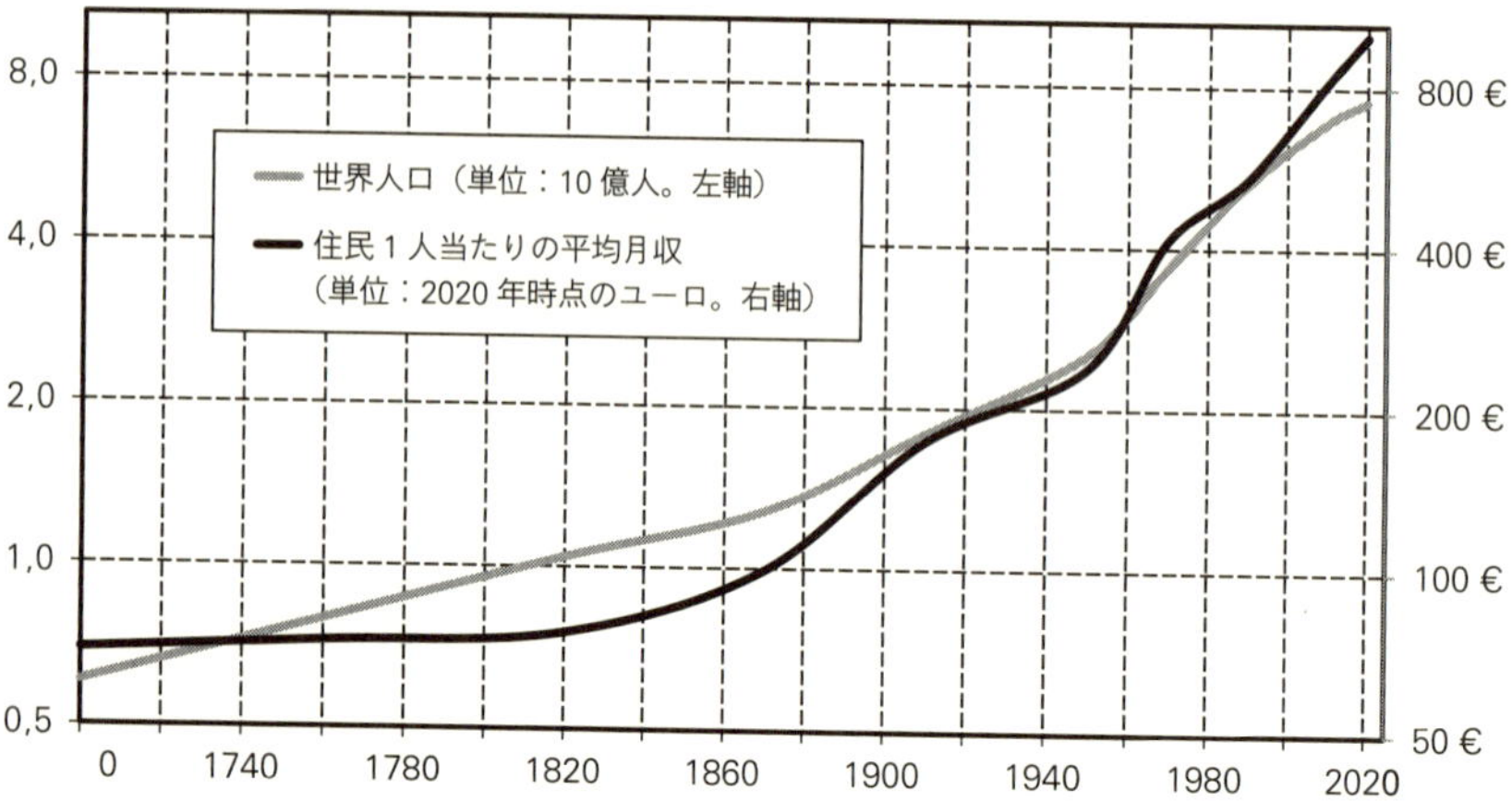

解説：世界人口と住民 1 人当たりの平均所得は 1700 年から 2020 年の間に 10 倍以上になった。世界人口は 1700 年に 6 億人だったが、2020 年には 70 億人になっている。平均所得は、2020 年時点のユーロによる購買力平価で 1700 年は住民 1 人当たり月額 80 ユーロ程度だったが、2020 年には月額およそ 1000 ユーロになった。人口も平均所得も、320 年間を累積すると年に平均約 0.8% 増加したことになる。
出所と時系列データ：piketty.pse.ens.fr/egalite を参照。

ユーロ（2020年のユーロの値で表記）に満たなかったが、21世紀初頭には人口1人につき1カ月当たり約1000ユーロになっている（図1－2参照）。平均所得が歴史的に著しく増加したのは1860年以降、とくに20世紀だった。入手可能な資料によると、18世紀と19世紀の大部分の期間は購買力はほとんど伸びず、ときにはマイナスのこともあったようだ（たとえば革命以前のフランスにおける農民の賃金について、ラブルースの研究がそのことを示している）。世界人口についても、過去3世紀に順調に増加し、とくに20世紀には増加のペースが加速している。

世界人口と平均所得が10倍になったからといって、人類が進化したと言えるだろうか？　これらの変化についての解釈は、実のところ保健医療と教育の変化よりも複雑だ。世界人口が目覚ましく増加したのは、個人の生活条件が著しく改善し、とくに農業の発展に伴う食生活の向上によって人口過剰と食糧不足のスパイラルから抜け出すことができたからにほかならない。また、乳幼児死亡率が低下し、ひいては親世代の人口が増加するにつれて生存する子供も増えてきたからで、これは無視できないことだ。しかし残念ながら、人類全体として見ると、世界人口のこのような爆発的な増加は長期的には地球にとっては受け入れがたいことだ。今後も過去3世紀のようなペースで世界人口が増え続けるなら、2300年には700億人、3000年には7兆人に達することになり、それは容認できることでも、望ましいことでもないように思える。1700年から2020年の間に世界人口が10倍に膨らんだということは、年に平均0・8%ほど増加したことになり、それが実際に300年以上続いたということである。[1] このことから、何千年、何百万年と際限なく一直線に増加し続けるという考えがどれほどばかげており、いかなる場合も、それは人類の進歩の合理的な目標のひとつにはなりえないということがわかる。近年の出生率の低下を考慮すれば、21世紀には人口の増加幅はかなり縮小することが予想され、当然の結果として、今世紀期末まで世界人口はおよそ110億人前後で大きな変化なく推移すると思われる。もっとも、これは国連の予測による主要なシナリオを信じればの話で、現段階では非常に漠然としたものにすぎない。

社会・経済指標の選択——政治的な問題

平均所得の目覚ましい増加についてはさまざまに解釈できるという問題があるが、これはある意味で人口増加に通じるところがある。理論上、平均所得が大きく増加したということは、確かにポジティブな変化だと捉えることができ、この変化は、何よりも食生活の向上と平均寿命の伸び（この二つは互いにプラスに影響し合う）と切り離すことができない。とはいえ、いくつかの点を明確にしなければならない。概して、社会・経済指標の選択は非常に政治的な問題だ。どんな指標も絶対視すべきではなく、どんな指標を採用するかについては開かれた議論と民主的な比較検討が必要だ。

所得のような指標については、平均値や総額にとらわれず、国レベルでも世界レベルでも、富がさまざまな社会階級間に実際にどのように分配されているかに目を向けることが何よりも重要だ。たとえば、入手可能なデータによれば、世界の平均所得は2020年代初頭には確かに人口1人当たり月額約1000ユーロに達しているが、最貧国ではせいぜい月額100－200ユーロであるのに対し、最富裕国では月額3000－4000ユーロを超えている。国レベルで見ると、豊かな国でも貧しい国でも、貧富の格差は依然として非常に大きい。本書ではこうした問題について広く検討していく。たとえば、諸国間の格差は植民地時代以降縮小したとはいえ、依然として大きく、それは、世界経済のシステムが相変わらず非常に階層的で不平等であることを反映しているとも言える。(2)

18世紀以降（実際には19世紀末以降）、購買力が10倍になったという考えを鵜呑みにしないことも必要だ。おおよそのところ、購買力が大きく向上しているという考えは明白で異論の余地はないが、実を言えば、正確な数値は大して重要ではない。（複数の社会が通貨交換を介して互いに交流し、関係を維持している場合に限り）特定の社会内での不平等を評価するため、あるいは、（18世紀以降、世界各地で見られたように、いくつかの社会がこうした交流を維持している場合に）特定の時期の諸国間の不平等を評価するため、あるいは数年または数十年間の購買力の推移を調査するために、所得を比較する意味はあるかもしれない。しかし、ここで言及したような非常に長い期間にわたる変化を考察する場合には意味がない。

生活様式のこのような急激な変化を理解するには、一元的な指標だけでは十分ではない。教育、保健医療、食糧、衣服、住居、交通手段、文化など具体的なニーズへのアクセスの推移を評価するには、多元的アプローチに頼るほうがいい。そうすると、焦点を当てるニーズのタイプによって（つまり、専門的な観点から、物価指数の計算に用いられる商品バスケットの構成によって）、１８６０年から２０２０年の間に平均購買力が２―３倍になる場合もあれば、15―20倍（10倍でなく）になる場合もあったと結論づけることができるだろう。[3]

さまざまな社会・環境指標を選択する

その一方で、18世紀以降、人口、生産高、所得が全般的に増加したのは、地球上の天然資源の過剰な開発によるものだということを考慮し、こうしたプロセスを続けていいのか、根本的に方向転換できるような制度上の仕組みはないのだろうかと自問してみることが非常に重要だ。そのためにも、事業者らが、経済的・社会的発展と環境保全のための多元的でバランスの取れた概念を定義できるようなあらゆる指標を活用することが求められる。マクロ経済的な指標から始めるためには、概して、「国内総生産」（ＧＤＰ）という概念よりも「国民所得」という概念を用いるほうがはるかに好ましい。両者には二つの大きな違いがある。「国民所得」は、国内総生産（ある国で1年間に生産された財とサービスの総額）から資本減耗（つまり、原則として自然資本を含み、生産に使用された設備・機械・建物の減耗分）を差し引き、他国から得た、もしくは他国に支払った純資本所得と純労働所得（国の状況によってプラスの場合もマイナスの場合もあるが、当然のこととして、世界レベルでは相殺される）を加算または差し引いた額に相当する。[4]

ひとつの例を挙げてみよう。国土から１０００億ユーロの石油が採掘される国は、１０００億ユーロのＧＤＰを余分に生み出す。しかし、国民所得はゼロである。なぜなら、自然資本の備蓄が同じだけ減少したからだ。しかも、その石油燃料による炭素の排出（今では、炭素の排出が地球温暖化の原因になり、地球の生態系を脅かしていることがよく知られている）という社会的費用に相当するマイナス価格を計上するなら（そうすべきであるのに必ずしもされていないが）、国民所得は大きなマイナスとなる。[5] このように指標の選択が重要なことは明らかだ。同じ経済活動が、GDPにプラスになることもあれば国民所得にマイナスの影響を与えることもある。そのことから、何らかの投資の決定を、国レベルでするのと企業レベルでするのとでは社会の評価がまったく違ってくる可能性がある。

GDPや平均所得ではなく、(自然資本の消費とそれに対する社会的費用を考慮したうえで)国民所得とその不平等な分配に注意を向けるほうが望ましいのは確かだが、それだけでは十分でない。実際、炭素排出やその他の「外部効果」(地球温暖化や大気汚染、交通渋滞など経済活動による望ましくない効果を指すために経済学者が用いる総称的な用語)の社会的費用にどんな貨幣価値を割り当てても、このように一元的に貨幣価額を計上するだけでは、経済活動によって生じる損害や現存する課題を正しく考慮することはできない。場合によっては、こうしたアプローチは、環境を有効利用するための適切な「相対価格」を見つけさえすれば何でもお金で相殺できるという幻想を抱く原因にさえなりかねない。これは誤った危険な考えだ。[6] このような巧妙で政治的な罠から抜け出すには、たとえば、越えてはいけない気温の明確な目標、生物多様性に関する拘束力のある指標、あるいは炭素排出量の数値化された目標値など、文字通り環境的な指標を採用することも肝要だ。

所得についても同様で、炭素排出の責任側の観点からだけでなく、その弊害を被る側の観点からも、排出枠の不平等な分配に関心を向けることが不可欠である。たとえば、2010−2018年には、世界で炭素排出が最も多い上位1%のうちの約60%が北米に住んでおり(図1-3参照)、彼らの総排出量は、炭素排出量が最も少ない下位50%の総排出量をはるかに上回っている。[7] ところが、炭素排出量が最も少ない人の大部分はサハラ砂漠以南のアフリカまたは東南アジアに住んでおり、温暖化の弊害を最も多く被っているのだ。このような指標は、諸国間の取り決めがどれくらい遵守されているかを評価し、補償の仕組みを定めるために、さらには個人炭素カード制度を策定するために、今後ますます大きな役割を担うことができるだろう。

図 1-3
炭素排出の世界分布　2010—2018 年

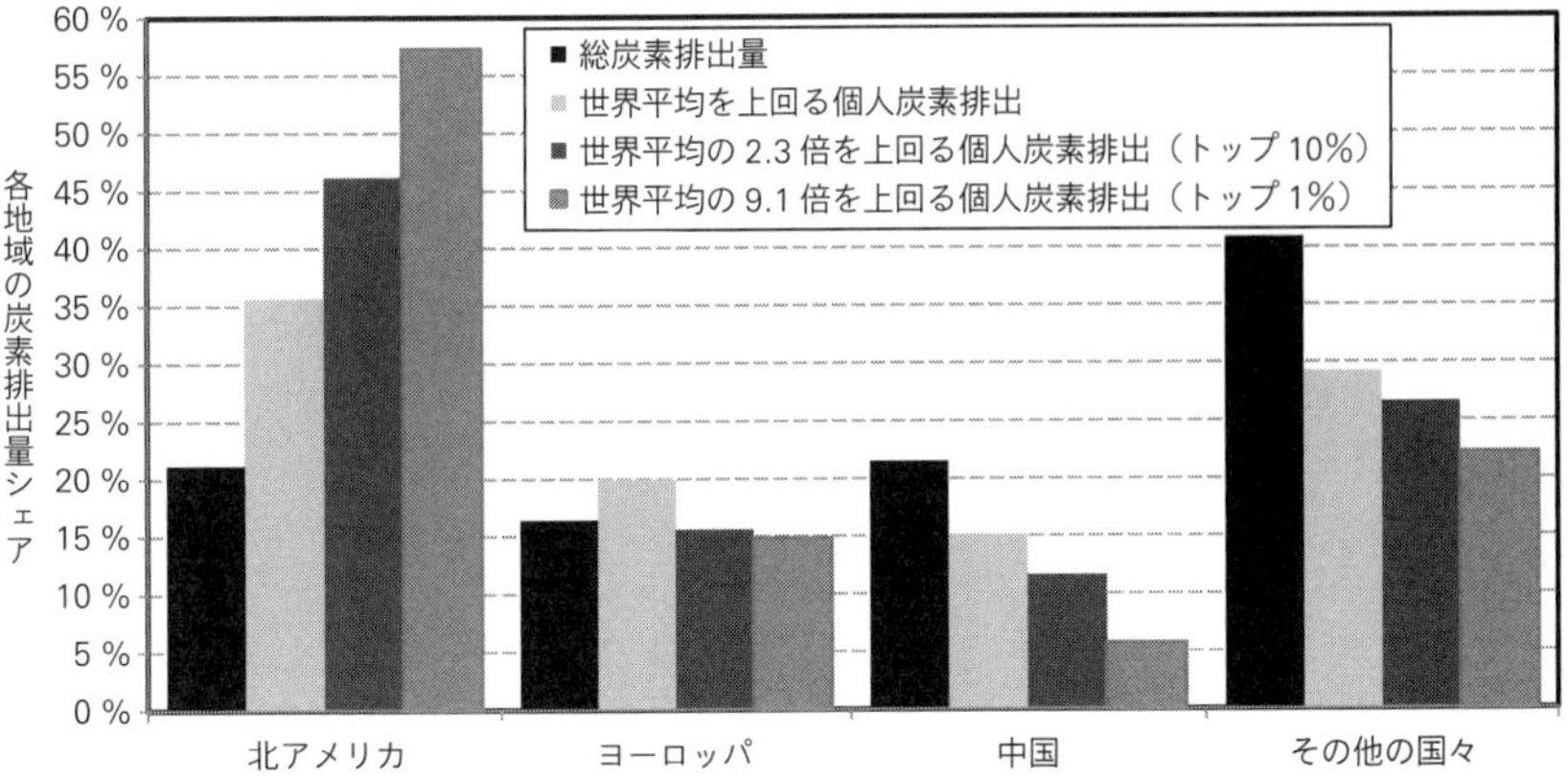

解説：2010 年から 2018 年までの総炭素排出量（直接排出と間接排出を合わせた）に占める北アメリカ地域（アメリカとカナダ）のシェアは平均 21%だった。ところが、世界平均（年間 CO_2 排出 6.2 トン）を上回る個人排出を見ると北アメリカは 36%になり、世界平均の 2.3 倍を上回る個人排出（世界の個人炭素排出者トップ 10%に相当し、総排出量の 45%を占める。これに対し世界で最も炭素排出量が少ない 50%の総排出量に占める割合は 13%）は 46%、世界平均の 9.1 倍を上回る個人排出（世界の個人排出者最富裕層 1%で、総排出量の 14%を占めている）は 57%に上る。
出所と時系列データ：piketty.pse.ens.fr/egalite を参照。

個人炭素カードは、気候変動の脅威に立ち向かうための不可欠な制度上のツールになるに違いない。より広くは、こうした指標の形で客観的な基準を整えることができなければ、国レベルでも世界レベルでも経済システムの仕組みを見直すことは難しい。

不平等対策なくして持続可能な発展はない

だが注意してほしい。もっぱら環境指標だけに目を向け、所得に関する社会・経済指標を見ないなら、問題は解決できない。理由は簡単だ。つまり、人間は自然と調和して生活しなければならないが、住むこと、食べること、着ること、そして文化に触れることも必要だからだ。とりわけ公正さは欠かせない。しかし、所得やその不平等な分配、それらの経年推移を測ることができなければ、最富裕層に負担を集中させ、最貧層にも受け入れられるような方法で世界経済システムの仕組みを見直すことができる公正さの基準をどうすればつくりだせるかを的確に判断できない。社会・経済面の不平等を徹底的に圧縮することを目指す断固たる行動なくして、環境や気候の危機に直面する解決策は見出せないのだ。[8] そうした方向に進むためには、さまざまな環境指標と経済指標を組み合わせることが不可欠だ。たとえば、炭素排出量や生物多様性の到達すべき目標値を定めたり、所得格差の縮小、税金や社会保障費、公的支出の配分に関する目標を策定したりして、定められた環境目標を達成できるようなさまざまな公共政策を比較検討することが必要である。

さらに、平均所得だけでなく、社会階級間の所得の分配に関心を向けることが概して望ましいにしても、状況によっては、たとえば、税金の所得階層別の比重、あるいは教育・保健医療・環境保全に充当される予算総額の対国民所得(あるいはGDP)比を示すために、国民所得(さもなければGDP)のようなマクロ経済の集計値に頼ることは不可欠だ。実際、時代別および国別のそうした数値をわかりやすい方法で比較するには、それはかなりよい方法と言える。その点については、後の章でヨーロッパ諸国において18世紀から19世紀にかけて財政・軍事能力が向上したことや20世紀に社会国家が発展したことについて検討する際に触れたい。はじめのうちは、「対国民所得比」で論じたり、取り上げたあらゆる総額を各時代の平均所得または平均賃金と関連づけたりすることは(両者は結局は同じことになる)、確かにわかりにくく、多くの市民は閉口するかもしれない。だが、この技術的な困難を乗り越えなければ、情報操作に陥りかねない。

たとえば、現政権は(もっとも野党とて同様だが)、定期的に数兆ユーロ(またはドルまたは人民元)の投資計画を発表する。ところが調べてみると、それらの投資計画は1年計画ではなく10年あるいは20年にわたるものので、正確に計算し直した年間投資額は、実際は国民所得のごくわずかな割合にすぎなかったり、想定される投資額の上昇率は同じ期間に予想されるインフレ率または成長率を下回ったりすることが明らかになるケースもよくある（発表されたとてつもない投資額は上昇するどころか、対国民所得比では減少する）。理想を言えば、メディアが発表された投資総額をわかりやすい数字に必ず変換してくれればいいのだが、目下のところそんな理想からはほど遠い。理想に近い最善の方法はおそらく、このやり方を自ら身につける市民がどんどん増えて、彼らが選んだメディアにこうしてほしいと要求することだ。社会・経済指標の選択はきわめて政治的なものである。つまり、私たち一人ひとりに関わることであり、他人に委ねることなどできない。他人まかせにしておきながら、自分が望んでいるのとは別の優先課題を反映した指標が選ばれていると驚くのはばかげている。

念を押すが、さまざまな社会・経済指標は、本書で提示している歴史的データやあらゆる一般的な統計値と同様に、不完全で暫定的、不確かな構築物にすぎない。それらは、数値が「真実」であるとか、確かな「事実」であると主張するものではない。示された情報の社会的・経済的・歴史的側面を理解しやすくするためにさまざまな情報を組み合わせるいくつかの適切な方法が必ず存在する。さまざまな指標を用いる目的は、何よりもまず、規模感を確定できる言語、とりわけ、さまざまな状況、歴史的瞬間、時代、社会をできるだけ理にかなった方法で比較できる言語を開発することだ。こうしたさまざまな状況、時代、社会などは互いに非常にかけ離れていると捉えられがちだが、それでも、その厳然たる特殊性や独自性を超えて、その相関関係を把握することは役に立つかもしれない。個々の統計はひとつの社会的構築物であると述べて済ますことはできない。もちろん、そうであるには違いないが、それだけでは十分ではない。なぜなら、それでは調査や分析をする分野を放棄することになるからだ。社会・経済指標の言語は、節度と批判精神をもって適切に使えば、知的なナショナリズムに対抗するためにも、経済エリートたちの情報操作を避けて、新しい平等への展望を築くためにも、普通の言語を補完する不可欠なものだ。

最後に、数多くの指標を使うよりむしろ、それらを統合してひとつの指標にするという代替案があることを指摘しておこう。たとえば、国連が開発した人間開発指数（HDI）は、各国の総合的な開発レベルをランク付けするために、保健医療、教育、国民所得に関するデータを組み合わせた指数である。エコロジストで経済学者のティム・ジャクソンは、とくに環境に関するデータと国民所得およびその分配に関するデータを組み合わせて「グローバル進歩指数」（GPI）を開発した。(9) このような統合的な指数を用いるのは、GDPに執着することがどれほど意味のないことかを証明するという大きな利点がある。というのも、各国のランキングや経年推移が大きく変化するのを見るために、よりバランスの取れたひとつの指標を採用するだけで足りるからだ。しかし私は、GDPの代わりにたったひとつの別の指標（たとえそれがよりバランスの取れたものであろうと）を用いることが最善の解決策だとは思わない。多元的な現実を一元的なひとつの指数で要約しようとする指標は当然のことながら、ある程度不透明にならざるをえないからだ。概して、明確・明瞭な方法で、炭素排出量とその分配、所得格差、保健医療および教育などに関する数々の指標を求めるほうが好ましいように思える。やはり明瞭さという理由から、社会の不平等レベルを要約していると見なされている統合指数（比較的解釈が難しいジニ係数やタイル指数）を用いることは奨められない。世界の最貧層50％あるいは最富裕層10％の所得のシェア、炭素排出量上位1％の人々による炭素排出量のシェアなどのような、誰でも簡単に理解できるもっと直感的な概念に頼るほうが適切であるように私には思える。(10)

2　遅々として進まない権力と資産の分散

次に、我々の調査で重要な役割を担う別の社会・経済指標に目を向けよう。資産とその分配だ。人が一定期間に稼ぐ金額である所得とは違い、資産は一定の時期に保有しているすべてのものを指す。資産は、所得と同様、さまざまなルールや社会集団間の特殊な力関係などによって特徴づけられる固有の社会のなかでしかその価値を十分に発揮しないという意味で、ひとつの社会関係である。資産は歴史的に次のように捉えられている。つまり、資産は、それぞれの社会が定める正当な所有形態（土地、家屋、工場、機械、海、山、建造物、金融証券、知識、奴隷など）、また関係する社会集団間の所有権関係や力関係を調整し、統率する法的かつ実践的な手続きに左右される。

18世紀以降の資産集中の推移

まずは18世紀末以降のフランスにおける資産集中の推移を調べるために、最富裕層1％のシェアと最貧層50％のシェアを比較することから始めよう（図2－1参照）[(1)]。フランスのケースはとくに興味深い。というのは、フランス革命では完全に平等な社会は実現しなかったが（それどころか、ほとんど実現しなかった）、資産や相続の詳細な登記制度が確立し、相続記録文書が残っているため、富についての類いまれな情報を得るこ

図 2-1
限定的で遅々として進まない平等への歩み：
フランスにおける財産の集中　1780—2020 年

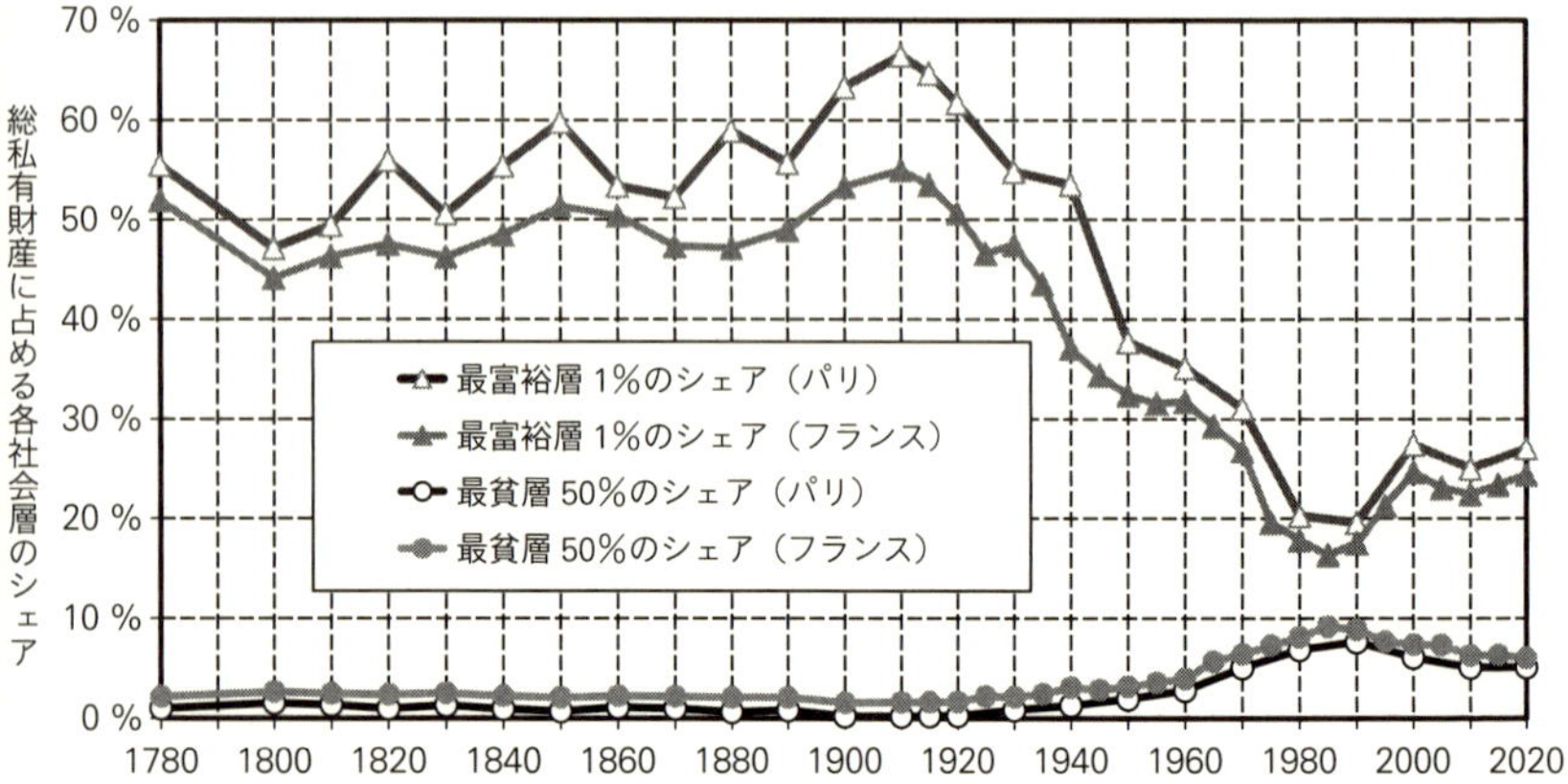

解説：フランスでは革命期に財産（不動産、事業用資産、金融資産から負債を差し引いた純資産）の集中度はわずかに低下したが、その後 19 世紀を通じて第一次世界大戦まで増大し、二度の世界大戦の後、1980 年代まで大きく低下した。1910 年に最富裕層 1%の総私有財産に占めるシェアは 55%だったが、2020 年には 24%になっている。しかし、最貧層 50%は財産集中の低下の恩恵をほとんど受けず、1910 年に 2%だったシェアが 2020 年に 6%になったにすぎない。
出所と時系列データ：piketty.pse.ens.fr/egalite を参照。

とができるからだ[2]。このあとで見ていくが、フランスで見られる長期にわたる資産集中の推移は他のヨーロッパ社会でも確認される典型的な状況で、たとえばイギリスやスウェーデンでも（フランスほど徹底したものでないにしても）似たような資料が入手できる。

こうした資料からまずわかることは、国内の総私有財産（すなわち土地、建物、事業用資産、工業用資産およびあらゆる種類の金融資産から負債を差し引いた資産総額）における最富裕層1％のシェアは、フランス革命後もごくわずかしか縮小せず、19世紀から20世紀初頭までずっと天文学的レベルだったということだ。フランスでは1810年には最富裕層1％が国内総資産の約45％を保有し、1910年には約55％を保有していた。とりわけパリでは19世紀末およびベル・エポック期に莫大な金融資産や産業資産が蓄積され、第一次世界大戦勃発前夜には最富裕層1％のシェアが実に65

%を超えるまでになった。その後、20世紀になって資産はかなり分散された。フランスでは1914年に55%だった最富裕層1%のシェアは1980年代初めには20%以下になり、その後、再びゆっくりと拡大しはじめ、2020年には25%前後となっている。

図2－1の分析結果は、本書の全般的な主張を具体的に示している。その一つは、平等に向かう動き、この場合は資産の集中を低減させ、ひいては社会的・経済的権力の集中も低減させようとする動きが連綿と続いているということ。もう一つは、それにもかかわらず不平等は非常に高いレベルで、さらに言えば耐えがたいレベルで続いており、とてもこのような状況に甘んじることはできないし、この状況が大多数の人々の利益になると主張することなどできないということだ。(3) 具体的には、総私有財産における最富裕層1%のシェアは、今日では1世紀前に比べると2分の1に縮小しているとはいえ、最貧層50%のシェアのおよそ5倍に相当する。最貧層が保有する私有財産は今日、総私有財産の5%をわずかに上回る程度にすぎない（当然だが、最貧層の人口は最富裕層1%より50倍多いにもかかわらずだ）。しかも、19世紀から20世紀初頭までの最貧層50%のシェアは2%そこそこだった。つまり1世紀の間にいくらか上昇したとはいえ、それはごくわずかな伸びにすぎない。実際に資産分散の恩恵を受けたのは、最富裕層1%と最貧層50%の間に位置する中間層に限られており、わかりやすく言えば、そもそもほとんど何も持っていない最貧層は資産分散の恩恵をほとんど受けていない。

資産と権力——権利の束

先に進む前にはっきりさせておくべきことがいくつかある。まず強調したいのは、貨幣価値としての資産集中の推移を数値化するこの方法は有益で状況をよく表しているにしても、当時の本質的な変化についてては一部しか分析できないという点だ。実際、18世紀末以降、所有権行使の条件そのものが見直されていたからだ。しかも、資産とその分配を評価するために用いられるさまざまな財の貨幣価値（不動産価格、株式相場など）だけでは、権力と機会という観点での資産価値、またより広く、社会の多くの関係者にとっての財の社会的価値を完全には評価できない。一般に、資産は絶対的かつ永遠の権利と見なされるべきではなく、むしろ、それぞれの社会的・歴史的背景特有の一連の権利、つまり資産に関わりのある多様な事業者や利害関係者（資産の所有者、非所有者、資産のユーザー、賃金労働者、地域共同体、同族会社）が手にしている権利や能力の大きさを特徴づけることができる真の「権利の束」と見なされるべきだ。(4)

フランス革命前夜に、当時、フランス全人口の1％にも満たないにもかかわらず、国内の総私有財産の50％以上を保有していた貴族階級は、税制・政治・法律面で大きな特権も持っていたため、貴族の権力は（ブルジョワの地主と比べると）財の貨幣価値だけにとどまらなかった。革命によって、あらゆる所有者の法的身分の平等が確立され、他方で、持てる者が持たざる者を支配する権利、とりわけ白人男性所有者の権利が（社会的補償なしに）強化された。1804年に公布された民法典では、所有権の絶対性が定められ、これは現在もフランスで効力を持っている。(5) しかし全体的に考えれば、革命以降、法制度は進展している。長い間、既婚女性は、たとえば口座の開設、財産の売却、労働契約の締結などについて男性より法的身分が低かったが、1960－1970年代以降、女性にも男性と同等の明確な権利がある。今日では、賃金労働者も借家人も、男性も女性も昔とは比べものにならない権利を行使できる。19世紀には雇用主はいつでも賃金労働者を解雇できたし、自分の都合のいいように労働条件や賃金を変えることも、あるいは賃金をほとんど支払わないことさえできた。同様に、家主は借家人を追い出すことができたし、予告なしに家賃を容赦なく2倍に吊り上げることもできた。21世紀初頭の今では、状況はまったく異なる。こうしたことに関しては規則や手続きが数多くある。なかには筋が通っているとはとても言えないものもあり、賃金労働者や借家人の権利はいまだ限定的ではあるが、以前に比べればはるかに拘束的でなく、広範になっていると言えるだろう。

所有権制度の変化を示す例は数多くある。1848年にフランスの奴隷島で奴隷制が廃止されるまで、相続記録文書に計上された資産にはプランテーションとそこで働く奴隷の貨幣価値も含まれていた。1960年代初頭までは、調査された資産には植民地内で保有する資産が含まれている。それらの資産は、非常に不均衡な法的関係ときわめて政治的・軍事的な支配関係のなかで蓄積されてきたものだ。全体として本書では、こうしたさまざまな変遷をたどりながら、2世紀前からの平等に向かう歩みによって、とくに資産を持たない者に利するようバランスが大きく見直された権利が実現していった過程を見ていく。この所有権の変化は主に19世紀後半から20世紀を通して、社会・政治闘争の重要な目標だった。所有権の概念が変わったことで、社会・経済面で一層の平等がもたらされただけでなく、社会・経済活動により多くの男女が参加するようになり、ひいては社会・経済が大いに繁栄する結果となった。このような歴史的な動きは21世紀にも引き継いでいくことができるだろう。しかしそれは、このような方向への前進を促す新たな歴史的闘争や大きな変革が起きればの話だ。現段階では、19世紀初頭には所有者の権利は全体として、現在に比べてはるかに絶対的なものだったとだけ指摘しておこう。その意味で、資産の分散および（資産所有によって得る）権力の分散は、図2－1に示されている貨幣価値だけで解釈されるよりはるかに大きかったと見なすことができる。言い換えれば、最貧層50％の総資産におけるシェアは19世紀以降ほとんど伸びていないという意味では依然として貧しいままだったが、彼らの主人（雇用主、家主、夫、入植者）次第ではかつてほど貧しくなかったケースもある。

生産手段、住居、国債、海外資産を所有することの意味

資産の所有比率による力関係を分析するため、また、貨幣価値としての資産の分配の推移をもっとよく理解するために、所有財産のさまざまなカテゴリーを区別することが不可欠だ。奴隷という形での人間の所有を別にするなら（これについてはのちに取り上げる）、所有財産を大きく4つのカテゴリーに分けることができる。生産手段、住居、国債、海外資産だ。生産手段には農地、設備、工場、機械、オフィス、コンピュータ、商店、レストラン、前受金、回転資金、またより広くは、その他の財とサービスを生み出すために必要なあらゆる財が含まれる。こうした生産手段は事業主または企業の最高責任者が直接保有することができるし、または株式、債券、資本持分もしくはその他の金融債権の形で保有することができる。あるいはまた、銀行の預金や口座の形で間接的に保有することもできる（この場合は、預金者の預金額および現行の法規制に基づいて、投資を決定する企業に対して権利を行使するのは、むしろ銀行もしくは仲介金融機関のほうである）。

従来のマルクス主義的アプローチでは、生産手段の所有だけが実際に資本家の資産に属する。つまり、生産手段は労働力を活用することで利益を引き出す資産であり、その利益が資本蓄積の糧となる。この枠組みで結ばれる明らかに階層的な社会関係の特殊性を否定しようとはしなくとも、あらゆる資産関係は特殊な力関係をもたらすという事実を強調することは重要だろう。この力関係はどんな所有形態であろうと、きちんと分析する必要がある。[6] とくに住居所有の場合は、たとえ家主と借家人が年月を経て慣れ合いのような関係になっていたり、その関係が（部分的に）限られたものになっていたとしても、家主が借家人を追い出そうとしたり、ときに非常に乱暴で侵害的な力関係が存在したりする。住居の利用やマイホームを手に入れる権利の問題は、誰にとっても最も個人的な事柄だ。住居は家庭生活の場であり、フェミニスト批評家が言うところの「社会的再生産」の場である。フェミニストが主張するのは、従来のマルクス主義的分析ではいわゆ

る「生産」の領域のみが重視され、経済システム全体が機能するために（そしてもちろん、労働力の再生産および資本の蓄積のためにも）重要なこの領域と、そこで繰り広げられる深刻な不平等と支配関係が往々にして無視されてきたということであり、まさにその通りだ。[7] 実際、社会・経済システムと資産の所有比率による力関係を総合的に見たいなら、当時の数々の制度上の仕組みや社会的プロセスをもっと綿密に分析する必要があるのだから、当然のことだが、さまざまな所有形態を区別しつつ、生産手段の所有と住居の所有の両方に関心を向けることが欠かせない。

結局、貨幣価値としては、概して私有財産のなかで住居がかなりの部分、多くの場合、半分前後を占めており、（企業の貨幣価値で見積もった）生産手段がだいたい残りの半分を占めている。たとえば2020年代初頭のフランスでは、成人1人当たりの総私有財産は約22万ユーロに上り（これは平均所得の6年分に相当）、そのうち住居が約11万ユーロ（負債を引いた純額）、事業用資産と金融資産が11万ユーロである。[8] しかしこの平均値には、資産のレベルにもその構成にも大きな不均衡が隠されていることを強調する必要がある（図2－2参照）。

最貧層20－30％の人々にとって、そもそも資産という概念は相対的に意味がない。負債しかない者もいれば、銀行口座か郵便口座にせいぜい数千ユーロの現金（たとえば1－2カ月分の給与の前払い）があるだけの者もいるのだから。最貧層の資産総額は少しずつ伸びてはいるものの依然として微々たるものだ。具体的には、最貧層50％の平均資産額は2万ユーロほどにすぎない（これは全人口の平均資産額の約10分の1で、総資産のおよそ5％）。資産の中央値、つまり、人口の半数の保有資産がその値を下回らない値は約10万ユーロで、これは平均資産額のおよそ半分だ。次の40％、つまり最貧層50％と最富裕層10％の間に位置する人々を調べてみると、彼らの資産はだいたい10－40万ユーロだが、その所有資産は主に住居である。資産額が40万ユーロを

図2-2
財産の構成、フランス　2020年

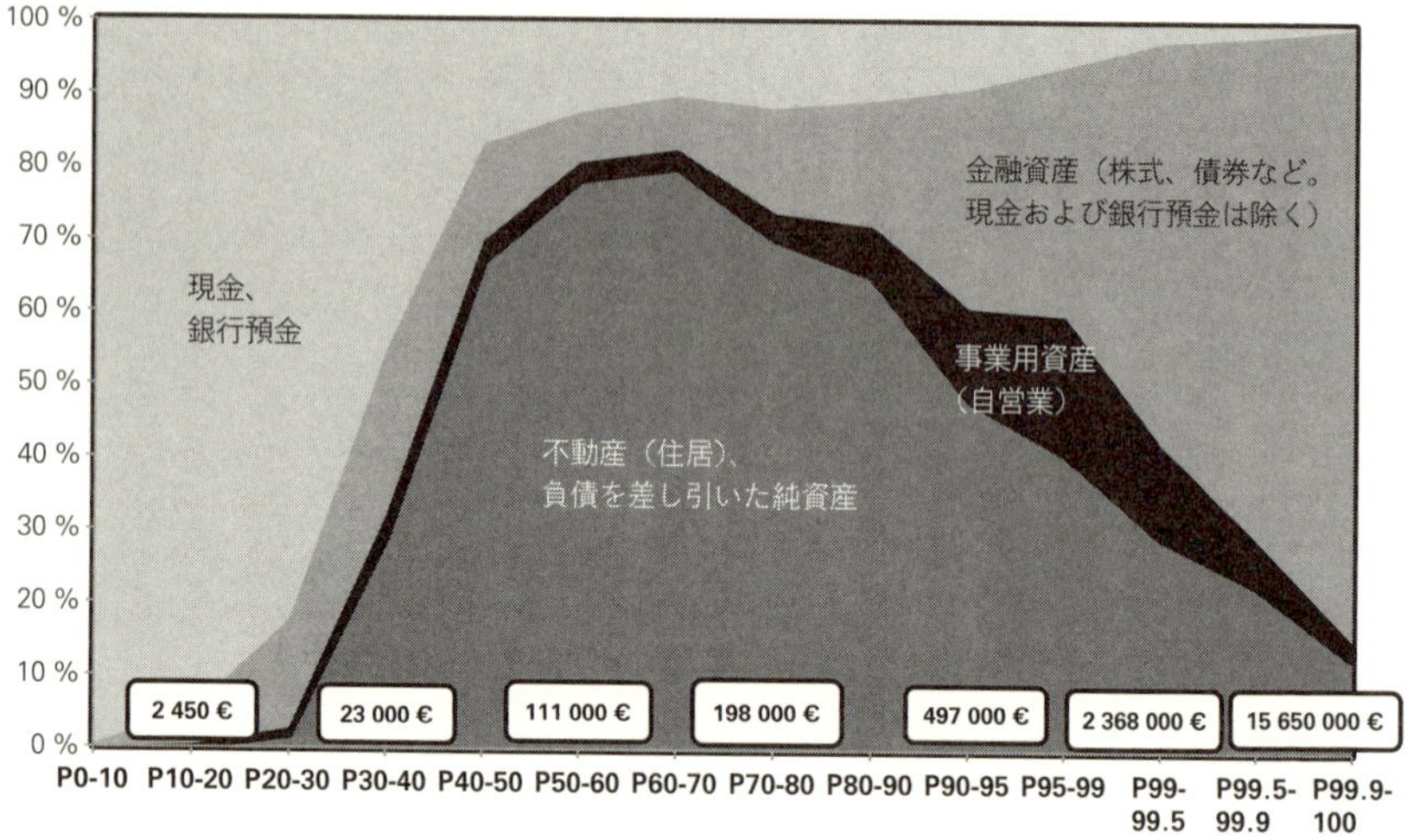

解説：2020年のフランスでは（データが入手できたすべての国も同様）、小規模財産は主に現金と銀行預金、中規模財産は主に不動産、大規模財産は主に金融資産（特に株式）で構成されていた。
注：ここに示されている分布は、成人1人当たりの財産（夫婦の財産は2で割ってある）。
出所と時系列データ：piketty.pse.ens.fr/egalite を参照。

超える最富裕層10％では資産の種類が多様化し、資産額が増えるにつれてとくに事業用資産と金融資産（なかでも株式が多い）の割合が増え、最富裕層1％（180万ユーロ以上を保有する層）では、資産のほとんどが事業用資産と金融資産だ。注目すべきは、最富裕層1％は平均して約500万ユーロ、すなわち平均資産額の約25倍にあたる資産を保有していることだ。このことから、彼らの保有資産の総資産額に占めるシェアが25％に迫っている理由がわかる。また、過去に見られた最富裕層1％が総資産の50－70％を保有していた社会がどれほど多くの資産を手にしていたかもわかる。

いくつかの点をはっきりさせる必要がある。概念を明確にするために、最貧層50％の人々を「庶民階級」、次の40％の層を「中流階級」、最富裕層10％を「上流階級」と呼ぼう。上流階級にはさまざまなレベルが混在しているが、

「富裕層」（ある程度豊かな層9％）と「超富裕層」（最も豊かな層1％）に区別することができる。要約すると、庶民階級は銀行口座にわずかな預金があるのみ、中流階級の資産はもっぱら住居で、富裕層の資産は住居、事業用資産、金融資産などに分散しており、超富裕層の資産は生産手段（事業用資産、とくに株式および金融債権）に集中している。社会階級を示すこの用語は、固定化したり、硬直化したりさえしなければ、状況をよく示している。実際、階級のアイデンティティはつねにフレキシブルで多面的だ。何らかの金銭的閾値を超えることだけに限定することはできない。社会階級は、生産手段や住居の保有、その保有規模だけでなく、所得レベル、学歴、職業、活動分野、年齢、性別、出身地域あるいは出身国、ときには民族や宗教の帰属によって左右され、また、社会・歴史的な背景によってフレキシブルに変化する。

金融資産とは、主に株式、債券、会社持分、その他の金融債権を介しての企業や生産手段の保有だが、国債や外国債券の保有もいくらかあることを付け加える必要がある。もちろん公共債を保有することは、（株式などを介して）企業を保有するという意味で「国家を保有する」ことではない。もっとも、歴史上、有産階級にとっては、国家を保有する、あるいは少なくとも国家を管理し、一般市民よりも密接に関わるもっと直接的な別の方法が存在した。19世紀から20世紀初頭まで多くの国で採用されていた納税額に基づく制限選挙や、21世紀初頭になってもいたるところで実施されている政党やメディア、シンクタンクに民間から資金を供与するシステムなどがその例だ。いずれにせよ公共債を保有するということは、たとえば、国家が債権を償還するために保有財産（建物、道路、空港、国有企業）を手放す可能性があるという意味で、どの時代であれ、国家を保有する補足的な方法である。また、国家の歴史的遺産が（ときに、そうした歴史的遺産に課税するのは不可能だと政府を説得することに成功した事業者のための）宣伝用スペースや半私有財産にされてしまったり、またより広くは、債権者や金融市場の管理下に置かれたり、さまざまな政策やその他の投資家に都合のいい「改革」の影響を受けてしまう可能性もある。このように、資産はつねにひとつの力関係であり、それは生産手段を保有することだけに限らない。公共債やその保有によって付与される権限、またその多様な蓄積方法、償還または帳消しといった問題は、18世紀のフランス革命勃発の際にも、20世紀の平等と所有権の非絶対視に向かう運動においても重要な役割を果たした。おそらく、21世紀にも重要な役割を演じ続けることだろう。それについては、のちに詳しく触れる。

生産手段、住居、国債に次いで多い資産形態は外国債券、すなわち海外に保有する資産である。スエズ運河、インドシナ半島のゴム・プランテーションあるいはロシア債やアルゼンチン債などがそれにあたる。実際には、生産手段や公共債、ときには住居など、どんな資産でも海外に所有することができる。だが、このような国境をまたぐ所有形態は法律面や政治面、ときには軍事面でさまざまな制度上の仕組みや特殊な支配関係が関わってくるが、そのことは改めて検討する必要がある。2020年代のフランスについて言えば、フランス人の有産階級が海外に保有する資産は、外国の有産階級がフランスに保有する資産とほとんど変わらない。したがって、「純海外資産」はほぼゼロに等しい（とはいえ、互いに国境をまたいで膨大な資産を保有することがどうでもいいという意味ではなく、むしろその反対だ）。それに引きかえ、植民地時代には純海外資産はとてつもない規模で、資産全体の大きな部分を占めており、いきおい、社会階級間の格差は国レベルでも世界レベルでも非常に大きかった。これに関連しても、海外資産や植民地資産が担った重要な役割と20世紀の平等に向けた歩みのなかで海外資産が消滅したことについて、また将来、海外資産の保有が担うであろう役割については、先の章で詳しく見ていく。

ようやく台頭しはじめた中産階級

18世紀末以降の資産分散の推移に戻ろう。最富裕層1%が保有する資産のシェアは20世紀初めから21世紀初めにかけて2分の1以下に縮小されたが、それでも最貧層50%のシェアの約5倍もあったことはすでに指摘した（図2－1参照）。全体的な資産分散の推移を調べてみると、格差縮小の恩恵を受けたのは、主にいわゆる「中産階級」、すなわち最貧層50%と最富裕層10%の中間に位置する40%の人々であることがわかる（図2－3参照）。

具体的には、まず、最富裕層10%が保有する資産の国内総資産に占めるシェアは20世紀初頭の第一次世界大戦前夜には約85%だったが、その後、徐々に縮小して1980年代初めには50%に落ち込んだものの、2020年には再びほんの少し拡大して55%になっていることがわかる。この変化は、最富裕層1%のシェアで観察される変化とほとんど一致している（図2－1参照）。言い換えれば、シェアが相対的に急激に縮小したのは「超富裕層」（上位1%）であるのに対し、「富裕層」（次の9%）は20世紀を通してほとんど変化していない（総資産の約30%）。反対に、最貧層50%と最富裕層10%の間の40%のシェアは大きく伸びている。20世紀初頭には総資産のせいぜい13%だったシェアは、1914年から1980年の間に3倍に拡大し、1980年代初めには約40%にまでなり、その後ほぼ同水準を保っている（とは言っても、ごくわずかに低下しているが）。

重ねてはっきり言うが、資産の集中度は依然としてきわめて高く、平等への歩みを過大評価すべきではない。2020年代初めのフランスでは最富裕層10%は総資産の55%を保有している一方で（超富裕層1%は約25%）、最貧層50%はほとんど何も保有していない（せいぜい総資産の5%前後）。経済力の配分と労働現場での上下関係の構造を決定づける生産手段の保有だけに目を向ければ、資産の集中度はさらに高い（とりわけ最も多くの資産を保有する0・1%ないし0・01%の層、つまり、この数十年間で急激に巨万の富を得た一握りの集団

図 2-3
フランスにおける財産の分配　1780―2020 年：
ようやく台頭しはじめた中産階級

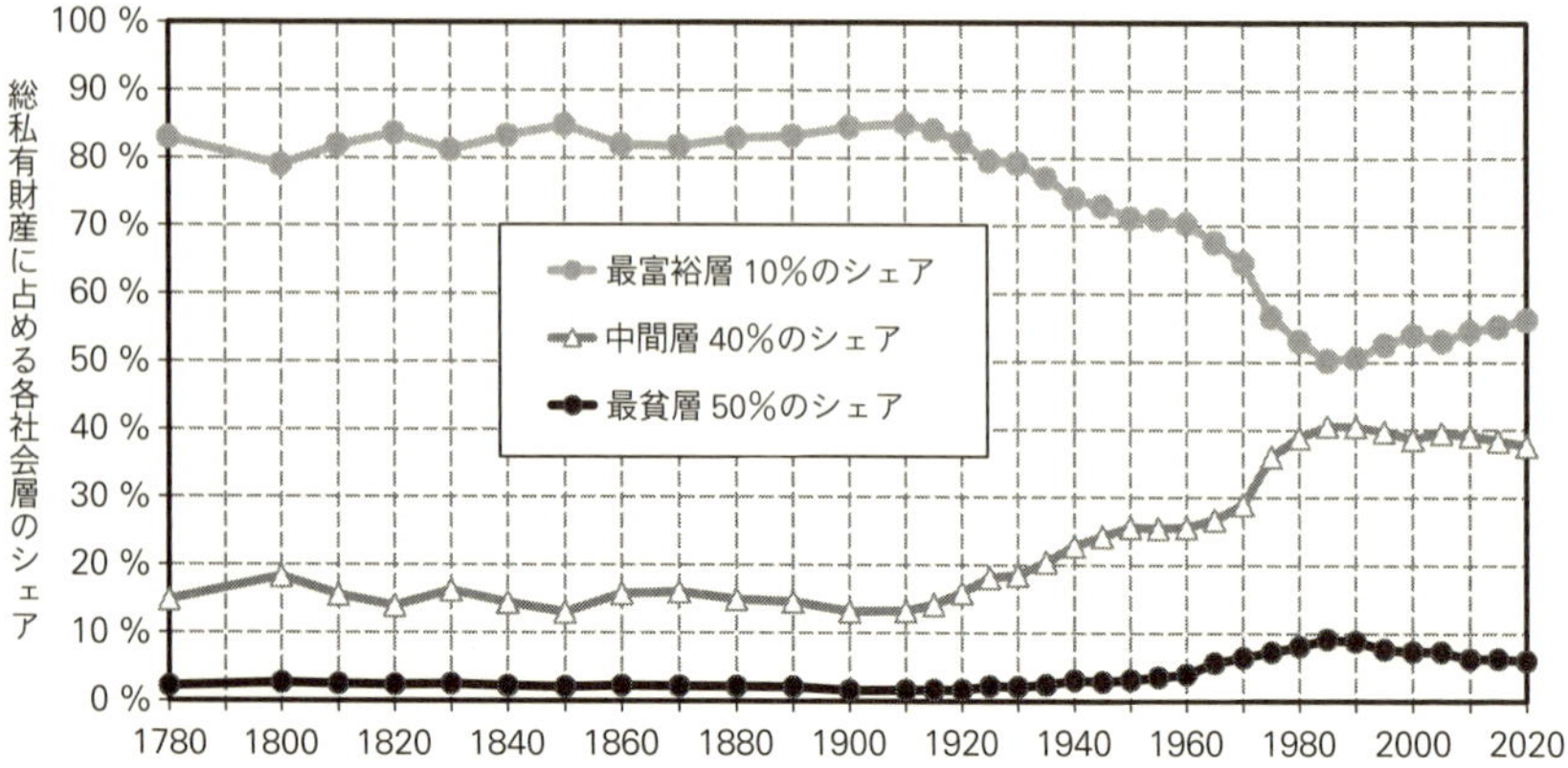

解説：1780 年代から 1910 年代にかけてのフランスでは、最富裕層 10%の総私有財産（不動産、事業用資産、金融資産から負債を差し引いた純資産）に占めるシェアは 80 ～ 90%だった。第一次世界大戦後、財産の集中が低下し始めたが、その動きは 1980 年代初頭に中断した。財産の集中が低下した恩恵を受けたのは主に、「庶民階級」（最貧層 50%）と「上流階級」（最富裕層 10%）の間の集団である「中産階級」（中間層 40%）だった。

出所と時系列データ：piketty.pse.ens.fr/egalite を参照。

に資産が集中している[9]。最貧層50％が保有する総資産のシェアはつねに微々たるもので、しかも1980年代以降はかなり縮小している（中間層40％のシェアに比べて明らかに低下している）ことを指摘しておこう。最後に、この資産の極端な集中は、富裕層の年齢による偏りはないことも強調する必要がある。つまり、資産集中は、若年層でも年長層でもあらゆる年代で見受けられる[10]。

いずれにせよ、中産階級の台頭は社会・経済・政治面でも大きな変化をもたらした。簡単に言えば、20世紀初頭までは最貧層50％と最富裕層10％の中間に位置する40％の人々は、（総資産におけるシェアでは）最貧層50％とほとんど同じくらい貧しかったことから、中産階級は実際には存在しなかったと言ってよいだろう。反対に、20世紀末から21世紀初頭になると、中産階級は個人レベルでは非常に豊かというわけではないものの、まったく貧しいというにはほど遠く（成人1人につきおよそ10—40万ユーロの資産を保有している）、全体としては総資産のかなりのシェアを占めている。具体的には、そのシェアはおよそ40％で、[11]これは超富裕層1％（総資産の24％）の2倍近くになる。ところが彼らは、第一次世界大戦前夜には超富裕層の4分の1ないし3分の1しか保有していなかった（中産階級が13％に対して超富裕層は55％）。要するに中産階級の資産は1世紀前には全体で超富裕層の3分の1にすぎなかったのに、今や超富裕層の2倍もあるのだ。資産の集中が著しいことに変わりはないが、全体的に見れば顕著な変化が見られる。この二つの事実は矛盾しているように見えるが、いずれも真実だ。世界におけるこのような複雑な状況は歴史の遺産のひとつである。

このような格差の縮小は二度の世界大戦と経済危機の影響も多少あるが、とくに19世紀末から20世紀を通して新しい社会政策や税制が実施されてきた結果でもある。具体的には、社会国家の発展、教育や保健医療といった基本的ニーズへのある程度平等なアクセスの実現、高額所得および高額資産に対する強力な累進税の推進などだ。すでに言及した法制度や所有権制度の大きな変化に加えて、何といっても、激しい社会・政治闘争の結果、諸制度の徹底的な変革が実現したことで、より大きな平等がもたらされた。この方向で続けるのが望ましいのだろうか？　必要に応じてどんな手順を踏む必要があるだろう？（限定的ではあるが）この平等への歩みは、生産効率や社会全体の繁栄という面も含めて、あらゆる観点から有益だったという考えに私は賛成だ。なぜなら、この平等への歩みによって今まで以上に多くの男女が社会・経済生活に関わることができるようになったからだ。19世紀以降、富裕層中の超富裕層の総資産におけるシェアが急減したため超富裕層の消費や投資のキャパシティは確かに著しく低下したが、それは、中流階級が台頭し、庶民階級のシェアがほんのわずかだけ伸びたことで思いのほかつり合いがとれたというものだ。だからと言って、現在の不平等に甘んじるべきで、最貧層50％が総資産の5％ほどしか資産を持っていないのは当たり前のことだという考えは、確固たる経験に基づくものではまったくない。平等への歩みを続けることは望ましく、可能なことだが、そのためには、さらなる社会国家政策と累進税の実施を進める必要がある。

所得のさらなる平等への長い歩み

この最初の概観を補うために、所得の分配の長期的な推移がわかるおおよその数字を知っておくこともまた役に立つだろう。全般的に、所得格差は資産の格差ほど大きくない。念のために言うと、所得には労働所得(賃金、その他の事業所得、年金、失業保険などの諸手当)と資本所得(利潤、配当金、利息、家賃、キャピタルゲインなど)がある。資本所得は概して所得総額の4分の1ないし3分の1、またときには半分に相当するが、これは、社員と雇用主とのパワーバランス、現行の法制度、社会制度(家賃規制、会社法、労働法など)、またとくに労働組合に与えられる役割やその交渉能力などによって違ってくる。[12] 当然のことながら、資本所得も資本の所有と同様、極端に集中している。[13] 労働所得にもやはり格差がかなりあるが、資本所得に比べれば格差は明らかに小さい。これも、互いの交渉能力、最低賃金や給与体系また職業訓練・資格取得・職業への平等なアクセスを促す措置の存在、性差別やその他の差別に対する対策など、さまざまな法的・社会的ルールによって大きく変わる。所得の全体的な格差は、資本所得の格差と労働所得の格差の中間に位置し、どちらかと言えば労働所得の格差レベルに近い。それは労働所得のほうが断然多いことから当然と言えるだろう。[14]

具体的には、最高所得層10%の総所得に占めるシェアを調べると、フランスでは20世紀初頭まで50−55%前後で、1914年から1945年の間に35%以下に減少し、その後、30−38%の間を上下していることがわかる(図2−4参照)。最低所得層50%のシェアは、20世紀初頭にはおよそ12−13%で、1945年には20%に達し、その後、18−23%の間を上下している。中間層40%のシェアは1945年以降、最高所得層10%

図 2-4
フランスにおける所得の分布　1800―2020 年：
平等に向かう長い動きの始まり

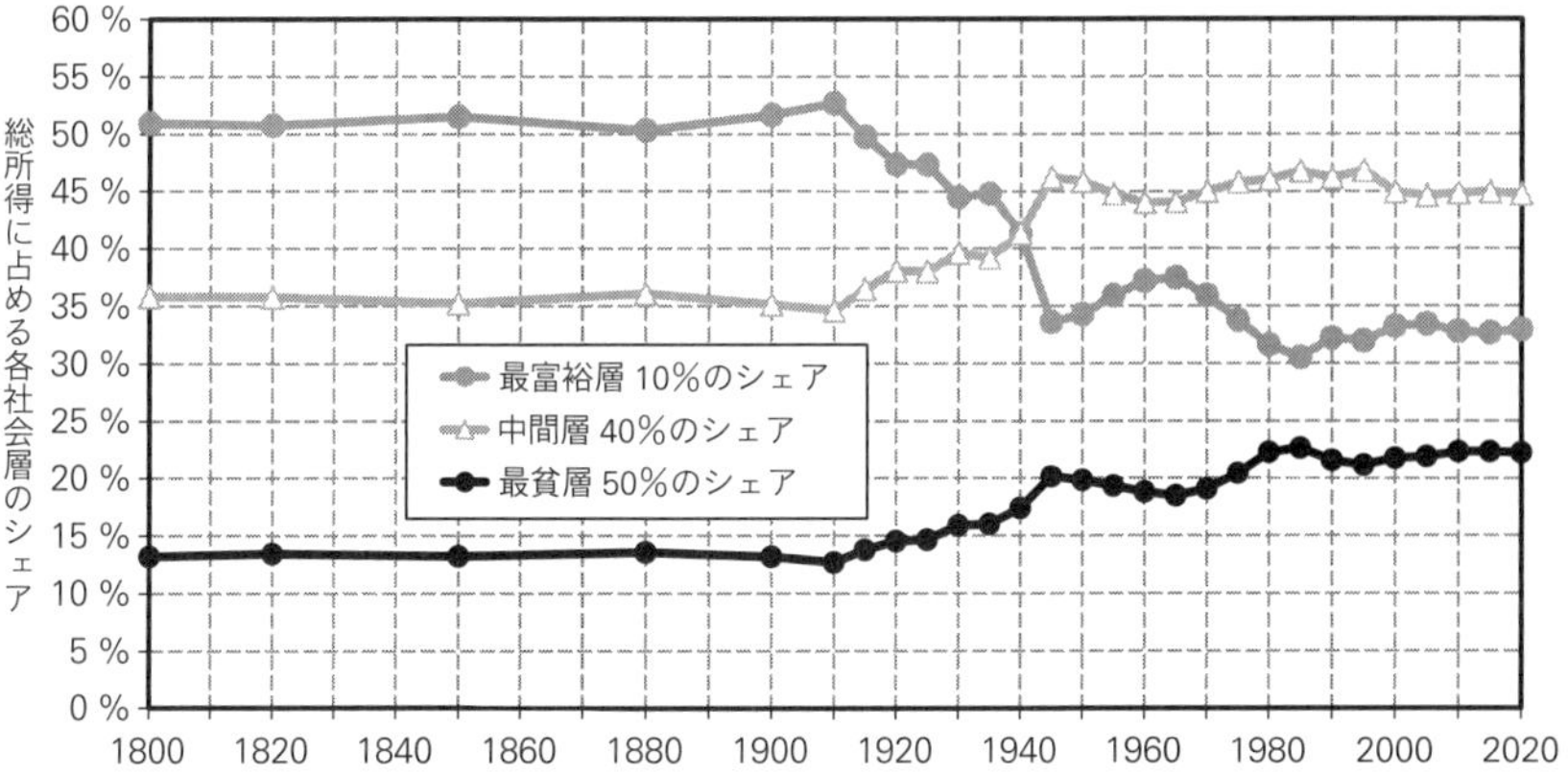

解説：1800 年から 1910 年までのフランスでは、最富裕層 10％の労働所得（賃金、賃金以外の事業所得、退職金、失業保険）と資本所得（利益、配当、利息、賃料、キャピタルゲイン）を含めた総所得に占めるシェアは 50％前後だった。二度の世界大戦の後に所得の集中度が低下し始め、庶民階級（所得の最も低い層 50％）と中流階級（中間層 40％）はその恩恵を受けたが、上流階級（所得の最も高い層 10％）は打撃を受けた。
出所と時系列データ：piketty.pse.ens.fr/egalite を参照。

のシェアを上回っている。中間層の人口が最高所得層より4倍近く多いことを考えれば、これは何も驚くことではない。実際のところ、21世紀初頭のフランスでは所得格差は依然としてきわめて大きい。最貧層50％と最富裕層10％の平均所得の格差は1対8で、最貧層50％と超富裕層1％の平均所得の格差は実に1対20となり、最貧層50％と上位0・1％はなんと1対70だ。とはいえ、これほど大きな所得格差も資産格差の規模に比べれば明らかに小さい。とりわけ、平等に向かう全体的な傾向は資産よりも所得の面で顕著である（図2－3参照）。フランスでのこのような変化は、ヨーロッパのほとんどの国でも見られるが、1980年以降、不平等の波が再び勢いを取り戻したアメリカではあまり見られなかった。

　この変化については、のちにもう一度取り上げる。さらに詳しく検討し、将来に向けての教訓を引き出す前に、歴史を学び直し、18世紀以降の世界における富の分配の推移をもっと理解する必要がある。

3　奴隷制と植民地主義の遺産

ヨーロッパ諸国やアメリカは少なくとも最近まで、どうやって世界の支配的立場を維持することができたのだろう？　その説明をするだけではなく、欧米諸国が豊かになったのは奴隷制や植民地主義が大きな役割を果たしたことをこれから見ていく。諸国間における富の分配、また一国内での富の分配は、今もなお植民地主義の遺産による深い痕跡を残している。したがって、そうした歴史的出来事を注意深く調べることはとくに重要だ。

産業革命、植民地主義、環境

多くの研究によって、ヨーロッパにおける産業資本主義の発展は国際分業、天然資源の過剰な開発、軍事的支配や植民地支配などと密接に関わっていることが明らかになっている。15世紀から16世紀にかけて、ヨーロッパの列強とその他の国々との間でこのようなシステムが徐々に発展し、その動きは18世紀から19世紀にかけて一気に加速した。概して、植民地主義の負の遺産の重大さを認識することから始めない限り、世界の平等と不平等の歴史について記すことはできない。ヨーロッパの発展は、ポルトガルが初めてアフリカ海岸地帯に商館を開き、ヴァスコ・ダ・ガマがインドに向けて航海し、コロンブスがアメリカ大陸の探検に乗り出した1450―1500年代頃に遡る。この繁栄は（インドシナ戦争やアルジェリア戦争に象徴されるような）独立戦争が勃発した1960年代、さらには南アフリカのアパルトヘイトの例を含めるなら1990年代に終焉を迎えた。長い目で見れば、私たちは植民地主義の経験から抜け出したばかりだ。植民地主義の痕跡は数十年で消すことができると思うのは見識不足だろう。今、この地上に生きている人々には、個人的にこの重い遺産の責任はない。けれども、世界経済のシステムを分析する際に、植民地主義の不当さや世界経済にもたらした変化を考慮することを選ぶか選ばないかについては各人に責任がある。

ケネス・ポメランツは、ヨーロッパとアジアの「分岐」について述べた2000年刊行の著書のなかで、ヨーロッパ産業の発展は、原材料調達と労働力動員のシステムを世界レベルで実施していなければ、ずっと早い時期に大規模な「環境」による制約の壁にぶつかっていただろうと主張している。[1] ポメランツは、18世紀末から19世紀を通して、まずイギリスで、その後ヨーロッパの他の諸国で起こった産業革命が植民地支配下の強制労働によって他国から大規模に採取・伐採された原材料（とくに綿花）やエネルギー資源（とくに木材）にどれほど大きく依存していたかをとくに強調している。

ポメランツは、中国や日本の最も発展した地域は、1750―1800年代頃には西ヨーロッパの最も発展した地域に決して劣っていなかったことを重視している。とりわけ、人口の増加や（耕作技術の改良および開拓や森林伐採による耕作面積の著しい拡大によって可能になった）集約農業、またとくに繊維産業などの主要セクターにおけるプロト工業化（産業革命に先立ち、ヨーロッパ各地で盛んになった手工業生産）や資本の蓄積を土台とする社会・経済の仕組みは、さまざまなケースにおいてヨーロッパに匹敵するものだったと指摘している。ポメランツの分析によれば、1750―1800年代以降、二つの大きな要因によってアジアと西ヨーロッパの進む道が分岐したという。第一に、ヨーロッパは森林破壊による深刻な制約を受けたが、とくにイギリスには理想的な炭鉱があり、ただちに木材以外のエネルギーを活用することができたうえに、それに対応する技術を早急に開発できたこと。次に何よりも、ヨーロッパ諸国では過去の戦争経験によって蓄積された軍事力と財政力が、国家間の競争から生まれた技術革新や金融革新によって強化され、労働と多くの利益を生み出す原材料調達の国際分業システムを組織できたことだ。

森林破壊に関しては、ヨーロッパは18世紀末に出口のない自然環境の制約に今にも直面しそうだったとポメランツは力説している。イギリスだけでなく、フランス、デンマーク、プロイセン、イタリア、スペインでも森林は数世紀前から急ピッチで消滅し続け、1500年頃に地表面積の約30－40％を占めていた森林面積は1800年代には10％近くまで減ってしまった（フランスでは16％、デンマークでは4％）。当面は東欧や北欧など森林が比較的多い地域から木材を輸入して不足の一部を補うことができたが、すぐにそれでは足りなくなる。中国でも1500年から1800年の間に森林破壊が徐々に進んだが、最も開発の進んだ地域と内部の森林地域との間で政治的・商業的なより大規模な統合政策が取られていたために、あまり目立たなかった。

ヨーロッパは、アメリカ大陸の「発見」、アフリカとの三角貿易、アジアとの交易によってこうした制約を打破していく。北米、西インド諸島、南米の土地を開拓し、そこでアフリカから運ばれてきた労働者に原材料（とくに木材、綿花、砂糖）を生産させて入植者らは大きな利益を手にしたうえに、本国ではその原材料を使って1750－1800年代に繊維工場を発展させた。遠方への航路を軍事的に制覇したことで、三角貿易の相補性が大きく向上することにもなった。こうして、西インド諸島や現在のアメリカ南部の奴隷を養う費用はイギリスで生産された繊維や工業製品を北米に輸出することで賄われ、その繊維や工業製品は植民地のプランテーションで生産された木材や綿花を原材料としていた。ちなみに、18世紀には奴隷たちの衣服に用いられる繊維の3分の1はインドから輸入したもので、アジアから輸入される繊維、絹、茶、陶器などは大部分が16世紀以降アメリカ大陸で採掘された銀で支払われていた。1830年頃、イギリスが輸入する綿花、木材、砂糖は、ポメランツの計算によれば、1000万ヘクタール以上の耕作地を有するプランテーションで生産されたもので、これはイギリス国内の全耕作地の1・5—2倍の広さである(2)。植民地を活用することによって環境の制約を打破することができなかったら、イギリスは別の供給源を見つけなければならなかっただろう。ヨーロッパが植民地に頼ることなく自給自足していたとしても、ヨーロッパの産業は同じように繁栄していただろうという歴史やテクノロジーのシナリオを考えるのは自由だが、それには、ランカシャーのイギリス人農民が耕作する肥沃な綿花プランテーションやマンチェスターの近辺に天にも届く樹木の茂る森林があることを想像する必要がある。いずれにしろ、私たちの住む世界とはまったく異なる別の歴史、別の世界を思い描かなければならないだろう。

大分岐の起源——ヨーロッパの軍事的支配

ポメランツが明らかにしているように、18世紀から19世紀にかけてヨーロッパの繁栄をもたらした諸制度や軍事戦略が、アダム・スミスが1776年に発表した『国富論』で推奨している高尚な制度と似て非なるものであるのは驚くべきことだ。アダム・スミスは、経済自由主義をはじめて体系化したこの著書のなかで、政府に対し低い税金と(財政赤字をなくす、あるいはわずかにとどめる)均衡予算の採用、所有権の絶対的尊重、できる限り統合され競争力のある労働および財の市場を発展させることをとくに推奨している。ところがこれらのどの点についても、18世紀に中国で実施されていた諸制度のほうがイギリスで採用されていた諸制度よりはるかにスミス的だった。とくに市場は中国のほうがずっと統合されており、穀物市場は地理的に非常に広範囲での取引が行われ、労働者の移動が明らかに活発だった。これは、ヨーロッパでは少なくともフランス革命まで封建制度が幅をきかせていたことに起因している。東ヨーロッパでは19世紀まで農奴制が存続し（中国では農奴制は16世紀にほとんど消滅していた）、18世紀の西ヨーロッパ、とくにイギリスやフランスでは救貧法の一環で移動が厳しく制限され、労働者階級に厳しいルールを課すために特権階級や地方の領主裁判所に大きな自主権が与えられていた。またヨーロッパでは部分的に取引が凍結されている教会資産が多かった。

最後に、そして何よりも中国では、オスマン帝国と同様に、税金がずっと低かった。清朝は厳格な財政正統主義を採用していた。つまり、税金は赤字が出ないように慎重に支出に充当されていた。反対にヨーロッパ諸国では、フランスやイギリスを筆頭に１５００年代から１８００年代にかけてほとんど絶えることなく互いに覇権争いに明け暮れ、高い税金を徴収していながらも膨大な公的債務を積み増していた。税収だけでは戦争関連の特別出費をとても賄いきれなかったからだ。いきおい、公債の利子の支払いは膨らむ一方だった。ところが、ヨーロッパの隆盛を決定的にしたのはほかならぬこの税務・財政・軍事能力なのだ。具体的には、16世紀および17世紀の大部分の期間中、中国やオスマン帝国は軍事面でヨーロッパ諸国に引けを取らなかったが（オスマン帝国による最後のウィーン包囲は１６８３年）、ヨーロッパ諸国は絶え間なく続けてきた覇権争いの結果、互いに国力を高め、18世紀末から19世紀を通して絶対的な軍事列強となっていく。１５５０年頃、オスマン帝国には歩兵と海兵が総勢14万人ほどいたが、これはフランスとイギリスの兵士を合わせた人数と変わらなかった。ところが、１７８０年代になってもオスマン軍の兵士の数はほとんど変化していない（15万人）のに対し、フランスとイギリスの陸・海軍の部隊は合わせて45万人に達している。戦車や武器の能力もはるかに勝っていた。また、同じ時期にオーストリア軍の戦闘員は25万人、プロイセンの戦闘員は

図3-1
大分岐の原因：
ヨーロッパ諸国の財政・軍事能力の向上　1500－1850年

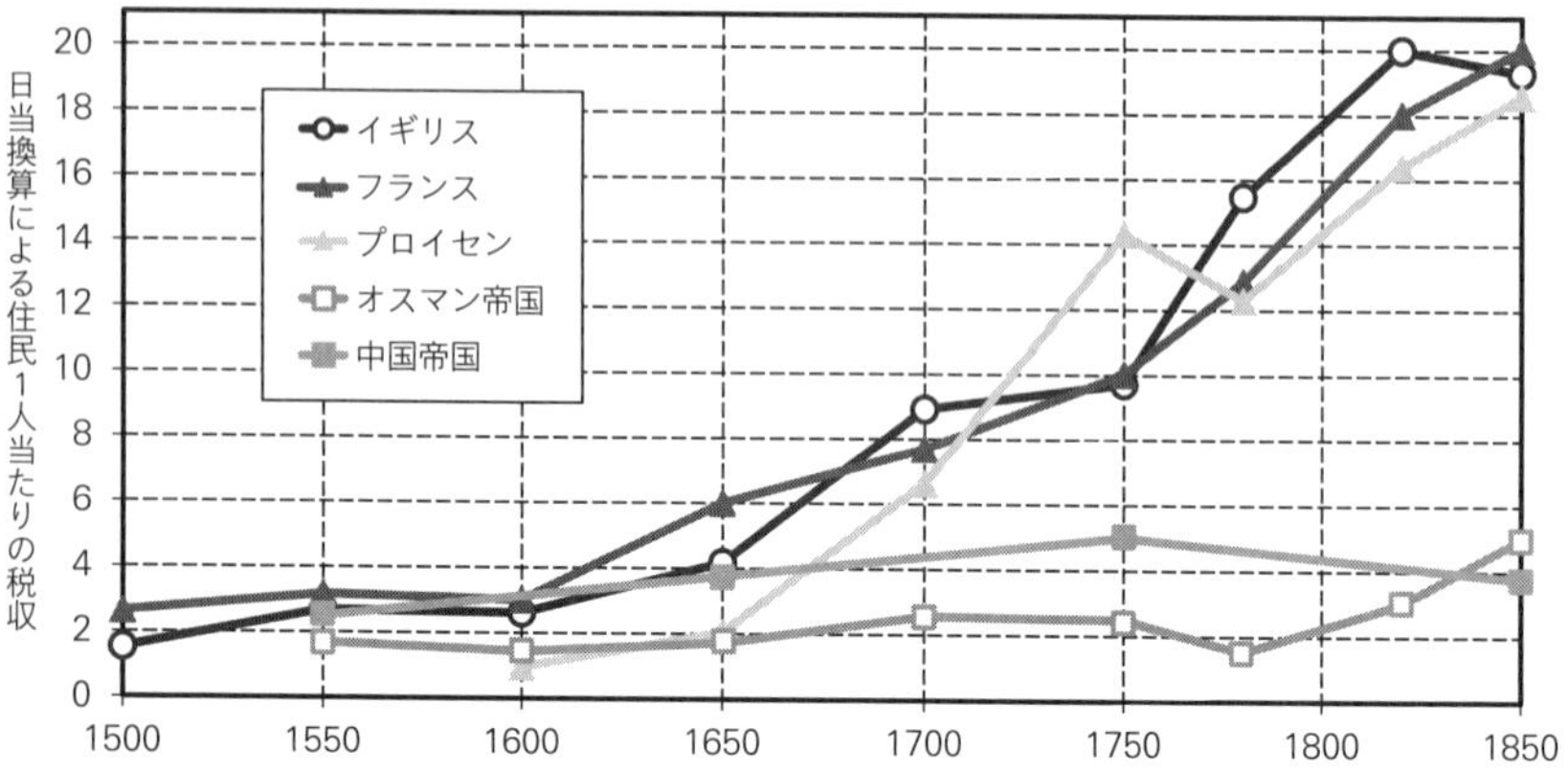

解説：1500－1600年ごろ、ヨーロッパ諸国の税収は住民1人につき日当換算で都会の無資格労働者の2－4日分だったが、1750－1850年には10－20日分になった。それに引き換え、オスマン帝国や中国帝国では2－5日分で変化していない。住民1人当たりの国民所得が都会の日当250日分前後であることから、オスマン帝国や中国帝国の税収は国民所得の1－2％にとどまっていることになるが、この間にヨーロッパ諸国では国民所得の1－2％から6－8％に上昇している。
出所と時系列データ：piketty.pse.ens.fr/egalite を参照。

18万人（両国は1550年代には軍隊は存在しなかった）いたことも計算に入れる必要がある。(3)

入手可能な税収に関するデータによると（いずれも完璧ではないとはいえ）、1500年から1800年にかけてのヨーロッパ諸国とその他の国々の税収には大きな開きがあることがわかる（図3－1参照）。1600－1650年代までは、どの国も税収は非常に少ない。その後、1700－1750年代にヨーロッパの国力が高まるにつれて、次第に差がはっきりしてくる。18世紀末から19世紀初頭にかけて、中国やオスマン帝国の税収は人口1人当たり、都会の日給2－4日分（国民所得のおよそ1－2％）にとどまっているが、ヨーロッパの主要国では、人口1人当たり、日給15－20日分だ（国民所得のおよそ6－8％）。(4)情報源がいかに不正確であろうと、ヨーロッパ諸国とその他の国々の税収に大きな開きがあることに疑問の余地はなく、これは大きな変化といえる。具体的には、国民所得の1%しか税金として徴収していない国は、その国力も社会を結集させる能力もきわめて小さい。要するに、政府が有益だと判断するさまざまな職務を遂行するために国民の1%しかその業務に当たらせることができないということだ。[5] そのような国は、国の財産や人命の安全を保障するのがやっとで、そのためには地元のさまざまな名士に頼らざるをえない。しかし、国民の6−8%をそうした業務に当たらせることができる国は、とりわけ国内秩序の維持や海外に対する軍事面ではるかに大きな力を発揮することができる。世界のあらゆる国が同じように脆弱である間は一定の均衡が保たれていた。ヨーロッパのいくつかの国々が財政・行政・軍事能力を著しく高めたことで、新しい力学が始まったのだ。

綿の帝国――世界の繊維産業を支配

「大分岐」の起源、軍事的支配および植民地支配が果たした重要な役割、その間に展開されたテクノロジーや金融の革新についてのポメランツの結論は、近年の数々の研究によってほぼ裏づけられている。[6] そうした研究では、ヨーロッパの政治的分裂は、(極端な例では、ヨーロッパの植民地帝国が1914年から1945年にかけて突入したナショナリズムやジェノサイドによる自滅のスパイラル、またそれほど極端でないにしても欧州連合が団結し、政治的に統合することに2020年代初めまで綿々と苦労してきたことなどが示しているように) 長期的にはマイナスと見なされる結果をもたらしたが、実際には、その軍事的対立が技術革新をもたらし、そのおかげで、1750年代から1900年代にかけてヨーロッパ諸国が中国に対し、さらには世界で優位に立つことができるようになったと力説されている。[7]

スヴェン・ベッカートの「綿の帝国」についての諸研究でも、1750年代から1860年代にかけてイギリスをはじめヨーロッパ諸国が世界の繊維産業を掌握したのは、奴隷を搾取して綿花を収奪してきたことが非常に大きな要因であることを明らかにしている。(8) 1492年から1888年までに大西洋を渡って運ばれてきたアフリカ人奴隷の半数が1780―1860年代に連れてこられている。この時期に奴隷が急激に増加し、綿花プランテーションが拡大されたことがイギリスの繊維産業の急成長に大きな役割を果たした。1780―1790年代までは、綿花生産の主な担い手は西インド諸島、なかでもサン＝ドマングだった。ところが、1791年の奴隷蜂起によってサン＝ドマングのプランテーションが壊滅したため、アメリカの南部州がその後を引き継いだ。その結果、アメリカの奴隷の数が激増し、綿花生産能力がかつてないレベルにまで向上したのである。奴隷貿易は1810年に表向きは廃止されたものの、実際には水面下で何十年も（とくに、ブラジルに向けて）続けられ、とりわけ、プランテーションの所有者は奴隷が自然にことのほか速く増えていることに気がついた。1800年代から1860年代までにアメリカ南部の奴隷の数は4倍に増え、100万人だった奴隷は400万人になっている（図3－2参照）。綿花の生産高は、生産技術の改良や生産強化も相まって10倍に膨れ上がった。南北戦争前夜には、ヨーロッパの繊維工場に輸入された綿花の75％がアメリカ南部からで、このことは、奴隷制がいかに重要な役割を果たしていたかをはっきりと示している。

プラサナン・パルタサラティはその著書で、イギリスの繊維産業の急速な発展には反インド的な保護主義政策が重要な役割を果たしたと主張している。(9) 17世紀および18世紀には、加工製品（あらゆる繊維製品、絹、陶器など）は主に中国とインドから輸入され、その代金はヨーロッパやアメリカ大陸（および日本）で産出される銀や金で支払われていた。インドの織物、とくにプリント生地やブルーのキャラコはヨーロッパだけでなく世界中で大流行した。18世紀初頭には、イギリス商人が西アフリカの奴隷と交換した繊維の80％がインドで製造されたもので、18世紀末になってもまだ60％はインド製だった。海上輸送記録には、1770年代にはフランスのルーアンで奴隷貿易のために出航する船に積み込まれる荷物の3分の1はインド製の繊維だ

図3-2
欧米における奴隷制の興亡　1700―1890年

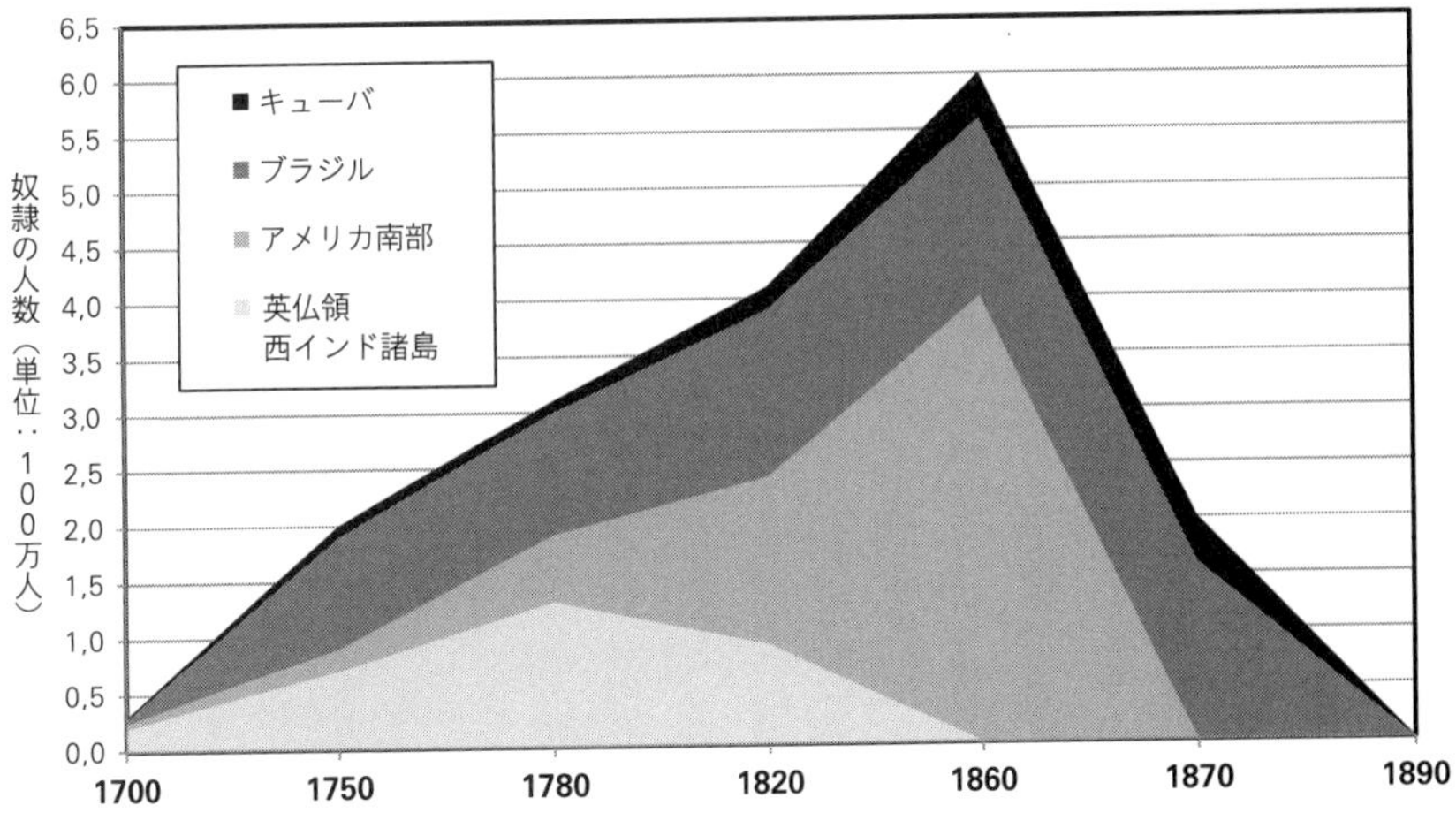

解説：大西洋地域にある欧米植民地プランテーションにおける奴隷総数は1860年には600万人に達していた（アメリカ南部に400万人、ブラジルに160万人、キューバに40万人）。英仏領西インド諸島（モーリシャス、レユニオン、ケープ植民地を含む）の奴隷数は1780―1790年ごろにピークに達し（130万人）、その後、サン＝ドマング（ハイチ）での奴隷反乱やイギリスとフランスの、それぞれ1833年および1848年の奴隷制廃止によって奴隷の数は減少した。
出所と時系列データ：piketty.pse.ens.fr/egalite を参照。

ったと記されている。オスマン帝国のさまざまな記録によれば、インド繊維の中東への輸出量は当時、西アフリカへの輸出量をはるかに上回っていたが、生産者の利益よりも自国の消費者の利益を気にするオスマン政府は問題にしなかった。

一方、ヨーロッパの商人は、インド繊維のノウハウをいくらか取り入れて自分たちの大陸をまたぐプロジェクトを発展させるには、インド繊維に対する反発を煽るのが得策だとすぐに気がついた。1685年になると、イギリス議会は20％の関税を導入し、さらに1690年には30％に引き上げ、1700年にはプリント生地や染色生地の輸入を完全に廃止する。以来、インドからは未加工の生地だけが輸入され、そのことがイギリスの生産者の生地染色やプリント技術を向上させることになった。フランスでも同様の措置が取られた。18世紀にはイギリスで関税制度が一層強化され、とくに1787年にはすべてのインド繊維に100%の関税が課せられるまでになった。こうした動きが決定的になったのは、とりわけイギリスの繊維生産技術が急速に向上した1765年から1785年にかけて、リバプールの奴隷商人たちが圧力をかけたからだ。彼らは、できるだけ自分たちの金銀を浪費せずにアフリカ海岸での取引を拡大するため、良質の繊維をぜひとも必要としていた。イギリスが19世紀半ば以降、自由貿易を声高に標榜するようになったのは、とくに石炭の活用によって繊維産業での明確な比較優位を手にしてからのことだ。イギリス人は17世紀および18世紀にインドで栄えていた海運業でも保護主義的な措置をとっていた。1815年にはインド製の船舶で運ばれてきた輸入品に15%の特別税を課し、さらに、喜望峰以東からの輸入品をイギリスに輸送できるのはイギリス船に限るという命令を発した。総合的な評価をするのは難しいが、このように強引に他国に押しつけたあらゆる保護主義的措置が、イギリスおよびヨーロッパの産業が世界を制覇することに大きな役割を果たしたのは明らかだろう。わかっている数値によれば、世界の工業生産高における中国とインドのシェアは、1800年代には合わせて53%だったが、1900年代にはたったの5%になっている。[10]

保護主義、中心と周辺の関係、世界システム論

保護主義政策はヨーロッパの隆盛だけでなく、歴史上のほとんどすべての経済発展の成功に重要な役割を果たしたことを明記しておこう。日本は19世紀末以降、韓国や台湾は20世紀半ば以降、また中国は20世紀末から21世紀初頭にかけて、最重要と判断したセクターにおける専門技術とノウハウの向上を狙って、海外の投資家がそうしたセクターの設立中の生産拠点を支配する可能性を厳しく制限するなど、さまざまな方法で保護主義を実践してきた。経済面で支配的地位を確立した国々が自由貿易主義に舵を切り始めたのは、特定

の製品に対する優位性を確立してからのことで、その結果、その他の後進諸国を永続的に自国の支配下に置くに至った。ウォーラーステインの「世界システム」や「中心と周辺の関係」についての研究書には、資本主義の長い歴史上のこうした数多くの実例が示され[11]、その他の多くの研究書でも、より最近の国内産業戦略が果たした重要な役割について分析がなされている[12]。

18世紀および19世紀のヨーロッパ諸国の隆盛について言えば、まさしくその唯一の特異性は、国内でも海外でも世界中で軍事力をむやみやたらに歯止めなく使用したことだ。イギリス東インド会社[13]やオランダ東インド会社のような初期のヨーロッパ商社は、私兵軍を擁し、すべての住民から定期的に金銭を巻き上げるさながら国際武装強奪会社のようなものだった。アヘン戦争がその典型である。18世紀初頭以降、それまで中国やインドとの貿易収支のバランスを保つことを可能にしていたアメリカ大陸の銀が枯渇してくると、ヨーロッパ諸国はこのアジアの二大国から輸入される絹、繊維、陶器、香辛料、茶と交換するものがなくなることを心配するようになった。そこでイギリスは、インドでのアヘンの原料の栽培を強化して中国に輸出することを企てた。こうして、18世紀にはアヘンの密輸が盛んに行われ、イギリス東インド会社は1773年にベンガルでのアヘンの生産と輸出の独占権を手中に収めた。

清朝政府は1729年以来、アヘン吸引が明らかに公衆衛生上よくないとの理由から禁止令を遵守させようと努めてきたが、その効果がないまま、アヘンの輸入量が激増したことを憂慮し、ついに行動に出る。1839年、清朝の皇帝は広州の特使にアヘンの輸入を止めさせ、ただちに在庫を焼却するよう命じた。するとイギリスの反中国メディアが、中国がしていることは所有権の許しがたい侵害であり、自由貿易の原則を無視する受け入れがたい攻撃だと告発する激しいキャンペーンを繰り広げた。その資金を提供したのはアヘン商人だった。清朝の皇帝がイギリスの財政力と軍事力の拡大を見誤っていたのは明らかで、第一次アヘン戦争（1839―1842年）で中国は瞬く間に敗北の憂き目にあう。イギリス政府が送った艦隊は広州や上海を砲撃し、1842年、イギリスは「不平等条約」（1924年に孫文が使用して以来、広く用いられるようになった表現）の調印にはじめてこぎつけた。その結果、中国は焼却されたアヘンおよび戦費に対する賠償金を支払い、イギリス商人に法律および税制上の特権を与え、香港島を割譲することになる。

それでも清朝政府は、アヘン貿易の合法化をかたくなに拒否した。第二次アヘン戦争（1856―1860年）に続き、1860年には北京の円明園が英仏軍に略奪され、清朝はついに降伏する。1860年から1862年にかけて、ヨーロッパ諸国の商館の設置や領土の割譲を承諾させられ、さらには重い戦争賠償金を背負わされることになった。また、宗教の自由の名のもとにキリスト教宣教師が国内で自由に宣教活動をすることも受け入れさせられた（そのくせ、ヨーロッパは仏教、イスラム教、ヒンドゥー教の宣教活動を同じように認めようとはしなかった）。ここに歴史の皮肉がある。英仏側から軍事費の賠償金を課せられたために、中国はアダム・スミス的なまっとうな予算を断念せざるをえず、はじめて莫大な財政赤字に見舞われたのだ。負債は雪だるま式に膨れ上がり、清朝はヨーロッパ諸国への賠償金の財源捻出のために増税を余儀なくされ、他の国々（モロッコなど）で見られるように、税収の増額分をヨーロッパ諸国に差し出すという、負債をネタに権力を振りかざす旧来の植民地のシナリオを受け入れざるをえなかった。(14)

ヨーロッパ諸国が17世紀および18世紀にヨーロッパ内での戦費を捻出するために発行した国債については、それが債権の証券化や金融改革のプロセスに重要な役割を果たしたことも強調する必要がある。こうした経験のいくつかは、1718―1720年の有名なジョン・ローの倒産のように世間を騒がせた破産という結果で終わった。これはフランス政府やイギリス政府が自国の負債を解消するために、国債の保有者に怪しげな植民地商会（たとえば、金融バブルを崩壊させたミシシッピ会社）の株式と国債を競って交換させることにうつつを抜かしていたことが原因である。当時、こうした株式会社のプロジェクトの多くは植民主義型の商業や税制の独占を利用したもので、生産的な起業家の活動とは似て非なるものだった。[15] それでもヨーロッパ諸国は、金融や貿易技術を世界的規模で発展させたことでインフラを整備し、比較優位の地位を確立したことに変わりはなく、そのことが19世紀末から20世紀初頭のグローバル化した産業・金融資本主義の時代へと進む決め手となったのは明らかだ。[16]

ヨーロッパを地方化する、西ヨーロッパの特殊性を再考する

要するに、西ヨーロッパ諸国は植民地主義と軍事的支配によって自分たちに都合のいいように世界経済を動かし、他の国々を永続的に周辺的な地位につかせることができたのだ。重ねて言うが、この戦略はとくにヨーロッパに限ったことではない。日本は20世紀前半にアジアの一部地域に対して同じようなことを行い、韓国や台湾が自主的に発展戦略を実施できるようになるには、日本による植民地支配の終焉を待たなければならなかった。中国は、西ヨーロッパ諸国と日本の植民地支配から抜け出すと、数十年間の逡巡の後、1980年代以降、独自の発展戦略を策定できるようになり、たちまち自国より貧しく、低い立場のアジア諸国やアフリカ諸国の経済を支配下に置くようになる。ヨーロッパ諸国が日本や中国と異なる点は、こうした戦略を最初に実施し、長きにわたり軍事的支配を揺るぎないものにしたこと、そして、国内外に十分に組織化された反対勢力が存在しない状態が続いたことが幸いして数世紀にわたってこの戦略を世界規模に拡大したことだ。

しかし、植民地主義が西ヨーロッパにおける資本主義の台頭に重要な役割を果たしたという事実だけであらゆる問題が解決されるわけではなく、それにはほど遠い。次に、ヨーロッパで税制・軍事の優位性が高ま

った理由を説明する必要がある。その点については、国同士がどのような形で競い合ったか、また1500年代から1800年代にかけてヨーロッパの領土がどのような構成になっていたかに重点が置かれることが通例だが、それだけではこのテーマを論じ尽くすことはできない。たとえば、インド亜大陸においても国家間で非常に激しい領土争いが繰り広げられたが、その国境システムはヨーロッパよりはるかに不安定だった。（他の社会では見られない）資本主義特有の生産活動の社会との関係は、すでに16－17世紀、つまり、植民地の拡大が決定的な役割を担うずっと前からイギリスの農村で、とくに初期の国家中央集権化のプロセスで発展していたと主張する研究者もいる。[17] そうした研究は刺激的であり、注意深く検討する必要がある。しかし、今日までに集められた資料だけでは、自信をもってこのように結論づけるには根拠が弱すぎる（またヨーロッパ中心に過ぎる）。現段階では、18世紀半ばまではヨーロッパ、中国、日本、インドのそれぞれの最も発展した地域で行われていた社会・経済の仕組みに大きな違いはなく、実際に違いが現れ始めたのは、ヨーロッパが植民支配や軍事的支配によって優位に立つようになってからであるという、ポメランツやパルタサラティが展開した主張が最も確かなように思われる。

もちろん将来、新しい研究や未発表の資料が明らかになれば、現段階では脆弱で暫定的なこの結論をさらに進展させることができる可能性は十分にある。また、他のいくつかの要因、たとえば、中世研究家のジャコモ・トデスキーニが主張した理論、つまりカトリック教会が聖職者独身制によって社会階級として存在することが禁じられていたにもかかわらず、宗教・政治組織でありながら有産組織として確実に存続できるよう、ヨーロッパで数世紀にわたって発達させてきた非常に洗練された金融法、商法、所有権法などの制度面から、もっと早期の原始資本主義的なヨーロッパの分岐を説明することができるかもしれない。[18] ジャコモ・トデスキーニより前に、人類学者のジャック・グッディは、ヨーロッパの特殊性、とくに家族構成面での特殊性（ローマ法のあらゆる規則とは逆に、いとこ同士の結婚、養子縁組、未亡人の再婚を禁止した）は、それによってキリスト教会が財産を受け取り、名門家系に対抗する有産組織であることを明確にしたいという教会の確固たる意志の表れであるという仮説を発表している。[19]

その他にも、サンジャイ・スブラフマニヤムの著書など多くの研究がヨーロッパの領土拡張政策の地政学的・宗教的動機をより明確に力説している。イスラム教徒を背後から攻撃したという伝説上の東アフリカのキリスト教王国を探し求めて、ポルトガル人がアフリカ遠征に乗り出したのは、永遠の敵であるイスラム勢力を封じ込めようという意図からだった。アフリカの東海岸をあてもなく彷徨したのち、ポルトガル人はインド沿岸に到着した。しかし、数年を経てポルトガル人はようやく、ヴァスコ・ダ・ガマがカリカットやコチン近郊で出会った君主たちがキリスト教徒ではなくヒンドゥー教徒であることに気づいたのだ（ヴァスコ・ダ・ガマ自身、レコンキスタの間は騎士修道会に属していた）。[20] エドワード・サイードはイスラム勢力への対抗心がヨーロッパの領土拡張を進める役割を果たしたと強調し、東洋の国々やイスラム教徒は組織として劣っており、自ら統治する能力がないと見なして貶める言説が、どれほど植民地政策を正当化するために利用されてきたかを論証している。[21]

まったく他の面から、クロード・レヴィ＝ストロースは極東と極西を結びつける人類学的な深いつながりを浮き彫りにした。彼によれば、世界の果ての国々は、国家の形成に都合のいい自然の境界線を活用してきたが（なかでも、グレート・ブリテン島や日本がその例だが、フランスにはほとんど当てはまらない）、これらの地域は、新石器時代の民族大移動以来、神話、イデオロギー、世界の知識のたまり場でもあった。[22] 新石器時代の原始国家の形成に関するいくつかの研究から、さまざまな典礼の構成が重視され、国家構造は非常に脆弱だったが、その例外が土地の制約がある場所（島や沿岸地域）だったことも明らかになっている。[23]

経済史、社会史、国家建設の歴史

こうした宗教的、イデオロギー的、人類学的なあらゆる要因が、おそらくヨーロッパだけでなく世界のあらゆる地域の歴史に大きな影響を及ぼしているが、こうしたすべての諸要素のなかに、実際に起こった歴史の道筋の究極の原因を見つけ出すことができると主張するのは現実的でなく浅はかだろう。現段階では、西欧をはじめ世界で資本主義が発展したのは、国際分業と世界中の天然資源の過剰な開発、人的資源の過剰な酷使によるところが大きく、列強間のパワーバランスがこの歴史に絶対的に重要な役割を果たしたと考えるのが妥当であるように私には思える。重要なのは、国家建設には財政・軍事能力の向上だけが関与するわけではないということだ。国家建設には、さまざまな世界観、イデオロギー、アイデンティティ、諸制度、言語、また、決して出会ったことがなく将来も決して出会うことはないが、それでも否応なしに共通の国家権力が定めるルールに従うことを受け入れている何百万という人々を結びつける「想像の共同体」が密接に関わっているのだ[24]。数世紀の間、国家建設は概して支配階級が主導してきたが、ときには支配階級間で、たとえば他国を植民地として政治・宗教・通商面で支配する政策について意見が食い違うこともあった。ところが、18世紀末以降、暴動や社会闘争を介して、下層階級の果たす役割が増大し、どんな政策を進め、どんな形の国家権力として発展するかを決定することに一役買うようになった。国家は、それ自体は平等でも不平等でもない。すべては誰が何のために国家を掌握するかに左右される。原始国家の時代[25]あるいは18世紀以前の時代にもある程度同じような両義性がみられるが、残念ながらそのことを調べるために十分な資料がない[26]。

いずれにしても、どんな国家建設にも、それぞれに特有の社会・歴史プロセス、それぞれ特有のアイデンティティや闘争が関わっており、そのような観点から研究する必要がある。18世紀のイギリスやフランスの国家建設だけでなく、中国や、アメリカ、インド、さらには21世紀のヨーロッパ連合といった連邦国家の発展についても同様だ。資本主義や経済発展の歴史は、国家や権力の歴史に大きく関わっている。そのことが、歴史を極端に政治的・イデオロギー的なものにしているのだ。

4　賠償問題

本書で検討する平等への長い歩みの大きな一歩である奴隷制と植民地主義からの脱却が実現するまでには、数々の闘争や対立、解放、そしてたとえば、（奴隷にではなく）奴隷所有者に支払われた金銭的補償のような不当な出来事があった。これはあまり知られていないが重要なエピソードで、今日もなお、賠償についての問題が問われている。この問題は非常に複雑ではあるが、いつまでも避けているわけにはいかない。今こそ行動するべきときであり、そうしなければ不当に対する根深く、いつまでも消えない感情を生む恐れがある。より一般的には、奴隷制と植民地主義の遺産については、補償的正義と普遍的正義の兼ね合いを世界レベルで再考すべきである。

奴隷制の廃止——奴隷所有者への金銭的賠償

奴隷制は18世紀および19世紀に大西洋周辺地域で大々的に展開されていた。アメリカ南部では１８００年代から１８６０年代の間に奴隷の数は4倍に膨れ上がっている。当時、プランテーションがかつてないほど拡大し、ヨーロッパの繊維産業で重要な役割を担っていた。その数十年前の18世紀末までは、プランテーション経済の中心はフランスとイギリスだった。とくに１７８０―１７９０年代頃、フランスの奴隷島には欧米諸国のなかで最も多い70万人もの奴隷がいたのに対し、イギリス領には60万人、（新たに独立した）アメリカ南部のプランテーションには50万人だった。

フランス領西インド諸島では、マルティニーク、グアドループ、そしてとりわけサン＝ドマングに奴隷が集中していた。サン＝ドマングは1804年の独立宣言を機にハイチと国名を改めたが、18世紀末にはフランス植民地のなかで最も繁栄し、砂糖、コーヒー、綿花の生産で最も高い利潤を生むフランス植民地の宝庫だった。サン＝ドマングは1626年以来のフランス領で、1492年にコロンブスが接岸したイスパニョーラ島の西部分にあたる。東部はスペインの植民地（ドミニカ共和国になる前）で、このイスパニョーラ島はキューバに隣接している（キューバでも、ブラジル同様、1886―1887年まで奴隷制が続いていた）。インド洋には、フランス島とブルボン島という二つのフランス領奴隷島があった。フランス島は18世紀には最も重要な植民地だったが、1810年にイギリス兵が押し寄せ、1815年にモーリシャス島という名前でイギリス領になった。一方、ブルボン島は1814年にイギリスに占領されるものの1815年にはフランス領に戻り、レユニオン島と改称された。1780年頃、両島のプランテーションには合計でおよそ10万人の奴隷がいたが、フランス領西インド諸島には60万人の奴隷がおり、そのうちの45万人はサン＝ドマングに集中していた。

また1780年代のサン＝ドマングでは全人口の90％が奴隷（メスティーソ、ムラート、有色自由人も含めれば実に95％）で、文字通りの奴隷島だったことも強調する必要がある。1780―1830年代には、西インド諸島の他のイギリス領やフランス領の島々でも同じような状況だった。たとえば、ジャマイカでは84％、バルバドスは80％、マルティニークは85％、グアドループは86％が奴隷だった。これは、大西洋の奴隷社会の歴史上、より広くは世界の奴隷社会の歴史上、決して見られない最も極端な状況である（図4―1参照）。

図4-1
大西洋の奴隷社会　18−19世紀

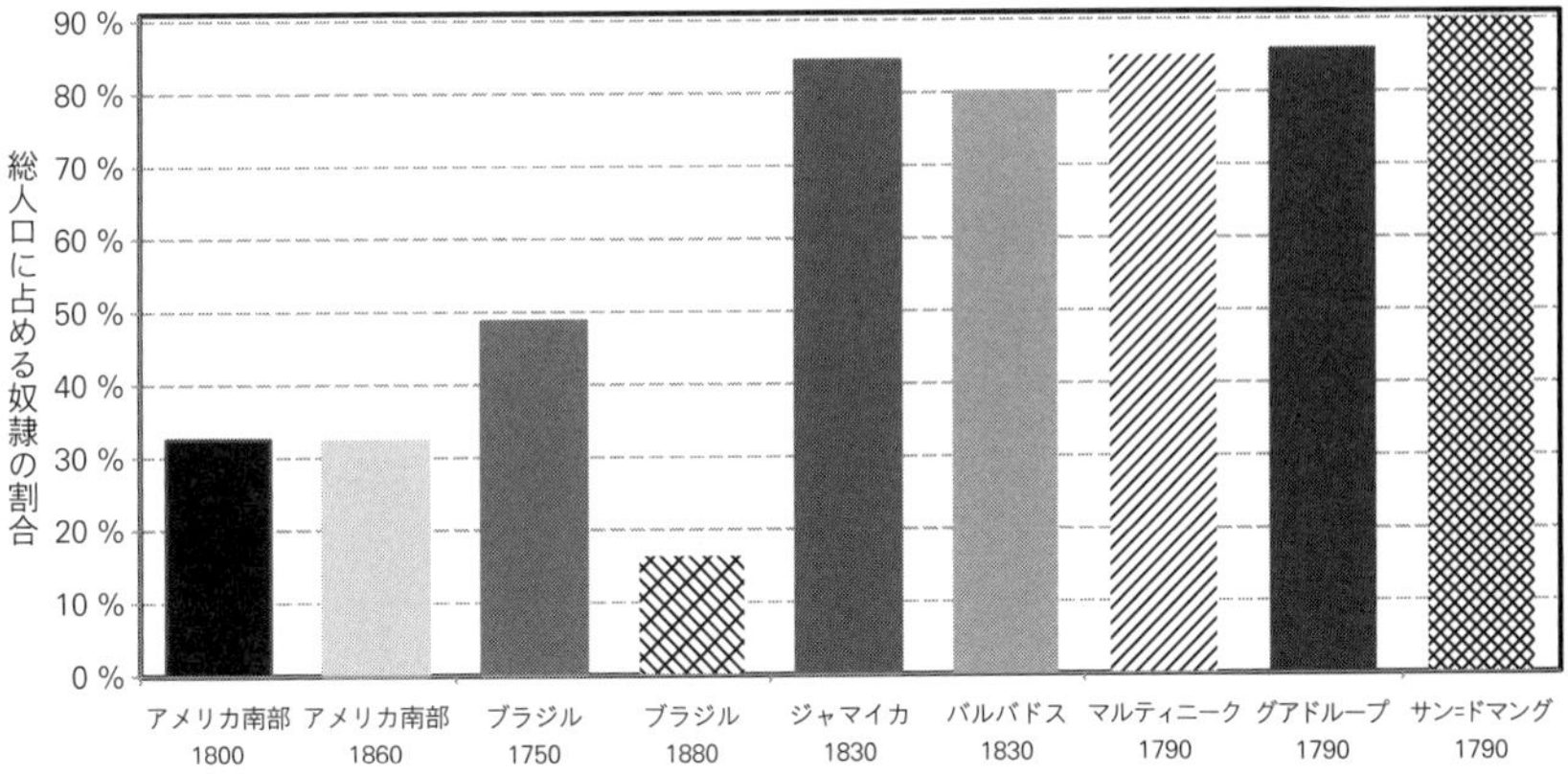

解説：アメリカ南部では1800年から1860年にかけて人口の3分の1が奴隷だった。ブラジルでは1750年から1880年の間に奴隷人口は総人口の50%から20%に減少した。英仏領西インド諸島の奴隷島では1780−1830年に奴隷人口が総人口の80%を超え、1790年のサン＝ドマング（ハイチ）では90%に達していた。
出所と時系列データ：piketty.pse.ens.fr/egalite を参照。

それに比べて、同時期のアメリカ南部やブラジルでの奴隷の比率は30−50%で、これは、手に入る資料によれば、古代アテナイやローマでの奴隷の比率に近いようだ。18世紀および19世紀初頭のイギリス領およびフランス領西インド諸島は、奴隷が全人口のほとんどを占める社会だったことが資料によってはっきりと裏付けられている。

奴隷の比率が80−90%に達すれば、どんなに残忍な弾圧体制が敷かれていようと反乱が起こる可能性はきわめて高くなるのは明らかだ。ハイチの例はとくに極端で、他の島々をはるかにしのぐ非常に速いペースで奴隷の数が増加し、他の島をはるかに凌ぐ高い水準に達した。1700年頃のハイチの全人口は約3万人で、そのうちほぼ半数以上が奴隷だった。1750年代初頭になると、奴隷が12万人（全人口の77%）、白人が2万5000人（19%）、メスティーソと有色自由人が5000人（4%）になった。さらに1780年代末には奴隷が47万人以上（全人口の90%）に達し、白人は2万8000人（5%）、メ

図4-2
拡大する奴隷島：サン゠ドマング　1700―1790年

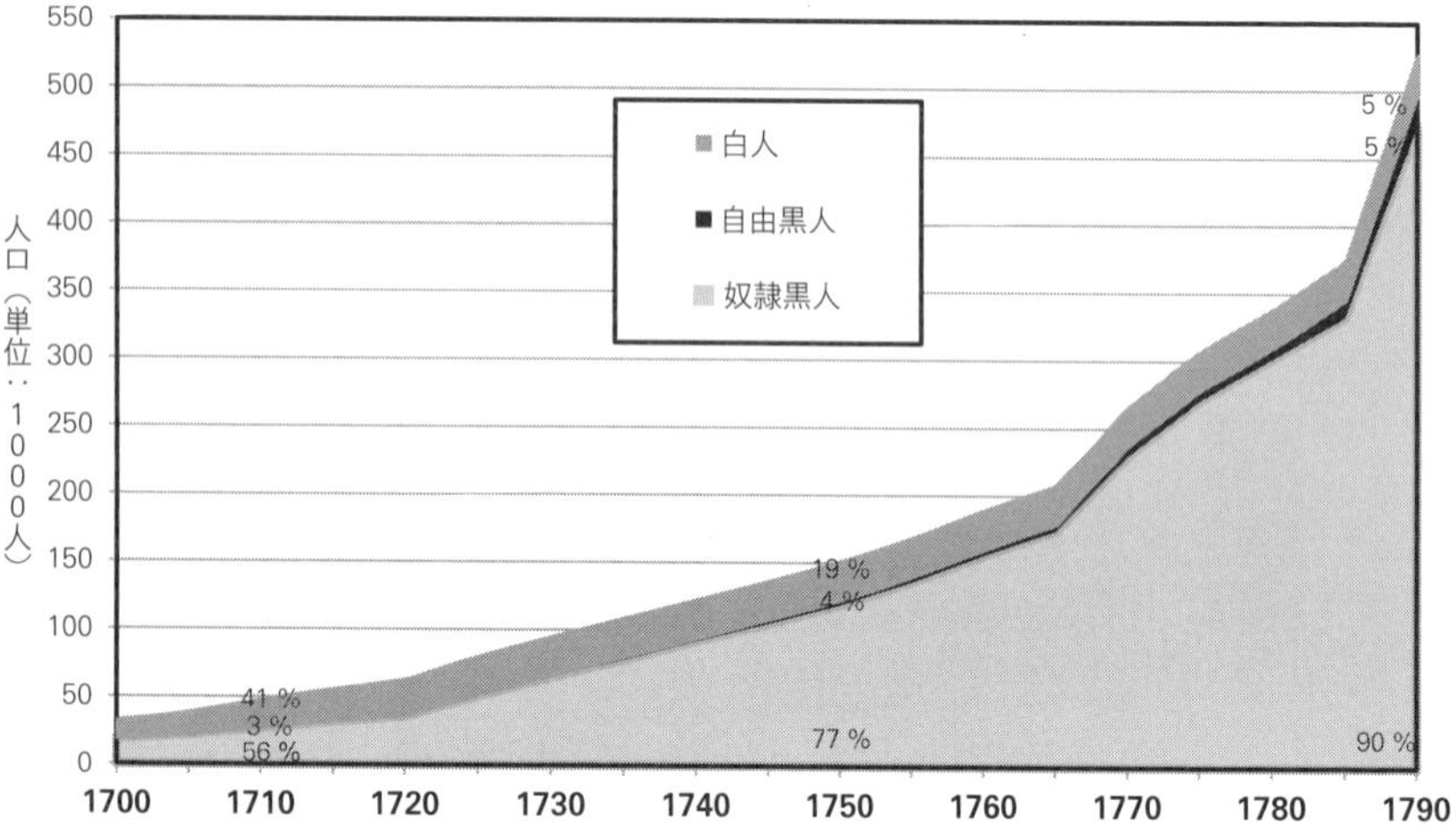

解説：サン゠ドマング（ハイチ）の総人口は1700―1710年には5万人未満（うち奴隷56%、有色自由人およびムラート3%、白人41%）だったが、1790年には50万人以上（奴隷90%、有色自由人およびムラート5%、白人5%）になった。
出所と時系列データ：piketty.pse.ens.fr/egalite を参照。

スティーソ、ムラート、有色自由人が2万5000人だった（図4－2参照）。

1789年前夜、死亡した奴隷の穴埋めをし、さらには奴隷の在庫を増やすために、ハイチの港、ポルト゠オ゠プランスとカプ゠フランセには毎年およそ4万人ものアフリカ人が到着し、奴隷の数は途方もない勢いで増えていった。こうしたやり方は、フランス革命が勃発した頃に急拡大した。フランス革命初期の1789－1790年に革命に触発された自由黒人は、まず選挙権と国民議会に参加する権利を要求した。パリで権利の自由についての大胆な宣言が採択されたことを考えれば、彼らにとってこの要求は当然のことに思えたが、却下された。すると1791年8月、奴隷たちは北部平原のカイマン森に集合し、数十年前から島の山間部にこもっていた数千人の「マルーン」（すなわち逃亡奴隷）たちも加わって一斉に蜂起した。フランスから援軍が派遣されたにもかかわらず、反乱者たちはたちまち領土を占拠してプランテーションを制圧し、農園経営者らはハイチから逃げ出した。パリから派遣された新しい行政官は、1793年8月、奴隷解放令を出すほかなく、この決議は1794年2月、国民公会によってすべての植民地に拡大された。奴隷制を全面的に廃止することで（たとえこの決議が、実際には反乱者たちから強いられたものだったとしても）、国民公会は、前体制、そしてその後の体制との違いを際立たせた。しかし実際には、この決議が適用された時期はほとんどなかった。1802年になると、奴隷所有者たちはハイチを除くすべての植民地諸島での奴隷制の復活をナポレオンから取りつける。ハイチは、自分たちの財産を取り戻そうと乗り込んできたフランス軍を再び押し返すと、1804年に独立を宣言した。1825年になってようやく、シャルル十世がハイチの独立を承認し、1848年には奴隷制を廃止する新しい法律が採択され、その他の領土、とくにマルティニーク、グアドループ、レユニオンで適用されるに至った。

フランス政府は、ハイチが支払った債務を返還すべきか？

ハイチの例が象徴的なのは、奴隷反乱の勝利によって近代で初めて奴隷制が廃止され、黒人がヨーロッパ列強と対決して初めて独立を勝ち取っただけでなく、そのエピソードが巨額の公的債務をハイチ政府が背負わされるという結果に終わり、そのことが、その後2世紀にわたってハイチの発展を妨げる原因となったからでもある。フランスが1825年に最終的にハイチの独立を承認し、フランス軍による侵略という威嚇に終止符を打ったのは、奴隷所有者に財産の損失に対する賠償をするため、シャルル十世がハイチ政府から1億5000万金フランの債務支払いの同意を取りつけたからにほかならない。フランス軍が圧倒的に優位で、交渉の決着がつくまでフランス艦隊から輸出禁止を強いられ、また実際に島を占領されかねないことを考えると、ハイチ政府にはまったく選択の余地がなかったのだ。

貢物さながらのこの債務は1825年当時のハイチの国民所得の300%以上、言いかえれば3年分以上の生産高に相当し、短期間で返済するのは事実上不可能な莫大な額だった。この件に関する協定には、5年で全額を貯蓄供託金庫（フランス革命時に設立された公的金融機関で、現在も存在している）に速やかに振り込むこと、当金庫は奴隷を失った所有者にその金額を送金すること（これは実行された）、またハイチ政府は債務を分割返済するために、フランスの民間銀行から利子の支払いと引き換えに融資を受けること（これもハイチ政府が実行した）が規定されていた。ハイチの債務については複雑な再交渉が何度も行われたが、大筋のところは、フランスの民間銀行から絶えず支払い遅延の苦情を訴えられながらも、1840年から1915年までの間に平均して年にハイチの国民所得の約5%が支払われた（元本および利子）[1]。フランスの民間銀行はフランス政府の支援を得て、最終的に債権の残高をアメリカに譲る決断をする。そのアメリカは1915年から1934年までハイチを占領し、ハイチの秩序を回復させて自国の金融利権を守り通した。1825年に発生した債務は、フランスからアメリカへと債権者が移転しながらも1950年代の初めには正式に消滅し、すべて返済された。1825年から1950年までの1世紀以上もの間、フランスがハイチに対して自由と引き換えに払わせた代価は、際限のない政治的な駆け引きのなかで、ときには激しく糾弾され、ときには否応なしに受け入れられた賠償金問題のために、ハイチの発展が泥沼化するという結果を生んだ[2]。

この数十年来、ハイチ政府がフランスに要求しているように、フランス政府がハイチから支払われた債務をついに返還する決定をしたと仮定しよう。返還総額はどれくらいになるだろうか？　これはひとつしか解答がないような問題ではなく、じっくりと民主的な討議をするべきだ。しかし、この問題をごまかすことはできない。単純かつ明快な金額を出すとすれば、ハイチの2020年の国民所得の300%、すなわち約3

00億ユーロという金額が考えられるだろう。この提案は、利子をほんの一部しか計算にいれていないのだから、決して過剰な額とは言えない(3)。ほぼ同額か、それを上回る額を導き出せるような別の計算方法を用いることもできるだろう(4)。フランスにとって300億ユーロは現在の公的債務の1％をやや上回る額だ。つまり取るに足りない額である。ところがハイチにとっては、投資面でもインフラ面でも大きな違いが生じる金額だ。歴史上の重大な不当行為を清算できる新たな出発となることは間違いない。

いずれにせよ、弁償するにはあまりに古い話だという、フランス政府のお決まりの言い訳はほとんど説得力がない。今日、20世紀前半に行われた収用や不当行為に対して数々の賠償プロセスが継続的に行われている。とりわけ第二次世界大戦中にナチ政権とその同盟国が行ったユダヤ人の財産没収が思い浮かぶ。その返還手続きは、とくに1997年にフランスでマテオリ・ミッション〔略奪されたユダヤ人の財産を調査する組織〕が設立されて以来、今も継続中だ。(プロイセンの王家で1918年に権力を失った)ホーエンツォレルン家の子孫たちは、現在、十分な賠償がされていないと思われる宮殿や芸術作品について、ドイツ政府と係争中だ。また、第二次世界大戦中に強制収容された日系アメリカ人に2万ドルの賠償金を支払うことを定めた1988年のアメリカ合衆国の市民の自由法を挙げることもできる(5)。ハイチが隷属国であることをやめたいと願ったばかりに、フランスに支払わなくてはならなかった債務についてあらゆる議論を拒否して、1825年から1950年までに実行された支払いはきちんと記録されているのに、その支払いについて誰も問題にしないなら、こうした若干の不当な扱いは他のこと以上に必要なのだという印象を与えかねない。可能な限り中立的で普遍的な公正の原則に基づいて和解させるためのあらゆる手段を講じる必要があるのに、このような態度をとれば、出自の異なる人々の対立を助長させてしまう。次のハイチ独立100年祭までに、フランス政府が国民の声に押されて解決策を見つけることを期待しよう(6)。

イギリスとフランスにおける奴隷制廃止と損失補償、1833年と1848年

強調すべきは、1833年にイギリスで、そして1848年にフランスで奴隷制が廃止されたのに伴い、ハイチ以外の奴隷所有者に対しても莫大な賠償金が支払われたことだ。1791年にサン＝ドマングで奴隷の反乱が成功して以来、奴隷所有者らは警戒していた。1802年にグアドループで起こった奴隷の大反乱は鎮圧され、約1万人の奴隷が処刑されたり、強制収容所送りになったりした。島民の10%に相当する奴隷が失われたために、島民を増やして砂糖プランテーションを再開するため、フランス政府は1810–1820年代の数年間、一時的に奴隷売買を再開せざるをえなかった。1815年にイギリス領ギアナで新たな反乱が起こったが、これも流血のなかで鎮圧された。最も決定的な出来事はおそらく1831年クリスマスに起こったジャマイカでの奴隷の大暴動だろう。その凄惨な鎮圧の様子がイギリスの新聞に掲載されると、イギリス世論に強い衝撃を与え、1832年から1833年にかけて議会では奴隷制廃止主義者が再び勢いを取り戻し、奴隷所有者は新たな暴動が起こりかねないというリスクを冒すよりも、賠償金をどっさり受け取ることに同意するほうが賢明だと納得するに至った。

実際、1833年にイギリス議会で奴隷制廃止法が採択され、すべての奴隷所有者に賠償金が支払われることになった。できる限り公正で正確な賠償が行われるように、奴隷の年齢、性別、生産性に応じたかなり込み入った計算表が作成された。こうして、総額でおよそ2000万イギリス・ポンド、すなわち当時のイギリスの国民所得の5%に相当する金額が4000人の奴隷所有者に支払われた。もし今日、イギリス政府がこうした政策にイギリスの国民所得の同じ割合を適用するなら、総額でおよそ1200億ユーロ、4000人の奴隷所有者1人当たり3000万ユーロを支払う必要があるだろう。ここでいう所有者とは、数百人、

ときには数千人もの奴隷を所有する大農園主のことだ。この賠償金はすべて、国債を必要なだけ増やすことで賄われたのだが、その国債の償還はイギリス国民、それも当時のイギリス税制（主に間接税だった）の逆進性の高さを考えれば、実際は主に低所得世帯や中所得世帯の支払う税金によって賄われたことになる。(7)

当時、（少なくとも政治的権力を握っていた少数派の農園主である市民には）まったく公平で理にかなっていると思われたこの補償措置を記した議会の記録文書は、近年、系統だった研究の対象となり、その結果、数冊の書籍が出版されたり、賠償金受給者の名前が記されたオンライン・データベースが構築されたりしている。(8)それによって、1830年代に十分な補償を受けた農園主の子孫のなかに、保守党党首や首相を務めたこともあるデイヴィッド・キャメロンの従弟がいることが判明した。こうした賠償金は、一族が財産、金融資産、不動産を手に入れる原資となり、多くのイギリスの資産家家庭がそうであるように、21世紀初頭の現在もまだ保有され続けている。それを国庫に返還させる手続きを進めるべきだという要求が何度も上がったが、いかなる措置も取られないまま、問題は今日までそのままになっている。

フランスでも、1848年に奴隷制が廃止されたのに伴い奴隷所有者に対する同様の補償が適用され、そのことに関する記録文書も活用され、近年データベース化された。(9)このような補償の原則は、アレクシ・ド・トクヴィルのような当時の「リベラル」なエリートたちにとっては明白で議論の余地のない前提条件だった。トクヴィルは、1840年代にフランスでこの問題が議論された折に、独創的だと自負する提案をしたことで有名になった。その提案というのは、賠償金の一部は国庫が負担し、残りを奴隷たち自身に負担させる、つまり、10―20年間、主人の下で実際の賃金より低い賃金で働いて差額分を返済に充てるというもので、奴隷所有者にとって非常にありがたい提案だった。偉大な奴隷解放主義者として歴史にその名を残したヴィクトル・シュルシェールは、補償は好ましくないと考えながらも、奴隷制が法的枠組みで実施されていたのだから他の方法を取ることは不可能だと主張した。[10] つまり、農園主から何の補償もなしに奴隷を取り上げたら、数年前に奴隷を売却して、今では金融資産やボルドー近辺の城館あるいはパリの不動産を手に入れている者たちのことはどうするのだろうか？　しまいには、社会秩序や私有財産制度すべてを問題視することになりはしないだろうか？　実際、振り返ってみれば、公正な奴隷制廃止とは、何十年も虐待され、ただ働きをさせられたことに対して（主人にではなく）奴隷に対して賠償をするべきで、その賠償資金は奴隷制のおかげで直接または間接に富を積んだあらゆる人々、つまり当時の裕福な農園主たちが負担するべきだと考えることができる。[11] フランス革命の間、ニコラ・ド・コンドルセやトマス・ペインなど数人の論客は奴隷制を廃止し、昔の主人による年金給付または土地の一区画の提供という形で奴隷に対して賠償するという考えを主張したが、失敗に終わっている。その考え方は支配エリートたちにはまったく受け入れられなかった。彼らは所有権の絶対的な尊重を誓うばかりで、この危険なパンドラの箱を開けようとはしなかったのだ。

1848年4月27日の奴隷制廃止令には、奴隷所有者への補償の他に、「浮浪者や物乞いを取り締まり、植民地内に懲罰作業場の設置を規定する」条文が含まれている。これは、農園主に安い労働力を保障することが目的だった。言いかえれば、シュルシェールの奴隷制廃止令は、奴隷に賠償金を支払うことも土地の利用を許可することも一切検討していないだけでなく、数十年間は農園主と政府が元奴隷を管理できる、ほとんど強制的な労働制度を伴うものだった。レユニオンでは県知事がただちにその適用方法を定めた。それは、元奴隷は農園の労働者または家事使用人として長期労働契約を結ばなければならない、さもなければ、浮浪者として逮捕され、奴隷制廃止令に規定されている懲罰作業場に送られるというものだった。

2020年代には、Black Lives Matter 運動が起こったのを契機に、イギリスやフランスで奴隷商人たちの像（またときには彼らに賠償金を支給したシュルシェールらの像）が破壊されるという暴動が起こり、人々を驚かせた。しかし、奴隷制が廃止された当時に行われた歴史上の不当な扱いを思い起こせば、こうした怒りをもっと理解し、どうすれば怒りを収めることができるか思いめぐらすことができるだろう。2001年にフランス議会で、奴隷貿易と奴隷制度を「人道に対する犯罪」であると認める法律の制定について議論された折に、ギアナ出身の議員、クリスチャーヌ・トビラは、元奴隷への賠償原則を是認し、具体的な方法の検討を担う委員会の設置を当時の与党に提案したが、受け入れられなかった。(12) ハイチに対する金銭的賠償の他にも重要な問題がいまだに残っている。土地や金融資産を所有しているのは、依然として白人、しかも1848年の奴隷廃止に伴い賠償金を受け取った農園主家庭の子孫がほとんどであるという状況のなかで、奴隷出身者たちが土地の数区画を利用できることを目指すレユニオン、マルティニーク、グアドループ、ギアナでの農地改革の問題は手つかずのままだ。この問題は、どんなに複雑であっても、遅かれ早かれ、何らかの解決策を見出さなければならない。

アメリカ、長く続いた奴隷制共和国

次に、アメリカのケースを見てみよう。賠償に関する議論はとくに切実な問題だ。奴隷制はアメリカの発展に大きな役割を果たした。アメリカは建国のとき、まぎれもなく奴隷制を支持する共和国だった。1860年にリンカーンが大統領に選出される以前の15人の歴代大統領のうち11人が奴隷所有者で、なかでもジョージ・ワシントンとトーマス・ジェファーソンはともに建国時の新生連邦政府の中心地、ヴァージニア州の出身だ。奴隷制は1800年から1860年にかけて急速に拡大した。しかし北東部、そしてとくに中西部の発展ぶりはもっと凄まじかった。この二つの地域は別の経済モデル、つまり西部の土地の植民地化と自由労働に基づく経済モデルに支えられていたため、新しい領土に奴隷制が拡大するのを嫌っていた。

共和党員のリンカーンは1860年に大統領の地位を勝ち取ると、1833年にイギリスで、そして1848年にフランスでそれぞれ奴隷制が廃止されたときと同じように、奴隷所有者に賠償金を支払うことで段階的・平和的に奴隷制を終わらせる交渉を始める準備に取りかかった。もっとも、それ以前の1820年代にジェファーソンとマディソンがそれぞれ奴隷廃止計画を提案している。彼らの案は、奴隷が元主人と一緒に暮らすのは難しいだろうから、奴隷を全員アフリカに送り返して、西部の土地の大部分を奴隷所有者に譲渡すればよい、そうすれば彼らは新しい土地で大地主になるだろうから、というものだった。実際は、そのような大規模な土地の譲渡はほとんど現実的な選択肢ではなかった。(13) 南部連合はそのことに気づいており、20世紀の南アフリカやアルジェリアの一部の白人入植者たちのように、自分たちの世界を守ることを望み、連邦からの分離というカードを切るほうを選んだ。しかし北部連邦は南部の分離を拒絶し、1861年に戦争の火ぶたが切られた。4年後、60万人もの死者を出し(2回の世界大戦をはじめ、朝鮮戦争、ベトナム戦争、イラク戦争などアメリカが参戦したその他の戦争での死者を合わせた数にほぼ等しい)、1865年5月に南部連合軍がついに降伏した。だが、北軍は黒人が市民になる用意があるとは思っていなかったし、地主になれるとはなおさら思っていなかった。そこで南部を白人に管理させ、厳しい人種隔離政策をとらせた。そのため、白人は1965年まで実に1世紀以上も権限を維持することができたのだ。その間にアメリカは世界最強の軍事大国となり、1914年から1945年までの間、ヨーロッパの植民地列強が互いにナショナリズムを振りかざして大量の死者を出していた自滅のサイクルを終結させることができた。民主党は、歴史的に奴隷制支持政党だったが、やがてニューディール政策を掲げる政党となる。(14) 共産主義との競争やアフリカ系アメリカ人の運動に押されて、民主党政権は公民権法を成立させた。

南北戦争での分離主義者たちによる攻撃で甚大な損害を被った後では、奴隷所有者に賠償金を支払うことなど論外だと思えたのだろう。そうした案はすべて当然のごとく放棄された。その代わり、北軍は戦争終盤の1865年1月、勝利した暁にはラバ1頭と40エーカー（約16ヘクタール）の土地を与えると解放された奴隷に約束したのだ。これは、彼らを戦線に動員するためであると同時に、数十年間の無償労働の弁償をし、自由労働者としての将来に希望を持たせようという意図からだった。もし、この約束が果たされていたなら、大規模な土地が再分配され、とりわけ奴隷制支持の大地主が痛手を負ったことだろう。ところが、戦争が終わるや否やそんな約束はすっかり忘れ去られてしまった。賠償に関する法案は一切採択されず、40エーカーの土地とラバは北軍の欺瞞と偽善の象徴になり下がった（黒人の映画監督、スパイク・リーは自身の制作会社に皮肉を込めて「40エーカーとラバ1頭」という名前をつけたほどだ）。

それでも賠償問題は依然として問われ続けている。イリノイ州のエヴァンストン市は、2021年にアフリカ系アメリカ人に対する賠償プログラムを採択した。これは、住居購入費として1人当たり2万5000ドルを限度に支給するというものだ。アメリカにおける極度の資産集中、またとりわけ資産面での人種による大きな不平等や（奴隷時代とその後の人種隔離時代に受けた）厳しい差別を考えれば、ささやかな額のように思えるが、とにかくこれは初めの一歩にすぎない。[15] こうした議論は連邦レベルで進行中で、1988年の日系アメリカ人に対する賠償法と比較されることが多い。この賠償法も何十年もの間、実現するとは思えなかったが、最終的に採択され、実施された。平等と公正への歩みは今も戦いの最中だ。

奴隷解放後の植民地主義と強制労働の問題

奴隷制や所有者への金銭的賠償の問題に限らず、植民地時代の遺産全体を検証する必要がある。富の分配について可能な限りの資料を集めると、概して奴隷・植民地社会は歴史上もっとも不平等な社会だったこと

図4-3
歴史的に見た所得の極端な格差：
頂点に達した植民地主義と奴隷制

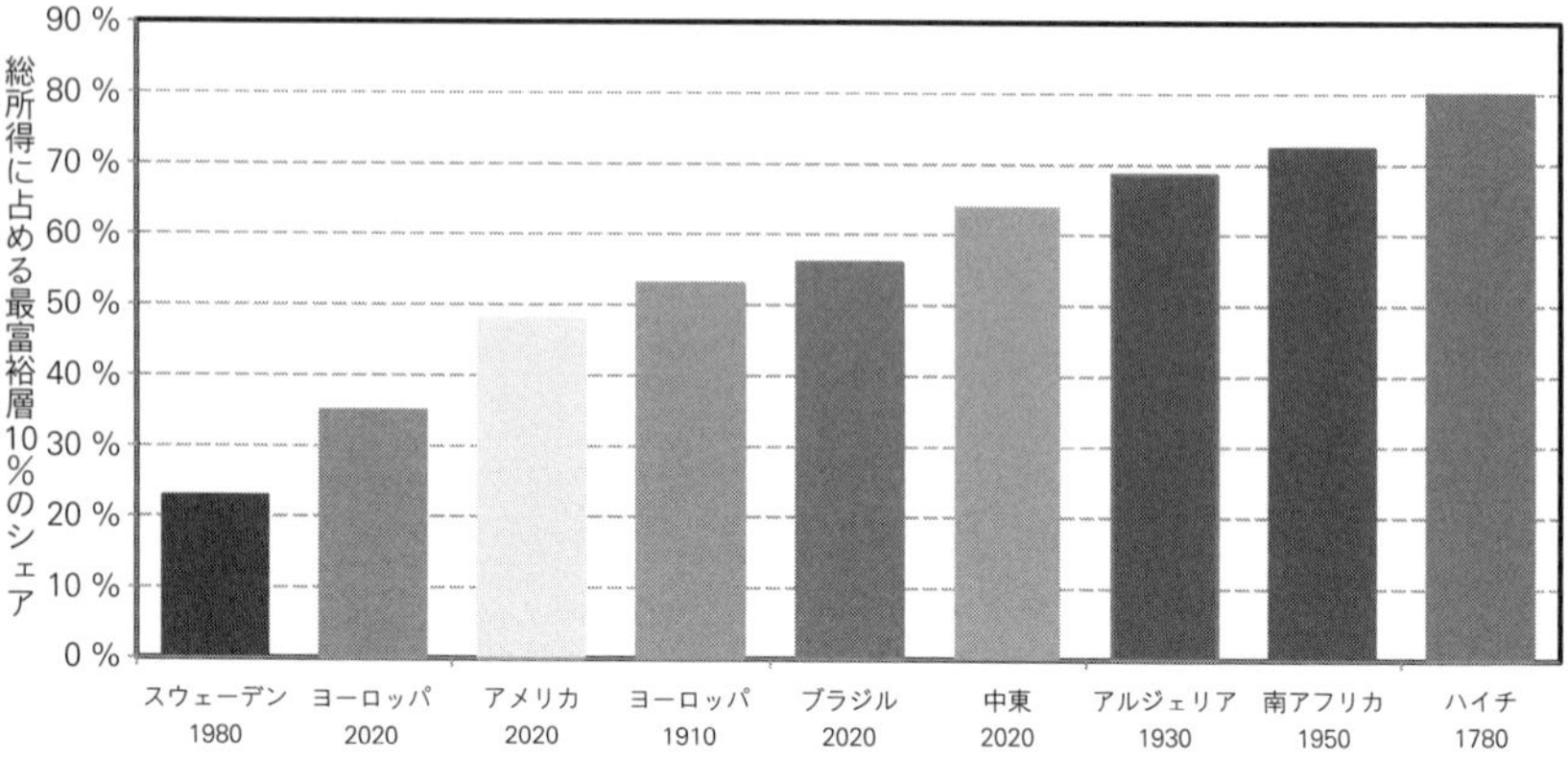

解説：観察したすべての社会で、最富裕層10%（最高所得層10%）の所得の総所得に占めるシェアは、1980年のスウェーデンの23%から、奴隷が人口の90%を占めていた1780年のサン＝ドマング（ハイチ）の81%までさまざまだ。1930年のアルジェリアや1950年の南アフリカの植民地社会では、歴史上観察されたなかでも格差が最も大きく、最富裕層10%が総所得のおよそ70%を占めていたが、この最富裕層10%はヨーロッパ人ばかりの集団である。

出所と時系列データ：piketty.pse.ens.fr/egalite を参照。

がわかる（図4－3参照）。フランス革命前夜のサン＝ドマングをはじめとする奴隷島はその最たるものだった。入手したプランテーションの会計台帳や記録文書によれば、農園主、入植者、メスティーソおよび有色自由人（全人口の10％）たちが生産物の約80％を懐に入れているのに対し、奴隷（全人口の90％）に提供されていた食物や衣服は20％そこそこにすぎない[16]。将来、ハイパー・テクノロジー社会になれば、さらに極端な不平等が現れることは容易に想像できる。仮に将来、IT億万長者らが社会で権力を握り、抑圧と説得のための適切なツールを開発しさえすれば、豊富な資金力にものを言わせてさらに強力な収奪をすることが可能だろう。だが今のところはそのような状況にはなっていないため、1780－1790年代の奴隷島が歴史上、全世界の不平等の頂点に立ち続けている[17]。

1930年代のフランス領アルジェリアや

1950年代の南アフリカのような植民地社会は、確かに奴隷社会で見られたほど極端ではないものの、不平等でないとはまったく言えない（上位10％の所得合計は、全人口の所得総額の80％まではいかないが、60－70％に達している）。言いかえれば、実際問題として、さまざまなタイプの不平等体制の間には連続性がある（図4－4参照）[18]。奴隷解放後の植民地社会では、とくに法律・社会・税・教育部門の非常に差別的な制度を通して、不平等の仕組みが別の形に姿を変えている。エマニュエル・サーダの研究をはじめフランスの植民地帝国に関するいくつかの研究によって、植民地列強が植民地内で特殊な法制度を敷き、その制度のなかで細かく体系化した民族・人種カテゴリーに応じてさまざまな権限を行使してきたこと、しかもこうした民族・人種カテゴリーは奴隷制が廃止されて以降、本国の法律では排除されたと思われていたが、実際には20世紀半ばまで横行していたことが明らかになった[19]。ドゥニ・ロンバールは、オランダ領インドネシアで「原住民」と「アジア系外国人」（中国人、インド人、アラブ人などさまざまなマイノリティ人種が含まれるカテゴリー）を厳密に分離することを定めた1854年の統治法が及ぼした弊害について明らかにしている[20]。南アフリカにおける人種差別は非常に乱暴だった。1913年の原住民土地法によって、黒人は事実上、南アフリカの国土の7％に相当する居留地に閉じ込められた。黒人労働者は特別の通行許可証を持っていない限り、自分が雇われている地域を出ることを禁じられた。この措置は1948年にアパルトヘイトが正式に実施されるようになるとさらにエスカレートし、1990年まで適用されていた。これまでに実施された法制度で南アフリカのケースほど過激なものは他にないが、実際、植民地支配下に置かれた土地の住民は、植民地化された背景がさまざまであっても、入植者と同等の雇用や教育、資産所有の機会などまったく与えられていなかった。

実のところ、奴隷制とさまざまな形の強制労働には連続性があることを思い起こす必要がある。奴隷制が廃止された後、イギリス政府もフランス政府も、労働者をより遠くに、とくにインドからレユニオンやモー

図4-4

本国と植民地における所得の分布

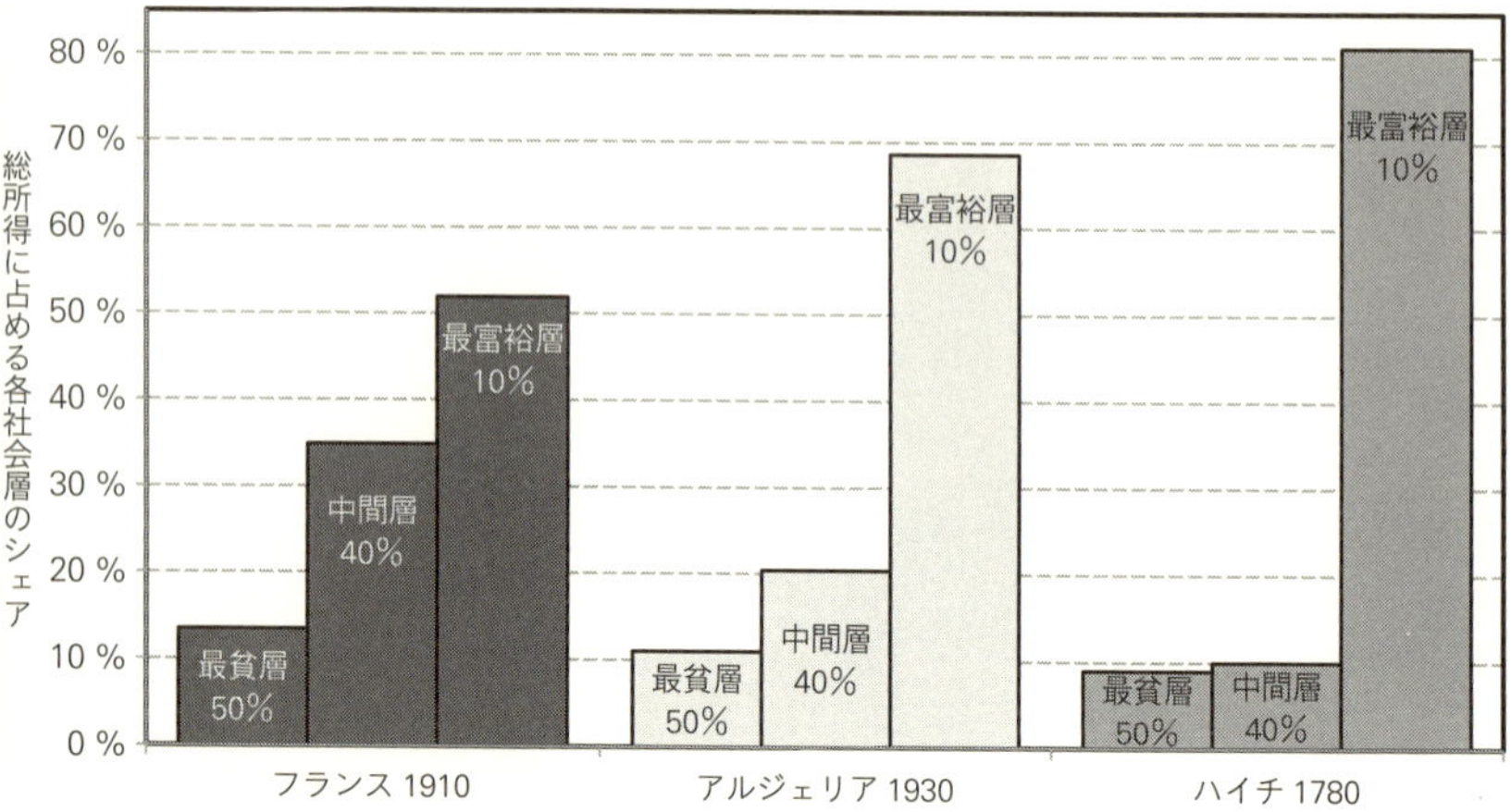

解説：1780年のサン＝ドマング（奴隷が人口の90%、ヨーロッパ人入植者が10%未満）では最高所得層10%の総所得に占めるシェアが80%を超えていたが、1930年のアルジェリア（人口の90%がアルジェリア人イスラム教徒で、10%がヨーロッパ人入植者）では65%、1910年のフランス本国では50%前後だった。

出所と時系列データ：piketty.pse.ens.fr/egalite を参照。

リシャスに長期契約の形で連れていく新しいシステムを生み出した（フランスの場合は「雇用契約」、イギリスの場合は「年季奉公」）。インド人労働者にとって、この「雇用契約」とは長期間（たとえば10年間）かけて受け取った賃金の大部分を雇用主に払い戻すことで雇用主が立て替えた渡航費を返済することだった。労働で十分な成果を出せなかったり、命令に従わなかったりすれば、返済義務はさらに10年あるいはそれ以上延長された。保存されている裁判記録文書を調べると、裁判制度はどう見ても雇用主側に相当有利になっており、このような制度では搾取や独裁に陥りやすく、正真正銘の奴隷制とまでは言えないものの、まったくかけ離れたものではない。入手できる資料からは、雇用主と裁判官がどのようにして労働服務規則をいわば改変する交渉をしていたかがうかがえる。農園主は、奴隷制の下で当たり前に行われていた体罰の使用を徐々に減らすことを受け入れているが、そ

れは同じような効果を生む制裁金を科すことに裁判所が手を貸すという条件つきだった。(21)

フランスの植民地で1912年から1946年まで合法的な形（あるいは少なくとも表面上は合法的に見えるように工夫した形）で行われた強制労働についても明らかになっている。19世紀末には、アフリカ大陸の豊富な天然資源や鉱山資源を採掘するためにヨーロッパ諸国がこぞってアフリカ内陸に足を踏み入れ、過酷な条件での強制労働にさんざん頼っていた。ベルギー領コンゴで行われた残虐行為の証言が次々と出てくるにつれて、論争が巻き起こった。ベルギー領コンゴは1885年からレオポルド二世の私領で、ゴム農園の開拓のためにきわめて乱暴な方法で現地人労働者を集め、厳しい労働を課していた。反抗すれば村を焼き払ったり、労働者の手を切断したりしたのだ。結局、1908年にヨーロッパ諸国は、議会の監督下ならこの体制が緩和されるだろうと期待して、国王の私領をベルギーに譲渡するよう求めた。フランスの植民地で行われていた横暴も繰り返し告発されており、そんな背景のなか、フランス植民地省はフランス領アフリカの住民に強要していた「労働奉仕」（より広くは「強制労役 corvée」と呼ばれた）に対する法的な枠組みを規定する法令を公布した。

その理屈は有無を言わせぬものだった。つまり、植民地の行政は全住民が支払う税金で成り立っている。ところが原住民のなかには税金を支払う金銭的余裕がない者たちがいる。したがって、植民地政府が彼らに対し無償の日雇い労働という形で追徴税を現物納付するよう求めるのは当然だ、というのだ。実際上の問題は、これらの強制労役が現金や現物（収穫物からの天引きという形）で植民地住民がすでに収めている非常に重い税に加えてのものだったということ、また、無償労働が可能になったことで、あらゆる乱用への道が開かれ、乱用をあらかじめ合法化しているのと変わらなくなったことだった。「フランス領西アフリカ政府の植民地および領土における原住民の労働奉仕規定に関する」1912年の命令には、いくつかの歯止めが定められているが、それは限定的で十分に管理されていなかった。[22] 1921年から1934年にかけて行われたコンゴ－オセアン鉄道の敷設工事で数々の犠牲者が出ると、強制労働がやり玉にあがった。フランス領赤道アフリカ政府は当初、沿線100キロメートルの地域から人手を「募集する」ことができると考えて、現地労働者約8000人を提供する契約をした。ところが工事現場での死亡率が桁外れに高く、現場の危険性が明らかになると、募集に応じた労働者の多くが逃げ出してしまった。そのため、植民地政府は中部コンゴの反対側まで「成人男性」を探しに出かけた。この「恐るべき人命の消費」に関する証言はあとを絶たず、1925年からは、植民地政府はカメルーンやチャドまで足を延ばして人狩りをせざるをえなかった。1927年刊行のアンドレ・ジッドの有名な『コンゴ紀行』や1929年に出版されたアルベール・ロンドルのルポルタージュ『黒檀の大地』のなかでも告発されている。

当時、フランスに対する国際的な圧力、とりわけ1919年に国際連盟と同時に創設された国際労働機関（ILO）による圧力は増すばかりだった。ILO憲章の前文にはこうある。「世界の永続的な平和は社会正義を基礎としてのみ確立することができるから、そして、世界の平和及び協調が危うくされるほど大きな社会不安を起こすような不正、困苦及び窮乏を多数の人民にもたらす労働条件が存在し、且つ、これらの労働条件を［…］改善することが急務であるから、また、いずれかの国が人道的な労働条件を採用しないことは、自国における労働条件の改善を希望する他の国の障害となるから［…］」。その後、ILOは労働時間、労働の危険性、給与の設定、社員および会社代表者の権利などに関する数々の報告や勧告を行ってきた。しかし奇妙なことに、ILOにはこれらの勧告を適用させるための手段も制裁権限もなかった。ILOは1920年代に、ある種の奴隷労働と変わりがないと思われる無償労働および労働者の強制移送の慣行をやめるようにフランスに何度も勧告した。しかし、フランス政府は、折しも労働奉仕を金銭で買い取る可能性を（「進歩的な原住民」だけでなく）すべての「原住民」にまで広げたところだと主張して、この非難をはねつけた。「進歩的な原住民」とは、「ヨーロッパ・スタイル」の生活様式を身につけたごく少数の原住民に対してフランス植民地の官僚が用いる用語で、その時まで、この「進歩的な原住民」にだけ、金銭の支払いによって労働奉仕を免れる権利が与えられていた。フランス政府が好んで使う論拠は、非難されている数々のケース、とりわけコンゴ＝オセアン鉄道での労働は強制労働ではなく、ＩＬＯが無償労働を認めているまれなケースのひとつである徴兵制だというものだ。しかし、民間の役務を行うために徴兵制度を乱用してはならないという条件がついていた（そして、ＩＬＯは、フランス政府はまさにこの徴兵制を乱用していると疑っていた）。フランス政府は、「国家主権」と見なしている権利への介入だと憤慨し、１９３０年に採択されたＩＬＯの強制労働条約の批准を「国家主権の侵害」であるとして拒否した。そんなわけでフランス植民地では、たとえばコートジボワールのカカオ・プランテーションなどで労働奉仕や兵役の形での無償強制労働が第二次世界大戦直後まで続いたのだ。「フランス領西アフリカ政府の植民地および領土における原住民の労働奉仕規定に関する」１９１２年の命令が最終的に廃止されたのは１９４６年になってからのことだ。のちにコートジボワールの初代大統領となるフェリックス・ウフェ＝ボワニのあからさまな圧力を受けて、フランス政府は植民地帝国の解体を避けるためなら、突然、どんな譲歩もする覚悟を決めたのだ。

フランス、自覚のない植民地主義共和国

植民地という状況下で最も狡猾かつ最も偽善的な形の差別のひとつは、その他の不平等体制下でも同じだが、教育へのアクセスに関するものだ。アメリカ南部で１９６４年から１９６５年まで適用されていた法律に基づく人種差別制度の核心は、黒人の子供は白人の子供と同じ学校に通うことを禁じるというものだった。

このような差別はやがて違法となったが、アメリカ社会では人種や属地による不平等は解消されるどころが、その名残が今も色濃く残っている。ヨーロッパ、とりわけフランスでは、合法的な人種差別の深刻な遺産はアメリカだけの特殊な状況で、ヨーロッパ大陸ではどんな形であれ人種差別などないと考えられている。フランスでは、さまざまな君主体制や帝国主義体制が1870年代に最終的にはひとつの共和制にとって代わられたという事実だけで、あたかもあらゆる権利の平等、とくに人種の平等の遵守が十分に確保されているかのように、決まって「共和制の」遺産やその「価値」について言及される。

実際のところは、1825年にフランス王国がハイチに課した貢物を、第三共和国はそのまま数十年間も難なく取り立て、それを1950年まで延長していたのだ。そのうえ、1912年には、アフリカ植民地において「原住民」に「労働奉仕」の形で強制労働をさせる制度を躊躇なく設け、その制度を1946年まで続けていた。アルジェリアでは1962年まで、フランスの植民地であった他の地域と同じように、人種や民族、宗教による厳しい差別制度をあからさまに強要していた。具体的には、植民地帝国終焉の日まで、その呼称がどんなふうに変わったとしても、「アルジェリア人イスラム教徒」たちは、多様な民族からなる原住民たちと同じように、政治・社会・経済面で入植者と同じ権利を与えられることはなかった。[23] とくに学校制度では最後まで徹底的に人種隔離政策が敷かれ、入植者の子弟だけが通う学校と現地人の学校は厳密に区別されていた。その制度はアメリカ南部とまったく同じではないにしても、アメリカほど不公平ではなかったとは決して言えない。アメリカは奴隷制共和国だったが、フランスは長い間、植民地共和国あるいは植民地帝国の上に立つ共和国だったと言ったほうがいいかもしれない。この二つの共和国は1960年まで、明らかに人種差別に基づいて管理する領土を支配していた。いつの日か、この重苦しい遺産から抜け出したいのであれば、まずは、その重大さを認識することから始めるべきだろう。

最近の研究によって、フランスが植民地化を進める際に適用した植民地予算の構成が明らかになり、その不平等の状況がより詳しく把握できるようになった。[24] モロッコでは1925年当時、人口の4％にすぎないヨーロッパ人の子弟だけが通う小・中学校と高等学校がその年の教育予算総額の79％を受け取っていた。同じ時期、現地人子弟の小学校就学率は北アフリカとインドシナでは5％未満、フランス領西アフリカでは2％未満だった。アルジェリアでも、教育予算のこのような著しい不平等が植民地主義の終焉まで改善されなかったことは衝撃的だ。アルジェリアでも、予算関連の記録文書によって、1925年には教育予算総額の78％を入植者専用の学校が受け取っており、1955年にはそれが82％に達していたことがわかるが、その年にはすでに独立戦争が始まっていた。植民地体制はあまりに不平等で、とても改革できそうにない仕組みで運営されていたのだ。はっきり言うと、教育支出を調達するために用いられる税制自体が不公平で逆進的であり、本質的に現地人に重くのしかかるものだった（消費税、間接税など）。要するに、植民地支配下に置かれた人々は、主に政治的にも軍事的にも彼らを支配しにやって来た者たちのための経費を調達するために重税を課せられていたのだ。

20世紀初頭に本国で適用されていた教育制度もまた、確かにきわめて階層化された不平等なものであり、その大部分が決して改善されることはなかった。しかし、植民地での教育手段の極端な不平等さは、本国の不平等さとは比べものにならないことに気がつくことが重要である（図4－5参照）。1910年当時、フランスでは教育の階層化が非常に激しかった。つまり、庶民階級の人々が初等教育以上に進むことはまれだったのだ。入手できる予算関連のデータを集めると、同年代で最も多くの教育投資を受けた上位10％（高校を卒業した、あるいはよりまれだが高等教育を受けた人たち）は、教育総予算のおよそ38％を受け取っていたが、同年代で最も教育レベルの低い下位50％は教育総予算の26％しか受け取っていなかった。理論上、後者のグル

図 4-5
入植者のための植民地：
歴史的に見た教育投資の格差

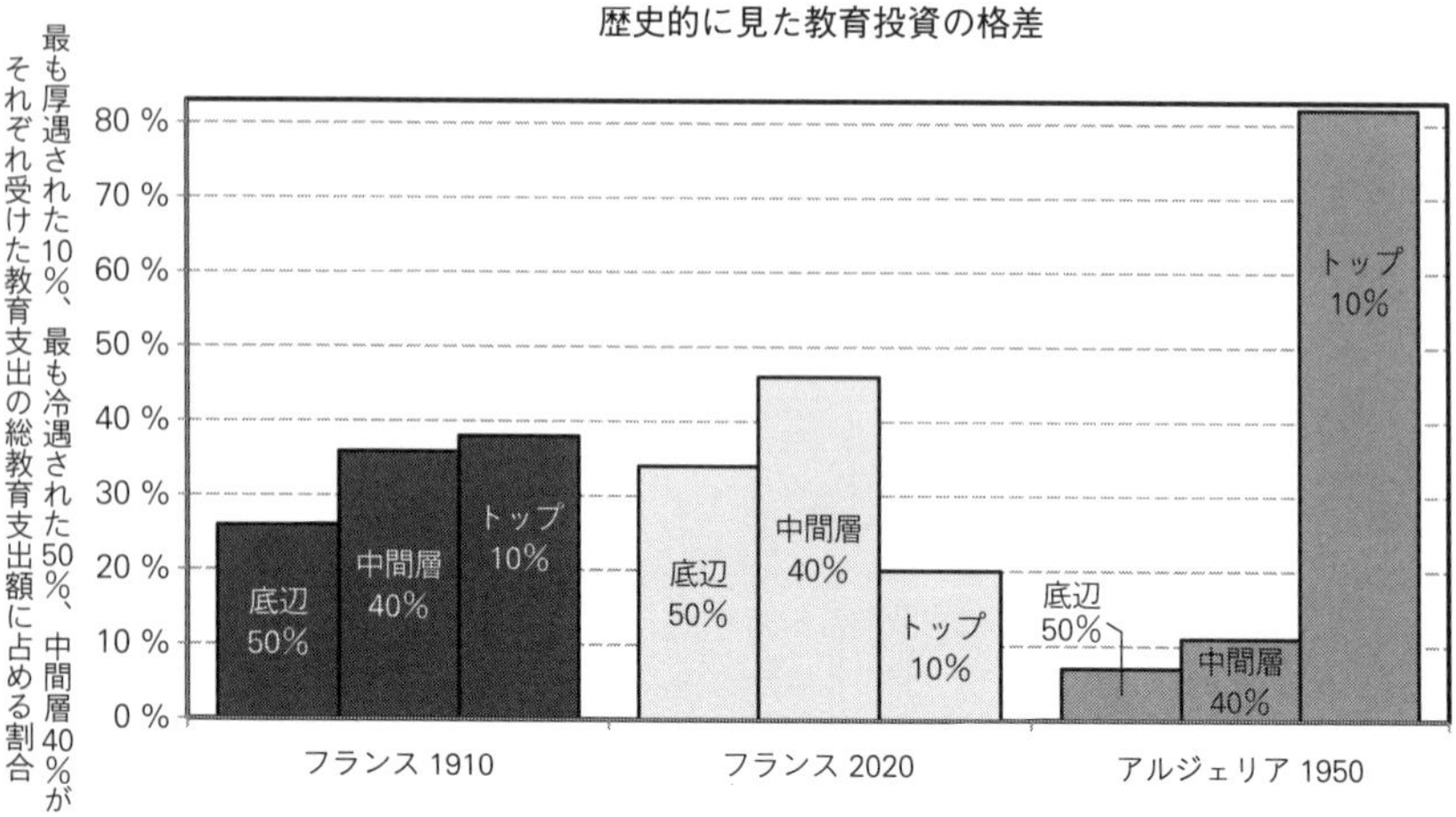

解説：1950 年のアルジェリアでは、初等・中等・高等教育のための投資を最も多く受けた 10%（実際には入植者の子供）は総教育支出の 82%を受け取っていた。これに対し、1910 年のフランスでは、教育投資を最も多く受けた 10%は総教育支出の 38%、2020 年には 20%を受け取っていた（それでも、総人口に占める彼らのシェアの 2 倍もある）。
出所と時系列データ：piketty.pse.ens.fr/egalite を参照。

ープは前者のグループよりも5倍も多いのだから、これはとてつもない不平等である。言いかえれば、最も恵まれた10%の子供たちはそれぞれ、最も恵まれない50%の子供たちの約8倍の教育投資を受けていたことになる。1910年代から2020年の間にフランスではこの教育支出の格差は著しく縮小しているが、それでも、現行の教育制度でさえ、最も恵まれた10%の子供たちには、最も恵まれない50%の子供たちより1人当たり約3倍も多くの税金が投資され続けている。このことは、社会的再生産〔子供が親と同じ社会的地位にとどまる社会現象、親が貧しければ子供も貧しくなる〕を減少させることを前提としている制度にしては、なんとも驚くべきことである（社会的再生産については後でまた触れる）。この段階では、フランス領アルジェリアなどの植民地社会における教育格差は、ずば抜けてひどい状況だったことだけを指摘しておこう。入植者の子弟への教育支出と現地人の子弟への教育支出は1対40もの開きがあったのだ。

賠償問題——超国家レベルで公正について再考する

ここまで記したことを要約しよう。諸国間および国内における現在の富の分配状況は、奴隷制や植民地体制の遺産の深刻な痕跡を引きずっている。現在の経済システムがどのようにして成立し、どれほど不公平かをよく理解するためには、過去を知ることが不可欠だが、こうした不公平の解決策や改善策を明確にするためにはそれだけでは不十分だ。問題は複雑で、突っ込んだ議論が欠かせない。明確な賠償によって解決できるケースもある。たとえばハイチがフランスに支払った債務の返還（これは避けて通ることができないと私は思う）、あるいはいくつかの地域での農地改革と土地へのアクセス、そしてアメリカの賠償金の支払い問題についてなどだ。こうした賠償についての議論を拒否するのであれば、たとえその他のあらゆる過去の略奪や不当行為が賠償の対象になり続けているにしても、多くの人に受け入れられる普遍的な正義の基準を定めることが非常に難しくなる。補償的正義と普遍的正義の理論は互いに補完し合い、互いに支え合いながら協力して前に進むべきであることを、今こそ理解するべきだ。

しかし賠償によってすべての問題が解決されるわけではないことは明らかだ。人種差別や植民地主義によって受けた損害を修復するためには、格差を縮小し、経済システムを変革して、出自に関係なく誰もができるかぎり平等に教育、雇用、資産にアクセスできることを保障する一貫した基礎の上に立つものにすることが何よりも必要である。そのためには、つねに多様で多元的なアイデンティティを硬直化させることなく、検証可能で一貫性のある思い切った差別撤廃政策を進めることも必要だ。これから、経験に基づいて、どんな対策をとれば社会的基準と出自に関わる基準のバランスを取ることができるか見ていこう。同じような理由から、国家レベルと世界レベルでの富の再分配対策が対立することは避けなければならない。とくに、地球上のどの国もどの市民も、世界の多国籍企業や億万長者たちから徴収した税金の一部を受け取る権利が与えられるべきだろう。なぜなら第一に、どんな人間も保健医療や教育を受けて成長する最低限の平等な権利があるはずだから、そして第二に、富裕諸国の繁栄は、貧困国なくしてはありえなかったのだから。欧米諸国や日本や中国が豊かになったのは、ずっと以前から、国際分業、地球上の天然資源や人材の際限のない搾取によるものだ。世界のどこかで蓄積されてきた富はすべて世界経済システムが生み出したものなのだから、公正や平等への歩みについて世界レベルで問題提起するべきなのだ。しかしこうしたさまざまな問題に取り組む前に、18世紀以降、世界で、とくに欧米諸国で身分や階級の不平等がどのように変化してきたかをもっと詳しく理解する必要がある。

5　革命、身分、階級

1791年のサン゠ドマングでの奴隷反乱は奴隷制と植民地主義の終焉への道を開いたが、人種差別撤廃のための闘いは現在も続いている。一般的な身分の違いによる不平等との闘いも同様だ。1789年、フランス革命によって貴族の特権を廃止するという重要なひとつのステップが成し遂げられたが、金銭的な数々の特権が撤廃されることはまったくなかった。本章では、20世紀初頭までスウェーデンをはじめ多くの国で、納税額に基づく極端な金権政治的論理がまかり通っていた状況を見ていく。実際のところ今日でも、多少は緩和されてはいるものの、同じような論理がさまざまな形で優先されている。たとえば、選挙でお金がものを言ったり、会社組織のなかでは有能で生産プロセスに多くの尽力をしている人材を差しおいて、株主に権限が集中しているといった具合である。

特権と身分による差別の終焉?

西ヨーロッパ諸国では啓蒙の時代あるいは「大西洋革命」の時代〔1770年代から1820年代にかけて大西洋周辺世界で社会のシステムが変化した現象をいう〕以降、法的な平等が完全に整備されたという話がまことしやかに語られている。つまり、フランス革命そして1789年8月4日の夜に宣言された貴族の特権廃止によって法的平等が確立したと見なされている。だが実際はいうまでもなく、もっと複雑だ。アメリカ共和制国家もフランス共和国も、1960年代まで奴隷制度支持、植民地主義、そして法に基づく差別主義を標榜していた。イギリスやオランダの君主制国家も同様だ。どの国においても、既婚女性が配偶者の法的監督下から抜け出し、正式に法の下での男女平等を手にしたのは1960―1970年代になってからだ。実際、18世紀末に宣言された権利の平等は、何よりも白人男性の、それも土地を所有する白人男性の平等でしかなかった。

1789年8月4日の夜に宣言された特権の廃止は重要な出来事には違いないが、それは、平等に向けた長い闘いがいまだ達成されていないことを考えると、捉え直す必要がある。7月14日のバスティーユの攻略がなければ、またとりわけ1789年夏の間に各地で起こった農民暴動がなければ、8月4日の夜の出来事は起こらなかっただろう。農民たちは領主や城を襲撃し、そこにあった土地台帳を手あたり次第焼き払い始めた。パリに集まった議員たちはできる限り早急に対応し、非難の的になっている封建体制の諸制度を廃止する決断をせざるをえなかったのだ。こうした農民の暴動はそれ自体、数十年前から起きていた農民の小さな反乱に続くものだったが、全国三部会での議決方式が公然と問題にされていた1788年夏の間、分裂していた政府はほとんど暴徒化した農民たちの行動（農地や村の共有財産の占拠、地主に対する暴力など）を次第に統制できなくなっていた。(1)

フランスの貴族は1789年に税制・政治・法律面での特権を永久に失ったが、有産階級としての特権的な社会的地位は長く保持していたことも忘れてはならない。パリの相続記録文書に記載されている苗字を調べたところ、19世紀には、貴族はパリ人口のせいぜい1%にすぎないものの、1830年代および1840年代の最富裕層のうちの40―45%が貴族で、革命前夜からさほど減っていないことがわかった。最高額資産のうち貴族の資産が占める比重が決定的に減少したのは、1880―1910年になってからのことだ（図

図 5-1
パリの総相続財産に占める貴族のシェア　1780－1910 年

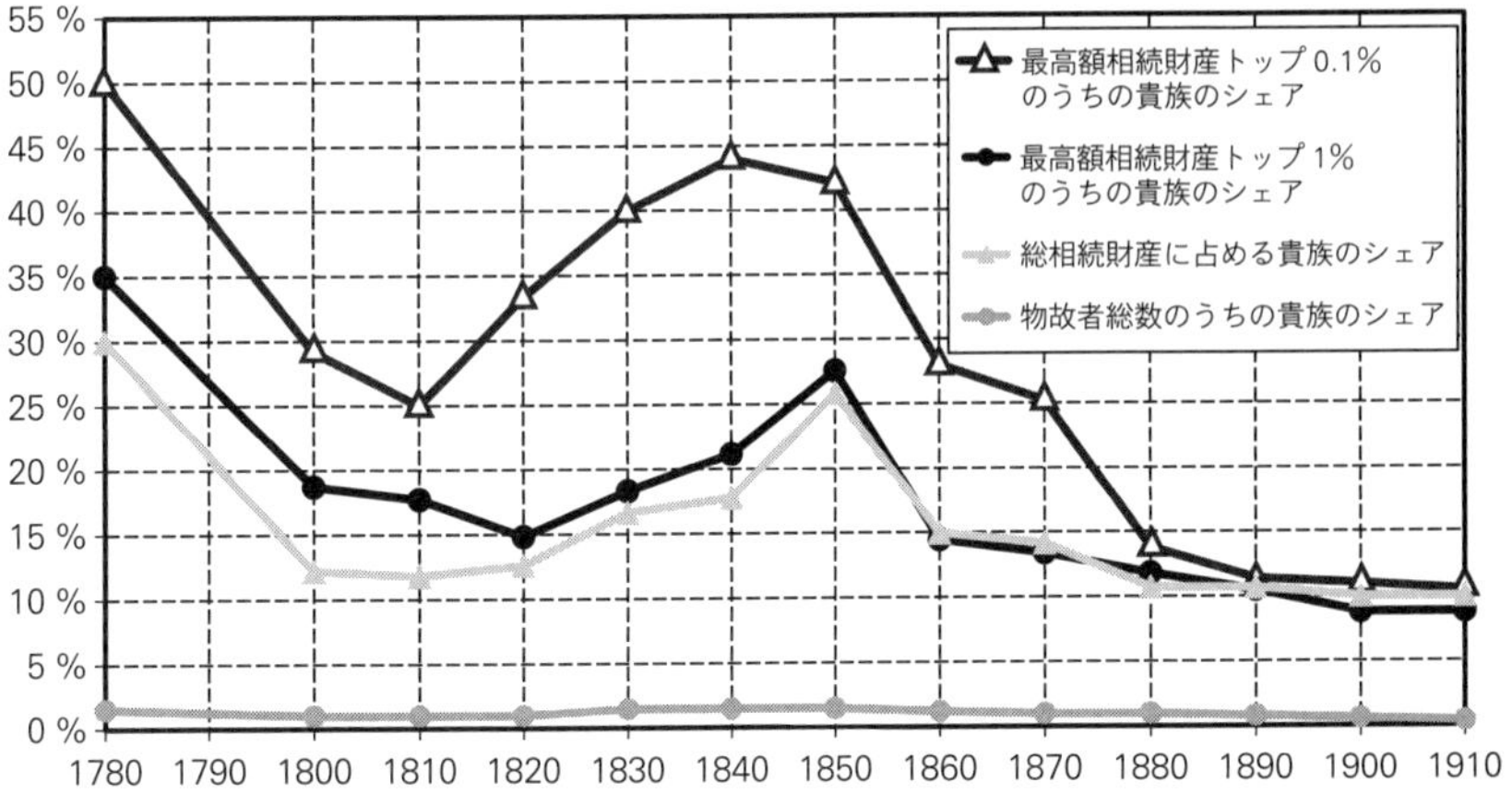

解説：パリの最高額相続財産トップ 0.1%のうち、貴族のシェアは 1780 年から 1810 年の間に 50%から 25%に下がったが、納税額による制限選挙王政の時期（1815－1848 年）には再び 40－45%に上がり、その後、19 世紀末から 20 世紀初めにかけて 10%前後に下がった。一方、1780 年から 1910 年の間の物故者総数のうち貴族はつねに 2%未満だった。
出所と時系列データ：piketty.pse.ens.fr/egalite を参照。

5－1参照）。

このような状況がいつまでも続いたのにはいくつかの要因がある。1789年から1815年まで近隣ヨーロッパの君主国に亡命していた貴族が、王政復古を機に1815年になってフランスに大挙して戻り、制限選挙王政の間（1815－1848年）、非常に優遇された措置を受けた。とりわけ、そのことを象徴するのが「亡命貴族のための10億フラン」法だ。これは、革命下で失った土地や地代を補償するために、亡命貴族に巨額の資金を給付するというものだ（当時の国民所得のおよそ15％が税金や公債で賄われた）。復古王政の早い時期から議論されてきたこの法律は、1825年にヴィレール伯爵率いる内閣で採択されたもので、この内閣は同年、ハイチに対して奴隷所有者（その多くが貴族）のための賠償金支払いを課している。

強調したいのは、フランス革命で実施された資産の再分配が、ときには概して私たちが思っているよりずっと限定的だったことだ。王国内のすべての土地および不動産資産の25%を占めていた教会財産（教会に納める十分の一税を含む）は確かに補償なしに国有化された。けれども、それは土地を持たない農民には再分配されずに競売にかけられたため、資金を持っている者に有利だった。シエイエス神父は、1789年1月に発表した有名な小冊子[2]のなかで第三身分に肩入れしていたが、教会財産の競売については、教会の慈善事業（最も貧しい者たちや学校や病院への支援）のための資金を枯渇させ、地主や貴族あるいはブルジョワを豊かにするだけだと憤慨している。イギリスでは、1530年にヘンリー八世が決定した修道院の解散が有産階級の勢力を伸ばす結果となり、同時に、これまで議席の半数を聖職者が占めていた上院はもっぱら貴族の議会になった。こうしてフランスでもイギリスでも二つの支配階級（聖職者と貴族）が第三身分や社会全体のために果たす役割（聖職者については精神面の指導および社会活動、貴族については秩序と防衛）によって正当化されることを前提とする三機能イデオロギーから、「所有権主義」、あるいはもっとシンプルに「資本主義」ともいえるイデオロギーへと徐々に移行していった。このイデオロギーによれば、個人資産家には、その資産にとって最も高い利益を生む活用方法を見出して、国家の保護のもと社会的代償なしに資産を積み増すという唯一の使命がある。

強制労働および半強制労働からの脱却への長い道のり

フランス革命によって最終的に貴族の特権は廃止されたが、資産所有者の権利は強化された。何も持たない者たちにとってこの結果はすっきりしない。もはや領主の言いなりになる必要はなく、すべての市民が同じように国家管轄の中央裁判制度を利用できるようになったことは理屈のうえでは実質的な進歩に違いない。しかし、貴族とブルジョワを合わせた最富裕層1%に資産が集中している度合いは1780年代から180

0年代の間にわずかに減少したものの、1800年代から1910年代にかけて再び増加に転じている。最貧層50%の資産はほとんど増えていないのだ。(3)

フランスをはじめヨーロッパ社会における労働者の地位が変化していく長いプロセスに、フランス革命がどんな役割を果たしたかについても見極める必要がある。1789年前夜には、農奴制はフランスやイギリスの農村では数世紀前から姿を消していたと考えられていた。14世紀半ばに大流行したペストの影響で労働力が相対的に不足し、社会制度が崩壊したことが、奴隷の「逃散」ひいては奴隷解放を促したという説明がされることが多い。多くの歴史家がこの説明はあまりに短絡的すぎると主張している。実際、すべては各地域のパワーバランスや社会・政治的背景に左右され、東ヨーロッパでは14世紀以降農奴制がむしろ強化され、19世紀になってようやく農奴制が廃止されたことが、そのことを如実に示している。(4)より楽観的な中世研究家は、西ヨーロッパでペスト大流行の前からすでに進められていたプロセスにしたがって奴隷労働を段階的に終わらせ、労働者を自由農民という同じひとつの階級にまとめ、そのように扱うことができたのは、キリスト教的三機能イデオロギーだと言う。(5)おそらく、それも部分的には正しいだろうが、入手できる資料によると、まったくその通りだとは言えない。地域や国によってそれぞれ事情は千差万別だ。

確かなことは、フランスでは革命の最中にも、たとえばサン＝クロード大修道院の土地（ジュラ県にある大教会領）などに農奴制がまだ存在していたこと、また、この時期まで労働者の移動の制限が完全には撤廃されていなかったことだ。「強制労役」という言葉は、1789年にはフランスの農村のいたるところで用いられていた。一般に、農民は自由に移動することができたが（農民には利用できる交通網も財産もないのだから、これは多分に机上の空論だ）、領主の土地での領主のための無償労働日が義務づけられていた。この強制労役は革命下で激しい論争の対象になる。最も平等で最も再分配が行われた時期である1792―1794年に、国民公会の議員は、強制労役という呼称自体が奴隷制や封建制との繋がりを露わにしていると息巻き、8月4日の夜に廃止対象となった貴族の特権のひとつとして補償なしに廃止すべきだと要求した。こうして、相当数の貧しい農民は自分が耕作している土地とその収穫物をすべて完全に所有する権利を得た。しかし、革命のほとんどの時期、つまり1789―1791年、そして納税額に基づく制限選挙の原則に逆戻りした1795年以降は、(6)はるかに保守的な概念が幅をきかせていた。つまり、強制労役は結局のところ地代にほかならず、将来的にはそのように改名されるべきだ。それ以外の決定をすれば、あらゆる所有権制度が芋づる式に台無しになる危険性があるというのだ。そういうわけで、封建的な強制労役は、ほとんどの場合、いとも簡単に資本主義的な地代に取って代わられた（たとえば、週1日の強制労役は農産物の5分の1または6分の1に相当するという具合に）(7)。

18世紀を通して、また19世紀のほとんどの時期に、労働に対する厳しい懲罰制度や所有権を強化する傾向があったことも指摘する必要がある。イギリスでは、囲い込み法が採択され、それが何度も強化されて（とくに1773年と1801年）、耕作地の周囲に柵が立てられ、貧しい農民には村の共有地や放牧地の使用が禁じられた。その結果、仕事にあぶれた農民は路頭に迷い、簡単に食いものにされ、イギリスの工業化の発展に利用されることになる。1723年に施行されたブラック法も最も貧しい者たちをさらに弱い立場に追いやった。この法律では、誰だかわからないように顔を黒く塗って、自分のものでなく、所有者が独占的に使用するために確保したいと望んでいた土地を夜な夜なうろついて、木材を盗んだり、小動物の密猟をしたりするならず者を死刑に処すことが定められている。(8)貧困化した新しい労働者階級は1875年まで、いみじくも主従法と名づけられた法律に従うことを余儀なくされた。これは、雇用主に全面的な権利（解雇することも含めて）を与え、賃金労働者の賃金を最も低く抑えることを可能にした。(9)フランスでは1803年に労働者手帳制が導入され、これによって地主は反抗的だと判断した労働者を警戒するように将来の雇用主に警告することができた。この労働者手帳制は1854年に強化され、1890年にやっと廃止された。スウェーデンでは1885年になっても依然として、仕事もなく、生きていくための十分な資産も持たない者に強制労働の義務を課し、これに背く者を逮捕して処罰する法律があった。19世紀のヨーロッパではほとんどの国で、政府や有産階級が浮浪者を取り締まり、強制労働を科すことができる似たような規定があった。

植民地における法制度はもっとひどく、1946年まで、さらには独立するまで強制労働がまかり通っていた。一方、本国では組合や労働者が結集し、激しい社会闘争が起こったことで、早い段階から新しい法規範を認めさせることができるようになる。フランスでは1841年に児童労働に関する法律、1884年に組合の自由に関する法律、1898年に労働災害に関する法律、1919年に労働協約および8時間労働、1936年に有給休暇、1945年には社会保障に関する法律がそれぞれ採択された。賃金労働者という地位と真の「賃金労働社会」が確立されたことは文明的に大きな進歩であり、非常に長い期間を経て、さまざまな形で具体化していった。たとえば、1969―1977年に、(日給あるいは週給でなく、毎月の固定収入が保証される)月給制が一般化されるようになった。[10] このような進展は、政治・経済的なパワーバランスによっては部分的に元に戻ってしまう可能性があることもわかっている。近年、賃金労働者の地位は著しく弱くなり、たとえば、2008年にフランスで採択された経済の「近代化」法で導入された個人事業主制度は、社会保険料などの分担金が少ない代わりに保障レベルは低く、2020―2021年のパンデミックの影響を受けた労働者らにとっては負の結果しかもたらさなかった。今日、デジタル・プラットフォームが発展し、タスク単位で報酬を得るギグワーカーが増加しているが、これは賃金労働者の地位ばかりでなく、自由すら脅かしている。これに立ち向かうには、公権力がこの部門の立て直しの舵を取り、新たな法制を適用する以外にない[11]。歴史的に、とりわけ北側世界の国民国家では、ときに国境の強化と引き換えに賃金労働者の地位を保護する制度が発展したことも強調する必要がある。この傾向は南側世界の労働者にはほとんど関係がなく、彼らはグローバル経済が進んでいる21世紀初頭の今日でさえ、18世紀のサン＝クロード大修道院の農奴のように、自国の領土内に閉じ込められている。平等と労働の尊厳への歩みはいまだに闘いの最中であり、この闘いでは世界の経済システムを根底から変える必要がある。それについては、のちにまた触れよう。

1900年代のスウェーデン――一人百票の投票権

19世紀から20世紀初頭にかけて、労働者の権利を求める闘争と並行してもう一つの大きな社会・政治闘争が起きている。普通選挙をめぐる論戦だ。1815年、ルイ十八世は亡命先のイングランドで見た政治体制を敷き、（イングランドの貴族院を真似た）上級貴族のみの貴族院と納税額に基づく制限選挙で選出された議員からなる代議院（イギリスの庶民院を真似ているが、被選挙権はイギリスより制限されていた）による二院制を実施した。具体的には、第一次復古王政で選挙権を持つのは成人男性の1％に相当する直接税の最高額納税者だけだった。被選挙権資格を得るための納税額の基準はさらに高く、有資格者は成人男性の0・2％にすぎない[12]。1830年の七月革命の後、参政権はわずかに拡大された。七月王政下での有権者数は成人男性の2％強、被選挙権資格者は成人男性の約0・4％になった。1848年の二月革命後、男性による普通選挙が短期間だけ適用され、1871年以降は男性による普通選挙が完全に実現し、1944年になってやっと女性にも参政権が与えられるようになった。イギリスでは、男性による普通選挙実現への歩みはもっと段階的だった（図5-2参照）。投票権がある成人男子の割合は1820年にはせいぜい5％だったが、1832年の選挙法改正に伴い14％に、1867年の改正後には30％に、1884年の選挙法改正では60％にまで増え、

図5-2
ヨーロッパでの男性参政権の推移　1820－1920年

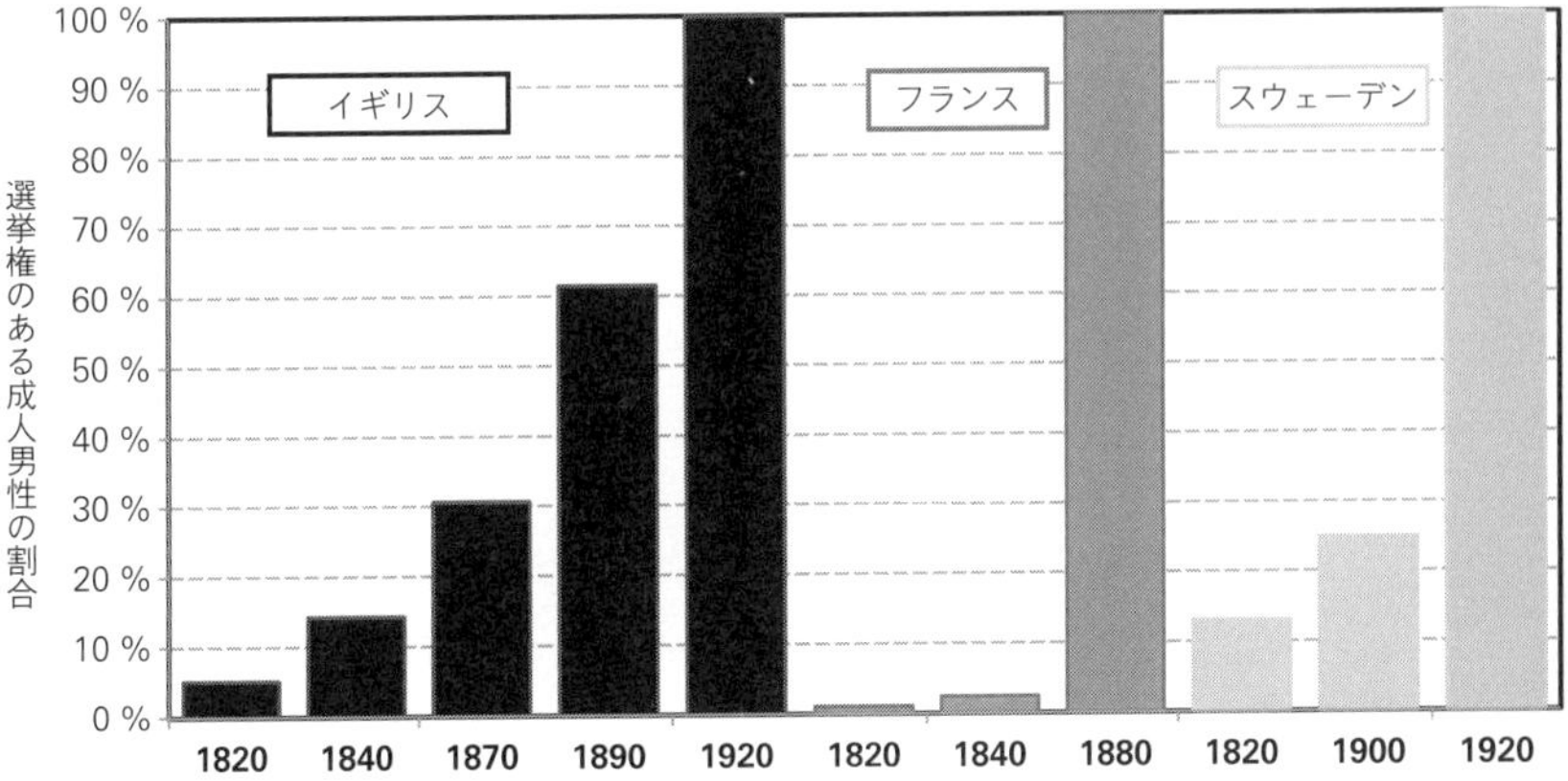

解説：イギリスでは、（選挙資格、つまり選挙権を得るために必要な納税額および／または保有財産を考慮した）選挙権のある成人男性の比率は1820年には5%だったが、1870年には30%、1920年には100%になった。フランスでは1820年に1%だったが1880年に100%になった。
出所と時系列データ：piketty.pse.ens.fr/egalite を参照。

その結果、政治情勢が変わり、社会・税制面で明らかに再分配が可能な法体系へと向かった。1918年には男性による普通選挙が実施され、続いて1928年に女性の参政権が認められた。

あまり知られていないが、とりわけ興味深いのがスウェーデンのケースである。スウェーデン王国は1527年から1865年まで、当時の王国を構成する4つの階級または身分の代表者からなる「リクスダーグ」と呼ばれるひとつの議会を基盤としていた。4つの身分とは、貴族、聖職者、都市の中産階級、土地を所有する農民である。この体制は1865年に、納税額に基づく制限選挙で選ばれる議員からなる二院制議会に取って代わられた。第一院（上院）はごく少数の大資産家によって選ばれた議員からなり（有権者は9000人そこそこで、成人男性人口の1%以下）、第二院（下院）議員もやはり納税額に基づく制限選挙で選出されるが、こちらはもう少し門戸が広かった（有権者は成人男性の約20%）。1909－1911年の数回の改正によってやっと有権者数が拡大し、1919年には男性に対する資産条件が完全に撤廃され、1921年になると参政権が女性にも与えられるようになった。1900年前後には、スウェーデンは成人男性の20％強にしか選挙権がなく、ヨーロッパのなかで最も選挙制度の近代化が遅れた国のひとつだった。

しかも、スウェーデンで1865年から1911年まで適用されていた制限選挙の非常に特異な点は、有権者が一度に投票できる票数が納税額や資産、所得の規模で決められていたことだ。[13] 投票できるだけの十分な財力のある20％の男性は、40ほどのグループに分けられ、グループごとにそれぞれ異なる比重で投票数が与えられた。具体的には、豊かさが最も低いグループのメンバーは1回の選挙で投票できるのは1票だけだが、最も金持ちなグループのメンバーは、各人が54票まで投票できた。各有権者の投票数の比重を定める厳格な尺度（フィルキャル fyrkar）は、納税額、資産、所得の規模に基づく計算式で定められていた。似たようなシステムは市町村の選挙でも採用され、株式会社が地方選挙に参加でき、その投票数も会社の納税額や資産、収益規模によって決められるという特殊なものだった。都市部の自治体の選挙では、一人の有権者は、個人であれ企業であれ、100票以上投票することはできなかった。ところが農村部の地方選挙ではそうした制限は一切なく、1871年の地方選挙の際にたった一人の有権者が全票数の50％以上を投票した自治体が54もあった。法律上は非の打ちどころのない民主的な独裁者たちのなかには首相もいた。たとえば、第二代スウェーデン首相を務めたアルヴィド・ポッセ伯爵は、1880年代に一族が広大な領地を有する地元自治体の選挙で、一人で過半数の票を投じる権利を持っていた。同じように、414の自治体で、一人の有権者の投じた票数が全投票数の25％以上を占めていた。

かつてのスウェーデンのこの驚くべき超金権主義的な制度は、いろいろな理由から興味深い。極端に不平等な所有権主義体制だったスウェーデンは、数十年の間に、労働組合と労働者の強力な団結を経て1920

図5-3
極端な財産格差：
ベル・エポック期のヨーロッパ所有権社会　1880−1914年

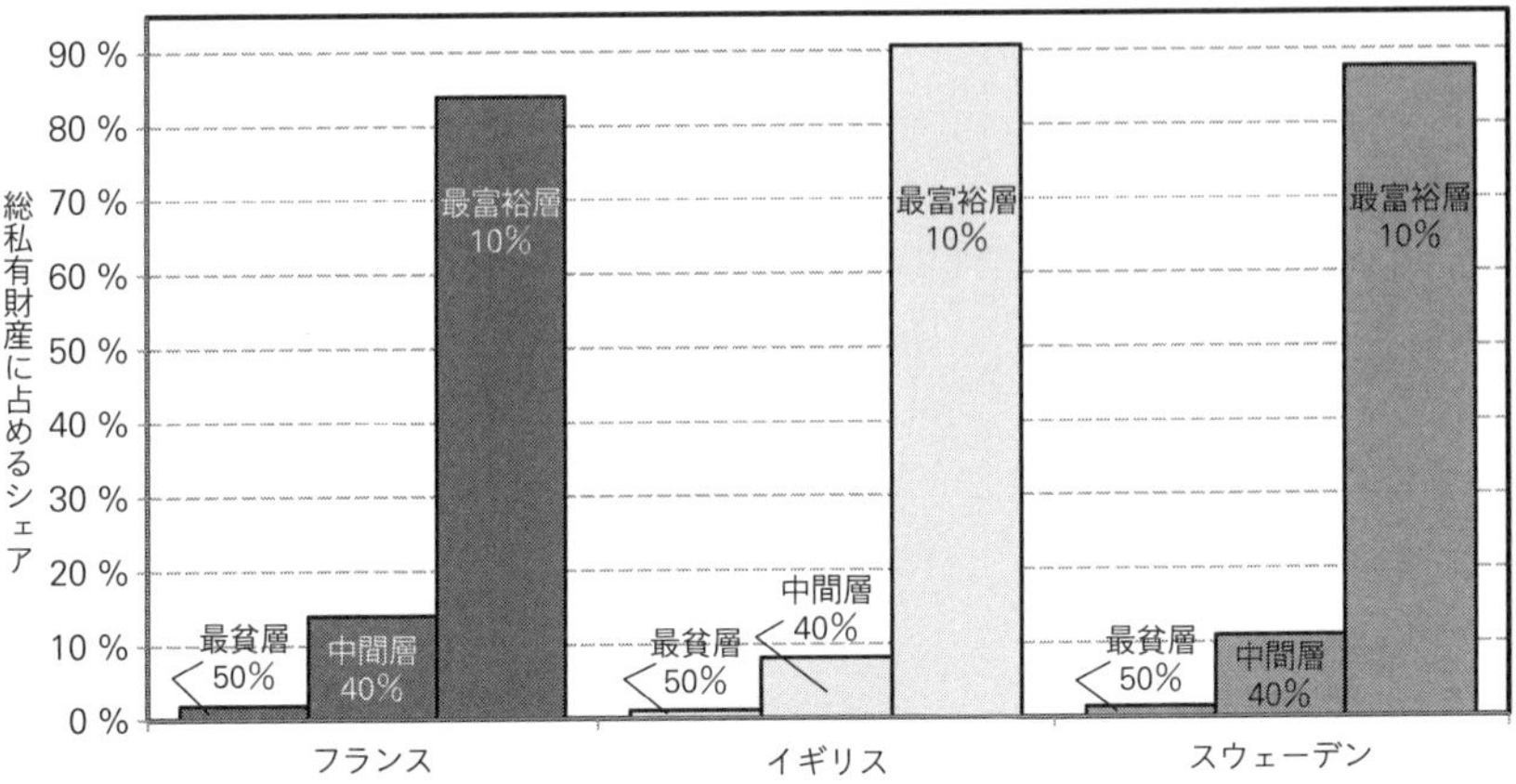

解説：最富裕層10%の総私有財産（不動産、事業用資産、金融資産から負債を差し引いた純資産）に占めるシェアは、1880−1914年のフランスでは平均84%だった（中間層40%のシェアは14%、最貧層50%のシェアは2%）。イギリスでは91%（中間層8%、最貧層1%）、スウェーデンでは88%（中間層11%、最貧層1%）。
出所と時系列データ：piketty.pse.ens.fr/egaliteを参照。

年代初頭に社会民主主義政党が政権に就くと、その後1932年から2006年まで、ほぼ永続的に社会民主主義政権が続き、相対的に平等な（あるいは少なくともその他のどんな社会よりは平等な）社会の手本に変身したのだ。第一次世界大戦前夜には、スウェーデンはフランスやイギリスと同じくらい資産が極端に集中し（図5-3参照）、その不平等さゆえに憲法や選挙制度の体系化が紛れもなくヨーロッパで最も遅れた国だった。[14] ところが両大戦間には、社会民主主義政党がスウェーデンの行政を掌握し、これまでとはまったく異なる政策で政府としての手腕を発揮した。財産や所得の記録は投票権を配分するためではなく、最も豊かな人々に重い累進税を納めさせるために活用されるようになった。これは、すべての国民が保健医療や教育を相対的に（これもまた他の国々と比べて）平等に享受できるような公共サービスの資金調達のためだ。このような経験から、変えられない制度など何もないということがわかる。なかにはもともと平等あるいは不平等な傾向の強い文化なり文明が存在するのかもしれないと考える人もいる。つまり、スウェーデンはおそらくバイキングに由来する昔ながらの情熱ゆえに、ずっと以前から平等主義なのかもしれない。それに対してインドやカースト制度はおそらくアーリア人に由来する多分に神話的な理由から、永続的に不平等主義なのだろうという考えだ。実際のところは、すべては人間のそれぞれの共同体で実施されている制度やルールによって左右されるのであり、パワーバランスや社会運動、社会闘争の影響を受けて、不安定なプロセスをたどりながらも、急速に変わる可能性があるのだ。したがって、その過程を注意深く研究する必要がある。

特権の変容――お金で動く民主主義

スウェーデンの過去の軌跡はまた、有産階級の人々が自分たちに好都合な諸制度を整えるために想像力を際限なく膨らませたことを如実に示している。このような巧妙な手口はもはや通用しないと考えるのは間違いだ。現代の億万長者たちは、スウェーデン流の参政権を大っぴらに要求しようとはしなくとも、同じような結果を得るために別の方法に頼ることがしばしばある。とくに、選挙運動の資金調達の問題について民主的な選挙制度において満足できる答えが得られたためしがないことを強調しなければならない。理屈の上では、普通選挙が行われているのであれば、当然のことながら、すべての候補者とすべての有権者が平等に活動できるよう、国民一人ひとりが自分の選んだ政党や政治団体に同じ額を提供し、それ以上の寄付は絶対に禁じられる平等なシステムが敷かれて当然だと思うかもしれない。そしてこの政治活動における平等は憲法で保障されており、こうした措置は普通選挙制度とまったく同じ効力で保護されていると考えるかもしれない。

ところが、そんなことはまったくない。それどころか、むしろ反対なのだ。確かに、いくつかの国、たとえばドイツでは早くも1950年代から、アメリカとイタリアではそれぞれ1970年代と1980年代に、そしてフランスでは1990年代に選挙運動や政党に公的資金を提供する消極的な制度が進められてきた。だが、それらの制度は明らかに不十分で、民間資金の流入によってまったく手に負えない状況になっていることが多い。とりわけアメリカではロビイストが、政治資金に上限を設けることなどできない（そして上限を設ければ、富裕層の表現の自由を侵害することになる）と判事たちを説得することに成功し[15]、ヨーロッパでもインドでも、またブラジルでも同じような状況だ。そのうえ、一般的な寄付と同様、政党への寄付が税控除の対象となっているため、最も貧しい人々のお金で最も豊かな人々が支持する政治団体や文化団体を助成していることになってしまっている。フランスでは、一人の裕福な有権者が自分の支持政党に7500ユーロ（年間限度額）を寄付すると、その寄付者が課税対象者の場合、5000ユーロの税額控除が受けられるため、その分は他のすべての納税者が負担したことになる。それに引き換え、寄付先として選ばれない政党が政党交付金として受け取れるのは、その党に投票した有権者1人につき約1ユーロでしかない[16]。この例は、今も金権主義的な論理がどれほどまかり通っているかを示している。ただ少し見えにくくなっただけだ。

メディアやシンクタンク、その他の世論形成に貢献する組織への融資についても同じ問題がある。第二次世界大戦直後にいくつかの国で、新聞社における権力の集中を制限したり、株主の編集に対する権限を縮小したりすることを目指す法律が施行されたが、それらの法律は明らかに不十分で、デジタル時代にはまったくそぐわない。フランスでは、一握りの億万長者がいまやメディアの半数以上を手中に収めている。このような状況は貧困国でも富裕国でもほとんどいたるところで見受けられる。最善の解決策は、法的枠組みを変更し、従業員やジャーナリストに経営機関の議席の半数を占める権利を与え、どのような法形態であれ、読者代表に門戸を大きく広げ、株主の権限を大胆に制限するといった、メディアの真の民主化のための法律を採択することだ[17]。

重要なのは、お金の亡者となった現代の民主主義を批判するなら、同時に、もっとまっとうな平等へと歩んでいけるような明確な制度上の仕組みをぜひとも提案するべきだということだ。20世紀に東側諸国や新たに独立したいくつかの国では、政府指導者や官僚が複数政党制選挙を撤廃するため、あるいはメディアをコントロールするための口実として、「ブルジョワ的」民主主義を批判することがあまりに多かった。投票を拒否することは決して正当化されない。反対に、政党や選挙運動、メディアの完全に平等な資金調達方法を実施することは正当化されるだけではなく、平等の原則に基づく正真正銘の民主主義について語り始めるために不可欠なものだ。これは、市民集会とか決定権のある国民投票といった多様な形の政治参加とセットで取り組む必要がある。ただし、その場合、選挙運動の資金調達、そして情報の収集、作成、伝達における平等という問題が厳正に処理されなければならない[18]。

実際には、このような民主主義や政治活動における平等を保護する制度は存在しない。それどころか、ほとんどの国で憲法や裁判所は既成の秩序を守ろうとしている。たとえば、憲法や裁判所は、与党が所有権制度の思い切った改革を進める（あるいは単に株主の権限を制限する）ことを妨げるために非常に強力な法的制約を設けている。資産を再分配するには、一般に賠償義務が適用される。そのため実際には、本格的な資産の移転は不可能に近い。ある人物がある国内に全財産を所有しており、その財産すべてを別の複数人または自治体に移転するためには、その人物に全面的な賠償をする必要があるなら、少なくとも法的枠組みのなかでは、最初の状況に何であれ変更を加えることは不可能だということになる。それに加えて、憲法改正のためのルールに慎重に蓋をしてしまう傾向にあるのだから（フランスの元老院の拒否権のように、議会は決して民主主義的ではない[19])、場合によっては、どのようにして状況が完全に硬直化してしまうのかがわかる。どんな体制も、往々にして自分たちにとって都合のいい原則は変更できないようにし、見直そうとするあらゆる試みを違法扱いしようとするものなのだ。

その結果、歴史を通して、憲法改正のこうしたルールが何度も破られてきたのは驚くに値しない。平等への歩みには革命的な瞬間がいくつもあり、そのたびに、社会と経済の仕組みを変えるために政治体制が見直されてきた。１７８９年に全国三部会が開催された際に、第三身分は、数世紀前から貴族と聖職者の二つの特権階級が握っていた拒否権を踏みにじって、自分たちの議会は国民議会であると宣言し、この議会は貴族の権限を廃止し、聖職者の資産収用を決定する権利があるということの他はいかなるルールも規定しなかった。しかも、１７８９年以降にフランスで起こった（こまごまとした十数項目に及ぶ）体制の変化には、前体制で定められていたルールにしたがって進められたものは何一つない[20]。イギリスでは、極度に緊張した政治状況のもと、19世紀末まで厳然と二院制を牛耳っていた貴族院は（ほとんどの首相は貴族院の出身）、１９０９−１９１１年に、「人民予算」の決議と総所得に対する累進税の創設などが次々と突きつけられるなかで、拒否権を断念し、権限を永久に庶民院に譲らざるをえなかった[21]。アメリカでは、１９３７年に61％の得票率で再選されたばかりのルーズヴェルトは、自分が提出した複数の社会政策法案を連邦最高裁が企業の自由という理由で拒否権を行使して阻止したため、新しい判事を補充する（コート・パッキング）と最高裁を脅さなければならなかった[22]。おそらく前もって予測できない危機に直面すれば、将来、同じようなエピソードは起こるだろう。そのような状況は、権利に関するあらゆるルールをぞんざいに扱うための口実として利用すべきではなく、むしろ、もっと徹底的に平等で民主的な新しいルールを提案するために利用すべきである。権利とは、権力を持つ立場を維持するために用いるツールではなく、支配から解放されるために用いるべきツールであることを見失ってはならない。

いつまでも続く納税額に基づく制限選挙――経済界の金権主義

お金にものを言わせる投票が幅をきかせ続けている分野があるとすれば、それは経済的権限の分野だ。株式会社においてすべての権限を合法的に握っているのは、保有株数に比例する議決権を持っている株主だ。それが資本主義の定義だと言えるだろう。だがそれは、実際はひとつの特殊な制度上の仕組みで、当然のことなどではまったくなく、特殊な状況と特殊なパワーバランスの枠組みのなかで徐々にそれが当たり前のようになってきたにすぎない[23]。そう考えれば、その他のルールを構想することもまったく可能だろう。たとえば、会社運営について株主のほうが従業員より会社運営の能力があるとか、会社が関わる経済的プロジェクトに株主のほうが長期にわたってより多く尽力するとは限らない。それどころか反対のことが多い。たとえば、投資資金は会社資本から短期間に出し入れすることが可能だが、従業員は一般にその人生、エネルギー、能力の多くを会社に捧げている。従業員はさまざまな面で会社の長期にわたる一番の尽力者だ。したがって、ものごとを俯瞰してみれば、経済分野において金権主義がこれほど執拗に続いてきたことに驚くほかない。

しかし20世紀半ば以降には、「資本主義」を標榜する国々も含めて、もう少し平等なシステムが敷かれてきたことがわかる。ドイツのいわゆる「労使共同経営」制度(「労使共同決定」とも言われる)は、企業の経営機関(取締役会または監査委員会)の議席を従業員代表と株主で半々に配分する制度である。この制度は1951年に鉄鋼業と石炭業で導入され、1952年には大企業全体に拡大された(全産業)。1976年の法律改正によって現行の制度が定められ、従業員数が500―2000人の企業では従業員代表が経営機関の議席の3分の1を、従業員が2000人を超える企業では従業員代表が議席の半分を占めることが定められた[24]。

オーストリア、スウェーデン、デンマーク、ノルウェーでも似たような制度が採択され、こうしたルールが中小企業にも適用されている[25]。しかし、こうした共同経営制度はゲルマン系ヨーロッパと北欧を除いて今日までほとんど適用されていない[26]。

実際のところ、こうした変化の重要性を誇張すべきではない。なぜなら、票数が可否同数の場合、決定権を握るのはつねに株主なのだから。それでも、従来の資本主義のルールが著しく改善されたことは間違いない。議決権の50％が出資額に関係なく、「労働による投資者」として従業員に付与されていることに注目しよう。しかも、従業員全員が合わせて資本金の10－20％を保有していたり、自治体が10－20％の株式を保有していれば、多数派が逆転する可能性がある。これは一人で80－90％の株式を保有している株主がいる場合も同様だ[27]。株主にしてみれば、これは自分たちの当然の権利の受け入れがたい白紙撤回だ。このような措置は、1929年の大恐慌による痛手や経済界エリートによるナチズムとの妥協を経験したのち、パワーバランスが明らかに労働者側に傾いている状況で、非常に緊迫した社会・政治闘争を経た末に実現したものだ。ドイツで1951年および1952年に成立した共同決定法および共同組織法は、キリスト教民主同盟政権が採択したが、これは社会民主党、そしてとくに労働組合の強い圧力を受けてのものであり、当時、労働組合は地方自治体や連邦の計画委員会への同数参加を基本とするなど、さらに野心的な要求をしていた。これらの法律は、その前に公布された1949年の西ドイツ基本法（憲法に当たる）によって、その社会の究極の目的のなかで検討された所有権の革新的な定義が採択されていたからこそ制定できたのだということを強調したい。とくに同法の条文では、所有権は「公共の全般的福祉に役立つ」場合にのみ合法である（第14条）と冒頭で断言している。また、生産手段の社会化や所有権制度の見直しは、法律で扱う領分であると明確に言及しており、これが共同経営のような措置を可能にしている[28]。この条文は1919年に制定されたドイツ共和国憲法（ワイマール憲法）の伝統の一部とも言えるが、このワイマール憲法もほとんど反乱状況のなかで採択され、土地の再分配や社会的基本権および労働組合権などの新しい権利が認められたが、1933年から1945年までの間は停止されていた。[29] 経営者団体は何度も共同経営制度について裁判所に異議申し立てを試みた。とりわけ社会民主党政権によって1976年法が採択された際には声高に異議申し立てをしたが、1949年の基本法に基づき憲法裁判所によって棄却された。反対に、フランスなどいくつかの国では、18世紀末以来、所有権は絶対的かつ当然の権利と見なされるという定義が基本的な法文に維持されている。したがって、ドイツのように憲法の改正なしに労使共同経営のルールを採択することは、フランスでは、裁判所で異議申し立てをされる可能性が非常に高い。[30]

参加型社会主義と権限共有

理論上、ドイツや北欧の労使共同経営のルールをさらに徹底させた形を構想することは絶対に可能だ。さまざまな研究から、この制度によって企業の長期戦略に従業員がよりよい形で関与し、集団での大きな効果を生み出せることは明らかである。[31] たとえば、どんな小さな企業も含め、すべての企業で従業員代表が議決権の50％を保有する一方で、ある程度の規模の企業では、（株主に割り当てられる残りの50％の議決権のうち）一人の株主が保有する議決権が一定割合を超えてはならないという制度を考えることができる。小企業の場合、一人の株主は株主に割り当てられる議決権の最大90％まで保有でき、この限度は企業規模に応じて順次下げていき、最大規模の企業（従業員が90人以上）なら10％とする。[32] この方法だと、（従業員が10人までの）ごく小規模な企業の場合、従業員でもある唯一人の株主は、議決権の過半数を持つことになるが、企業規模が大きくなると、次第に他の従業員たちとの共同討議に頼ることになる（図5－4）。ごく小規模の企業なら、資本

図 5-4
参加型社会主義と権限の共有

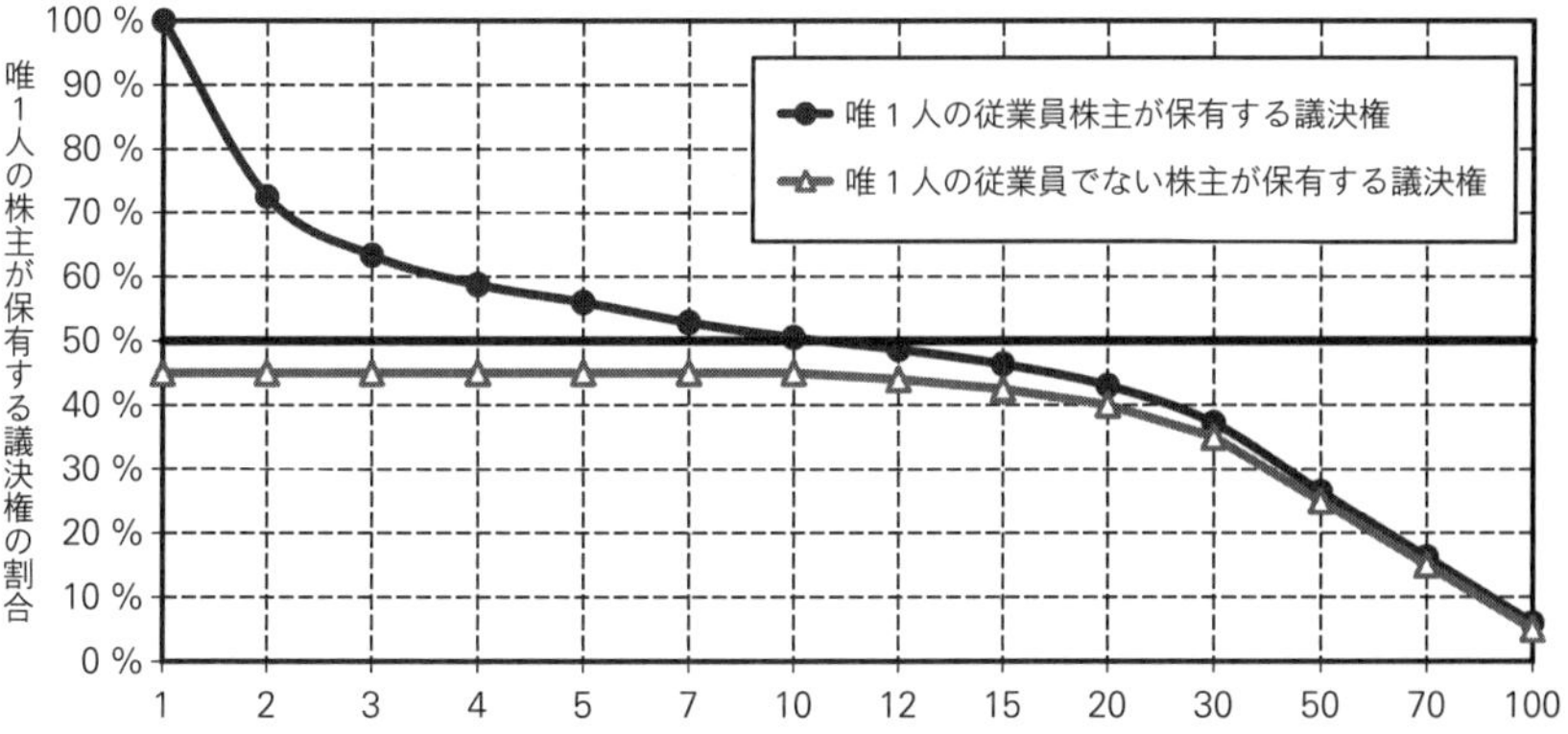

解説：本書で考察している参加型社会主義制度では、（企業の株式を 100%保有する）唯 1 人の株主は、従業員が（当人を含めて）2 人の企業なら 73%の議決権を持ち、従業員が（当人を含めて）10 人の企業なら 51%の議決権を持ち、従業員が 10 人以上の企業なら議決権の過半数を失う。従業員ではない唯 1 人の株主は、従業員が 10 人未満の企業なら 45%の議決権を持ち、従業員が増えるにつれて議決権が減り、従業員が 100 人の企業だと議決権は 5%になる。
注：採用したパラメータは次の通り：(i) 従業員は（株の保有の有無にかかわらず）50%の議決権を持ち合う。(ii) 従業員が 10 人未満の企業では、株主に与えられる 50%の議決権のうち、唯 1 人の株主がその 90%以上（つまり、45%の議決権）を持つことはできない。この議決権持ち分は、従業員が増えるにつれて減少し、従業員が 90 人以上の企業だと 10%（つまり 5%の議決権）になる（株主に割り当てられない議決権は従業員に再付与される）。
出所と時系列データ：piketty.pse.ens.fr/egalite を参照。

への出資額と経済的権限との間の強い関係が維持されることは正当化できる。たとえば、ある人が、長いあいだ温めていたプロジェクト（たとえば、オーガニック食品店とかカフェ・レストラン）を順調に進めるために自分の蓄えすべてを費やしたなら、つい最近雇われたばかりの従業員よりその人のほうが多くの議決権を持っていても、それは少しも不当ではない。その新入社員もまた自分自身の計画を進展させるために貯蓄するだろう[33]。反対に、プロジェクトが従業員や共同資金により深い関わりがあるなら、このような権限の集中は正当化されない。唯一人の株主が従業員でない場合、ここで考慮されている枠に従業員が一人でも入れば、この株主は議決権の過半数を失ってしまう。従業員たちが少数であれ株式を保有していれば、もっと早く議決権の過半数以上を取得するだろう。もちろん、すべてのパラメータは例として示されているだけで、踏み込んだ討議や経験を重ねる必要がある。

ここで述べる「参加型社会主義」システムの目標はただひとつ。それは、多種多様な経済システムが可能であることを示すことだ。歴史上の経験から、このようなシステムを実施するには、非常に強力な市民の結集が求められるのは明らかだ。フランスをはじめほとんどの国では、このような変革は憲法の実質的改正を経ることになるだろう。そして憲法改正はおそらく、過去にしばしば起こったように、重大な危機に直面した場合に限られる。また、このような大きな変革には、資産と経済的権限を文字通り循環させることができるよう、また数々の国際条約、とりわけ資本の移動に関するあらゆる国際条約を見直すことができるように、税制の完全な改定を同時に実施する必要がある。ここでの目標は、このようなシステムが近い将来、難なく設けられるだろうと述べることではなく、単に、法律、税、社会制度の同じように大きな変革が1780年代から2020年代の間に絶えず行われてきたこと、そして、そのプロセスが今日、突然終わってしまうことはないだろうということを主張することだ。したがって、知りうる範囲の過去の経験に基づいて、次なるステップについて考えてみることは無駄ではない。

企業における権限共有について、より広くは新しい形の民主社会主義の出現について、2008年の金融危機以降、何度も議論されているのは驚くべきことだ。アメリカやイギリスをはじめ複数の国で、いくつかの主要な政治組織がドイツや北欧の共同経営制度を何らかの形で取り入れたルールの実施を目指す斬新な法案の策定に取り組んでいる。[34] これらの法案が採択されれば、こうした動きが世界的に広がる条件が整うだろう。知識人や労働組合は、「労働マニフェスト」のような野心的な国際共同プロジェクトを通して、経済システム、とくに企業内の力関係を調整する方法がどれほど存在するかを力説してきた。[35] 労使共同経営の問題の他にも、従業員に労働組合への加入や参加を促したり、労働協約を交わす企業に政府調達を割り当てたり、さらには、労働組合が職場に行って、そこで会合を開く権利を拡大するなど、組合のあらゆる権利についても、ヨーロッパだけでなく世界レベルで再考されるべきだ。[36] こうした行動が見られることは、その影響を知るには早すぎるにしても、この問題が活発に議論されていることの表れである。1970年代と1980年代にスウェーデンで始まった「労働者基金 Löntagarfonder」（いわゆるメイドナー基金〔経済学者のルドルフ・メイドナーにちなむ〕）についての議論が近年、再燃していることにも注目しよう。だが、来たるべき変革の展望を詳しく分析する前に、まずは20世紀を通して多くの国々で、とりわけ世界の主な資本主義列強において、どのようにして経済的不平等が著しく縮小されていったかを理解する必要がある。

6 「大再分配」、1914—1980年

1914年から1980年にかけて、欧米諸国（イギリス、フランス、ドイツ、アメリカ、スウェーデンなど）だけでなく、日本、ロシア、中国、インドでもさまざまな方法によって所得および資産の格差が大きく縮小された。その方法についてこれから見ていこう。本章ではまず欧米諸国に焦点を当てて、どのようにして「大再分配」が実現していったのかを調べていく。

第一の要因は社会国家の目覚ましい発展だ。この長い年月を経ての進展は、19世紀末以降に盛んになった数々の社会運動や組合運動が主な原動力となった。しかし、二度の世界大戦と1929年の世界恐慌を機に、こうした傾向が急激に加速し、第一次世界大戦が勃発した1914年から第二次世界大戦が終結した1945年までの31年間で資本と労働のパワーバランスが激変した。第二の要因は所得や相続財産に対する累進性の高い税金が広く課せられるようになったことだ。その結果、富や経済的権限が社会階級の頂点に集中することが大幅に緩和され、資本の移動が大きく拡大し、一層の繁栄が促された。累進税は新しい社会契約や税制度を定める決定的な役割も果たした。また本章では、外国資産や植民地資産、さらには公的債務の清算が、私有財産の絶対視をやめて格差を縮小するプロセスに及ぼした重要な影響についても見ていく。ヨーロッパの列強同士のたび重なる対立や、植民地の耐え難いほどの不平等体制は、ベル・エポックの所有権社会を崩

壊に至らしめた運動が起こる大きな原因になった。戦後、ヨーロッパ諸国が公的債務を清算することで復興した方法から、将来のために学ぶべきことがたくさんあるだろう。

社会国家の創出――教育、保健医療、社会保障

1914年から1980年の間に、欧米諸国では租税国家、社会国家の影響がこれまでになく拡大した。19世紀末から20世紀初頭までは、ヨーロッパやアメリカの税収総額は、直接税、間接税、あらゆる種類の義務的な分担金、徴収金などを含めて、国民所得の10％に満たなかった。ところが1914年から1980年の間に、この比率はアメリカでは3倍に、ヨーロッパでは4倍以上になる。イギリス、ドイツ、フランス、スウェーデンでは、1980－1990年代以降、税収は国民所得の40－50％にまで膨れ上がった。さまざまな研究から、租税国家としての発展が経済的発展のプロセスに大きな貢献をしたことは明らかだ。実際、新たに増えた税収によって、格差を縮小するためだけでなく、経済成長を促すためにぜひとも欠かせない資金、とりわけ教育、保健医療への潤沢で相対的に平等な（あるいは少なくとも以前よりはずっと平等で潤沢な）投資、交通インフラや公共設備、また高齢化に対処するため（退職年金など）や景気後退時の経済・社会を安定させるため（失業保険など）の代替所得などの資金調達が可能になった。(1)

ヨーロッパの主要国について調べてみると、税収の増額分はほとんどすべてが教育、保健医療、退職金およびその他の社会保障費など、社会支出の増額に充てられていることがわかる（図6－1参照）。また、1914年から1950年までが国家の役割転換に非常に重要な時期であったことも指摘しておこう。第一次世界大戦前夜、ヨーロッパ諸国は19世紀を通してそうだったように、国内でも植民地や国家間の関係においても、秩序の維持と所有権の尊重ばかりに汲々としていた。国家管理費用（軍事、警察、司法、一般行政、基礎イ

図6-1
ヨーロッパにおける社会国家の隆盛　1870－2020年

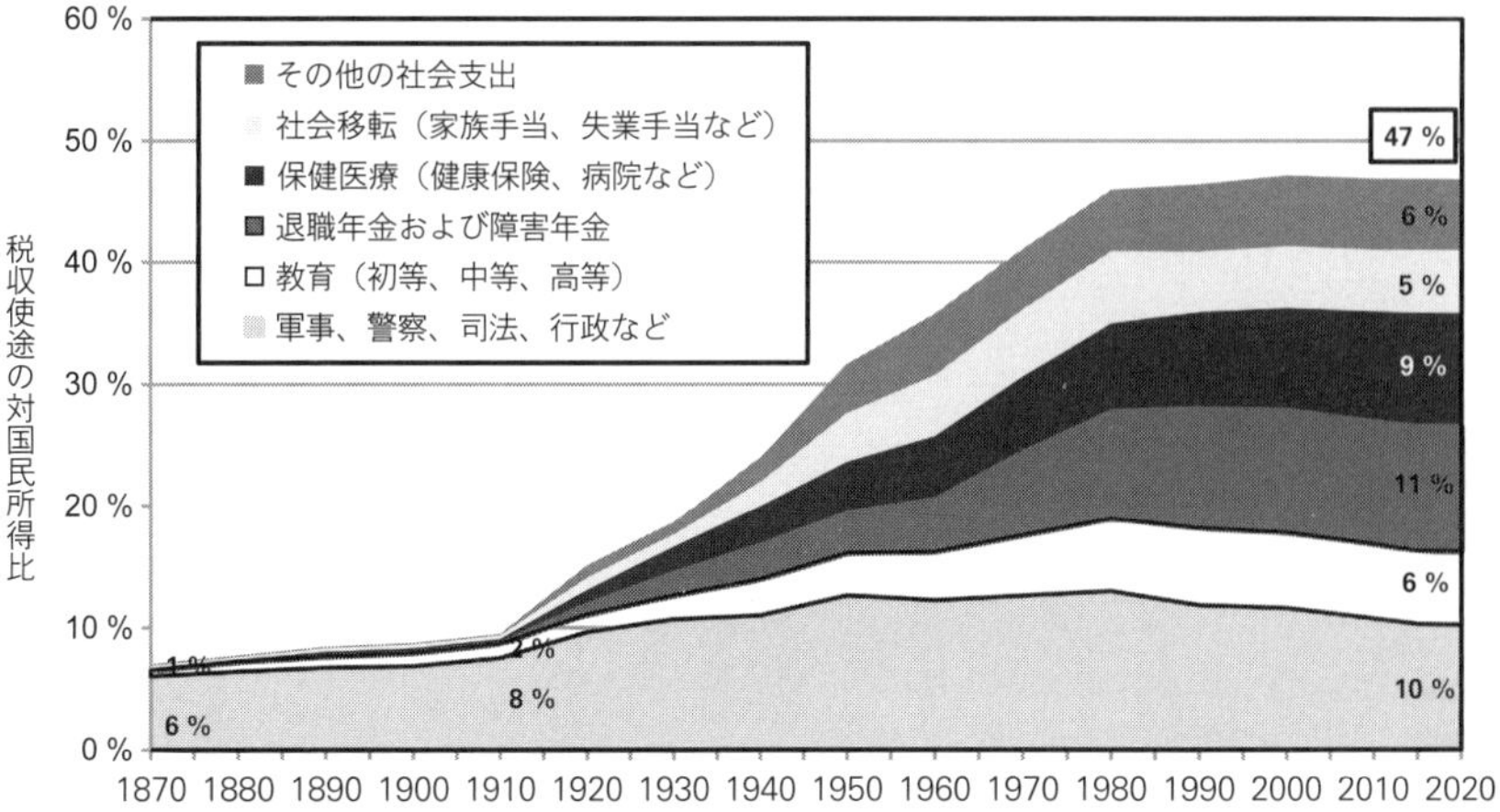

解説：2020年には、西ヨーロッパの税収は平均で国民所得の47％で、以下のように支出されていた。国家管理費（軍事、警察、司法、一般行政、道路などの基礎インフラ）に国民所得の10％、教育に6％、年金に11％、保健医療に9％、社会移転（年金を除く）に5％、その他の社会支出（住宅など）に6％。1914年以前は、国家管理費に税収のほとんどを使い尽くしていた。
注：ここに示した推移はドイツ、フランス、イギリス、スウェーデンの平均値である。
出所と時系列データ：piketty.pse.ens.fr/egalite を参照。

ンフラ）のために国民所得のせいぜい10％に相当する税収総額のほとんど、つまり国民所得の約8％が消えてしまっていた。したがって、その他の公共支出（とくに社会支出）は国民所得の2％そこそこですますほかなかった（そのうち1％は教育費）。ところが、1950年代初めになると、ヨーロッパでは税収が国民所得の30％を超えるようになり、それ以降、税収総額の3分の2を教育や社会保障など多様な形で活用し、社会国家として欠かせない要素が整備された。このような進展は1950年代から1980年代にかけて続き、より充実していく。

　教育のための支出は平等実現の要因として、また発展の原動力として非常に重要であることを強調したい。19世紀末から20世紀初めにかけては、学校制度は極端にエリート主義で階層化されていた。初等教育を修了し、前期中等教育まで進むことを望めるのはごく一握りの国民に限られていた。1870年代から1910年代までの間に教育支出は増加し始めたが、それでも概して国民所得の0・5―1%にすぎず、アメリカがかなり進んでいたのに比べて、イギリスは明らかに遅れていた。[2] その後、20世紀になると教育投資はおよそ10倍になり、1980―1990年代にはすべての欧米諸国で国民所得のおよそ6%に達し、ほとんどすべての国民の中等教育就学を賄えるようになり、高等教育就学のための投資もかなり拡大している。このように、全般的に教育が普及していく状況のなかでも、20世紀半ばのアメリカのリードはとくに顕著である。1950年代にアメリカでは12―17歳の（男女合わせた）児童のうち、中等教育への就学率は80%に達している。同じ時期にイギリスとフランスの中等教育就学率は20―30%で、ドイツとスウェーデンはかろうじて40%に達している程度だ。これら4カ国における中等教育就学率が80%に達するのは1980―1990年代になってからのことで、アメリカに数十年も先を越されている。[3] 日本では、1880年代から1930年代の間にすでに教育の拡大が加速しており、欧米列強との熾烈な競争や追い抜きレースを繰り広げて、ヨーロッパより早くアメリカに追いついている。具体的には、中等教育就学率は1950年代に60%に達し、1970年代初めには80%を超えていた。

概して19世紀末には、各国政府は教育が国力を懸けた課題であり、単なる平等や個人の解放という問題ではないことに気づき始めた。1880年代から1940年代までに、化学、鉄鋼、電気、自動車、家電などの部門で第二次産業革命が起こり、専門技術を持つ人材の必要性がいっそう高まった。主に繊維や石炭産業が発展した第一次産業革命では、どちらかといえば機械的な労働力を集めて、数人の現場監督と技師に統率させておけばよかった。ところが第二次産業革命では、技術的素養やデジタルの素養を最低でも必要とする製造工程での作業を難なくこなし、設備のマニュアルを理解できる人材がどんどん必要となった。そんなわけで、新しい産業部門においてまずアメリカが、次いで国際舞台の新参者であるドイツと日本が次第にイギリスより優位に立つようになった。20世紀半ば、アメリカと他の欧米諸国との間で労働者の生産性に大きな落差が生じたのは、アメリカの教育面でのリードが大きな理由だ。その後の数十年間で教育面でのアメリカのリードは埋められ、生産性でも差はなくなった。1980−1990年代以降、労働1時間当たりの国内総生産はアメリカもドイツもフランスもほとんど変わらない。ちなみに、どんな社会・経済指標を選択するかが重要であることを指摘しておこう。この種の比較で、労働時間を無視することは（非常に議論の余地のある選択であるにもかかわらず、広く行われているのだが）、余暇や有給休暇や週間労働時間の短縮が進められてきた歴史的な大きな動きを考慮しないことになる。労働時間は、この2世紀を通して組合運動や民衆運動が取り上げてきた問題の核心なのだ。[4]

租税国家の第二の大きな前進——人類学的改革

租税国家の最初の大きな発展と第二の大きな発展では性質がまったく異なることを強調する必要もある。1700年代から1850年代の間に租税国家が初めて発展したときには、それまで国民所得のおよそ1−2%だったヨーロッパの主な列強の税収は、およそ6−8%に増加し、その増収分は、何よりも軍事費や国家管理費の増加に充てられた。[5] 国家は貴族やブルジョワのエリートが統率し、対外競争や植民地の繁栄、貿易の発展にまっしぐらに向かっていた。ところが1914年から1980年の間に前面に押し出されたのは社会支出だ。国力の増強がまったく考慮されていなかったわけではないが、このように国家の役割がかつてないほど拡大したのは、歴史上経験したことのない状況のなかで、何よりもまず庶民階級や中流階級の利益となるよう、多くは彼らに押し切られ、あるいは少なくとも彼らが選び、彼らを代表する政治運動に押し切られたためである。

イギリスでは1945年の総選挙で労働党が絶対多数の議席を獲得して政権に就き、NHS（国民保険サービス）制度をはじめ幅広い社会保障制度が実施された。ヨーロッパで最も貴族主義的な国だったイギリスは、1909年の憲法危機までは貴族院が議会を牛耳っていたが、正真正銘の庶民と労働者の党が政権に就き、改革を断行することとなった。スウェーデンでは1910年まで、資産家には100票までの投票権があったが、1932年に労働者が投票権を得ると、その後はほぼ継続的に社会民主党が政権に就いてきた。フランスでは、1936年に人民戦線政府が有給休暇法を施行し、1945年には議会と政府で共産党と社会党が多数を占めたことで、社会保障制度に関する法案の可決を迫ることができた。アメリカでは、1932年にニューディール連合がニューディール政策を支持して民主党を政権に就かせ、自由放任のドグマと経済・金融エリートたちの権力を問題視し続けた。(6) この人類学的改革には二つの意義がある。この段階で歴史上初めて、国家は支配階級による独占的な支配から逃れることができた。それは、普通選挙、代表制民主主義、議会制民主主義、選挙のプロセス、政権交代の結果であり、すべては独立系メディアや労働組合運動の後押しで実現したことだ。このような政治体制は必要であれば憲法の大幅な改正をすることでまだまだ改善の余地があるが、さらに先に進むには、まずは獲得したことから出発すべきであることは誰しもわかっている。この流れは1970―1980年代以降に明確になり、共産主義という対抗モデルの正当性を最終的に失墜させることに大きく貢献した。共産主義モデルが政治的自由も、社会・経済面での幸福も縮小させるなら、いったい何を迷うことがあるだろうか？

もうひとつの教訓は、財産主義的な権力からだけでなく、資本主義やあらゆるものの商品化からも抜け出すことができるということだ。(7) 教育や保健医療をはじめ、重要なものとしては交通やエネルギーなど広範囲の経済セクターが、商業的な理屈抜きに、公務員雇用、共済組合あるいは非営利組織、税金による助成金や投資など多様な制度とともに整えられた。しかも、こうした公共部門は単に機能してきただけでなく、資本主義的な民間部門よりもずっと効果的に機能してきた。たとえアメリカのロビイストらが逆のことを主張し続けていようと（その理由は見え透いているが、残念なことにある程度効果的なこともある）、こうした事実に関心を持ってきた人々は、今やアメリカの民間保険会社より、ヨーロッパ式の公的医療制度のほうが安上がりであるばかりか、幸福や寿命の面でも効果が高いことを知っている。(8) 教育部門では、小・中学校、高等学校、大学を資本主義の論理で運営する株式会社に置き換えることを提案する者など誰もいないか、ほとんどいない。(9) なすべき改善や新たな飛躍のチャンスについて異論や正論はあるだろうが、20世紀に租税国家や社会国家として発展した国々では、どんな大きな政治運動も、税収が国民所得の10％に満たなかった1914年以前の状態に戻ろうとはしていない。

所得および相続財産に対する累進税の創設

さて、累進税の問題に移ろう。20世紀初頭まで、世界のほとんどの国の税制は歴然とした逆進税だった。裕福な人々より貧しい人々に相対的に重い負担がかかる消費税や間接税に頼ることが多かったからだ。逆進税の最も極端な例は、すべての人に一定額の税金を課す人頭税で、これは当然のことながら、所得の低い人は、彼らの10倍も高い報酬を得ている管理職に比べ、所得比で10倍も重い税金を課されていることになる。(10) 定率税は、あらゆる社会階級の人々の所得または資産に対して同一の比率で課す税金のことである。これに対し累進税は、多様な社会集団の人々が実際に支払う税金の税率が所得または資産が多ければ多いほど高くなる。(11)

表6-1
18世紀フランスで提案された累進税の案

グラスラン：累進所得税
（『富と租税に関する分析的試論』1767年）

平均所得の倍数	実効税率
0,5	5 %
20	15 %
200	50 %
1300	75 %

ラコスト：累進相続税
（『相続に関する国家の法律』1792年）

平均相続財産の倍数	実効税率
0,3	6 %
8	14 %
500	40 %
1500	67 %

解説：1767年にグラスランが提案した累進所得税の案では、実効税率は年収150トゥール・リーブル（当時の平均成人所得の約半分）に対する5%から、年収40万リーブル（平均所得の1300倍）に対する75%まで順次税率が高くなっていた。1792年にラコストが提案した累進相続税の案でも似たような累進性が見られる。
出所と時系列データ：piketty.pse.ens.fr/egalite を参照。

累進税をめぐる議論には長い歴史がある。その議論は18世紀、とくにフランス革命の最中に高まった。数々の資料から、当時、累進税にかなり近い制度が提案され、20世紀になってそれが広く適用されるようになったことがわかる。1767年に都市計画家のグラスランが平均所得の半分に相当する所得には5%の実質税率、平均所得の1300倍に相当する所得には75%の税率を課す税率表の適用を主張している。1792年にはラコストという人物が相続税に対して似た制度を提案している。これは、わずかな相続財産には6%の税率、最高額の相続財産には67%の税率を課すべきだというものだ（表6－1参照）。しかし、累進税がごく短期間だけ実験的に実施された1793－1794年を除けば、革命期は結局、定率税または逆進税に落ち着いている。そういうわけで、19世紀を通して、両親から子供への相続財産には額の多少に関係なく1%の税率が課されていた。兄弟姉妹、従兄弟、非親族への相続に対してはもう少し高い税率だったが、いずれも相続財産の額は考慮されなかった。このように税の累進性が拒否されてきたことが、1914年

図6-2
税の累進性の考案：
所得税の最高税率　1900—2020年

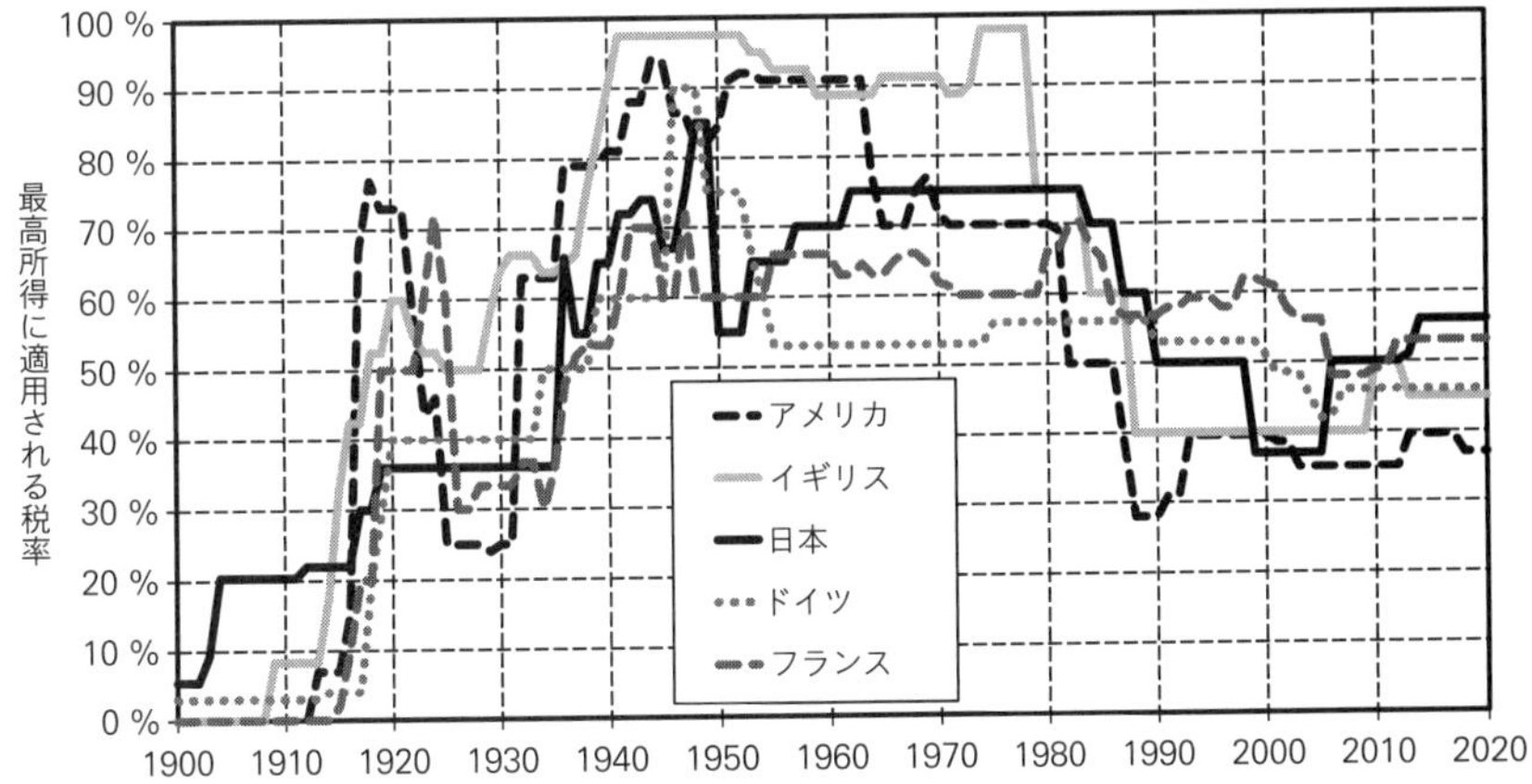

解説：アメリカでは、最高所得に適用される税率は1900—1932年は平均23%、1932—1980年は81%、1980—2020年は39%だった。同じ時期のイギリスではそれぞれ30%、89%、46%、日本では26%、68%、53%、ドイツでは18%、58%、50%、フランスでは23%、60%、57%だった。税の累進性は20世紀半ばで最大になり、特にアメリカとイギリスで顕著だった。
出所と時系列データ：piketty.pse.ens.fr/egalite を参照。

まで資産の集中度が高かった原因になっている。

累進税が数年の間にいたるところで実施されるようになったのは、20世紀初頭になってからのことだ。アメリカでは連邦所得税の最高税率、つまり最高所得に適用される税率が１９１３年には７%だったが、１９１８年には77%、そして１９４４年には94%に達している（図６-２参照）。１９３２年から１９８０年までのほぼ半世紀の平均は81%だ。所得税や相続税に対する累進税については、確かにアメリカがリードしているが、イギリス、ドイツ、フランス、スウェーデン、日本でも目覚ましい進展が見られる（図６-３参照）。

累進税は、第一次世界大戦というショックがなかったなら、また、ボルシェヴィキの独裁体制による資本主義国のエリートに対する圧力がなかったなら、こんなにも速く浸透することができただろうか？　この問題にきち

図6-3
税の累進性の考案：
相続税の最高税率　1900−2020年

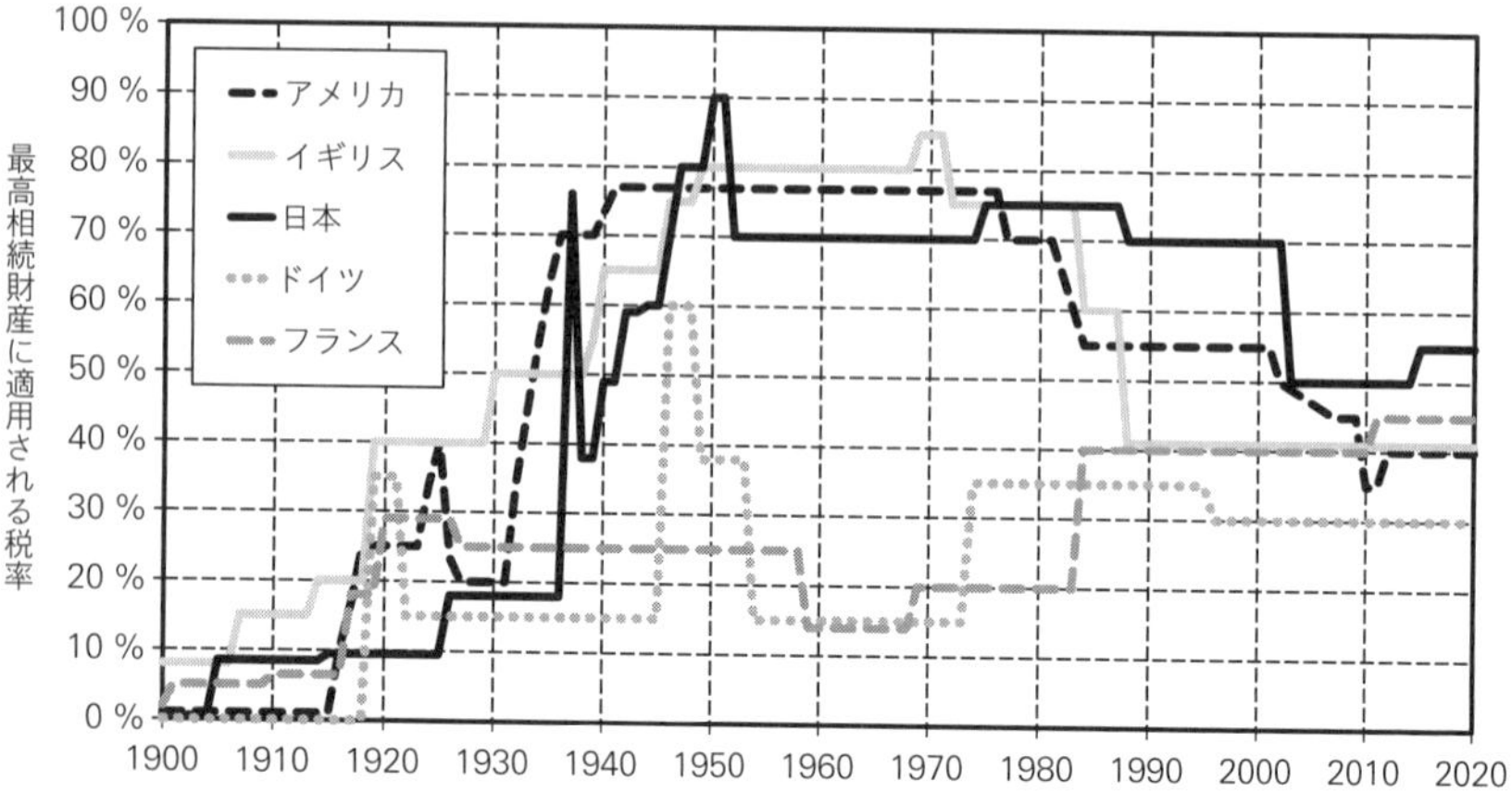

解説：最高相続財産に適用される税率は、アメリカでは1900−1932年に平均12%、1932−1980年に75%、1980−2020年に50%だった。同じ時期のイギリスではそれぞれ25%、72%、46%、日本では9%、64%、63%、ドイツでは8%、23%、32%、フランスでは15%、22%、39%だった。税の累進性は20世紀半ばで最大になり、特にアメリカとイギリスで顕著だった。
出所と時系列データ：piketty.pse.ens.fr/egalite を参照。

んと答えることはできない。1914年以降の世界の歴史は、第一次世界大戦や1917年のロシア革命をはじめとするさまざまな出来事によってあまりにも混乱したため、今になって、戦間期の存在しない20世紀、ソ連の存在しない20世紀、冷戦の存在しない20世紀を想像しても、もはや大して意味がない[12]。それでも、長い年月をかけて累進税が創設されたのは、何といっても、社会・政治運動や息の長い示威運動が繰り広げられてきた結果であると見るべきだ。そのプロセスは確かに数々の出来事（戦争、革命、危機）が起こるたびに加速されてきたが、こうした出来事の相対的な重大さは国によって大きな違いがあり、何よりもそうした出来事は降って湧いてくるわけではない。ほとんどは、その時代の社会的不平等による極度の緊張の産物である。

　フランスの場合、1920年代初めにいわゆる国民ブロック（共和国史上の最右派政党のひとつ）という多数派の枠組みで最高税率を60％にすることを決めた議員連合が、実は、戦前には税率を5％とする所得税法案の議決を拒否し、あらゆる手段を用いて採択を阻止しようとした張本人たちであるのは驚くべきことだ。[13] 数年後、戦争、国の荒廃、数百万人の死者と戦傷者によってすっかり変貌した政治的背景のなか、賃金労働者は1914年当時の購買力を取り戻すことができず、1919年半ばと1920年春の相次ぐストによって政府は麻痺寸前で、ほとんどの国民が政治的立場などどうでもいいと感じていた。とにかく税収を確保する必要があり、最富裕層は税を免れていいなどと考える者は誰もいなかった。そこでは社会主義や共産主義の脅威が明らかに重要な役割を果たしている。つまりエリートらにとって、いつの日か収用が当然のように行われるリスクを冒すより、重い累進税を受け入れるほうがましだったのだ。だからといって、サラエボでのオーストリア皇太子暗殺事件やボルシェヴィキによる冬宮殿の襲撃がなければ、この脅威さえも具体化されることはなかっただろうという意味ではない。税の累進性を進める動きはすでに戦前から高まっており、戦争は導火線に火をつけたにすぎない。[14]

他の国々のケースを調べてみれば、累進税の導入には社会・政治運動が大きな決め手となっていることがわかる。スウェーデンでは1909−1911年に過度の金権政治が問題視され始めた。この国は二度の世界大戦の影響をほとんど受けていないが、社会国家政策と累進税が同時に実施される決め手となったのは、社会民主労働党が政権に就いたことである。イギリスでもやはり1909−1911年に貴族院の優越性が崩れ、高い累進税と社会保障予算を抱き合わせにした「人民予算」が可決されるという重要な出来事が起こった。アメリカでは1913年に連邦所得税が導入された。これは第一次世界大戦とは何の関わりもない。アメリカの累進税は1895年に始まった憲法改正の長いプロセスの到達点であり、それは当時、この国で声高に叫ばれていた公正な税制と経済を求める民衆運動の影響力の大きさを物語っている。[15] 1929年のアメリカに端を発した世界恐慌が税制改革に大きな影響を及ぼしたことも強調しなければならない。この出来事はアメリカにとって第一次世界大戦やロシア革命以上に決定的でショッキングな出来事だった。この経済危機によって、資本主義を立て直す必要があると誰もが感じ、その結果、ルーズヴェルトは1930年代および1940年代にかつてないレベルの税の累進性を実施するに至ったのだ。

真の累進性と社会契約——納税に対する同意の問題

累進税は実際にどのような経済効果をもたらしたのだろう？　まず、最高税率は誰にも適用されないだろうから、実質的な効果は何もないだろうという先入観をきっぱり捨てる必要がある。確かに70−80%の税率が課されたのは概して最富裕層1%（さらには0・1%）のなかのほんの一握りにすぎない。[16] しかし、所得、そしてとくに資産の分配は20世紀初めに極度に集中していた。フランスでは最富裕層1%が国内総資産の半分以上を保有し、イギリスでは約3分の2を保有していた。またフランスでは最富裕層0・1%が総資産の4分の1以上を保有し、イギリスでは3分の1以上を保有していた。居住家屋を除き、生産手段資産に限るなら、集中度はさらに高くなる。言いかえれば、税率70−80%の対象がトップ百分位あるはトップ千分位にしか該当しないとしても、これらのごく限られた人々がベル・エポックの所有権社会を特徴づける不平等体制で幅をきかせていたのだ。フランスの相続財産に関する資料を個人レベルで綿密に調べてみると、累進所得税や累進相続税が、1914年から1950年にかけて実現した資産の分散にどれほど効果があったかを確認することができる。[17]

アメリカについては、すべての課税（連邦所得税、その他のあらゆる政府レベルの租税）を考慮すると、1914年から1980年までの税制は累進性が非常に高かった。具体的には、最貧層90%が支払った税の実効

図6-4
アメリカの実効税率と累進性　1910－2020年

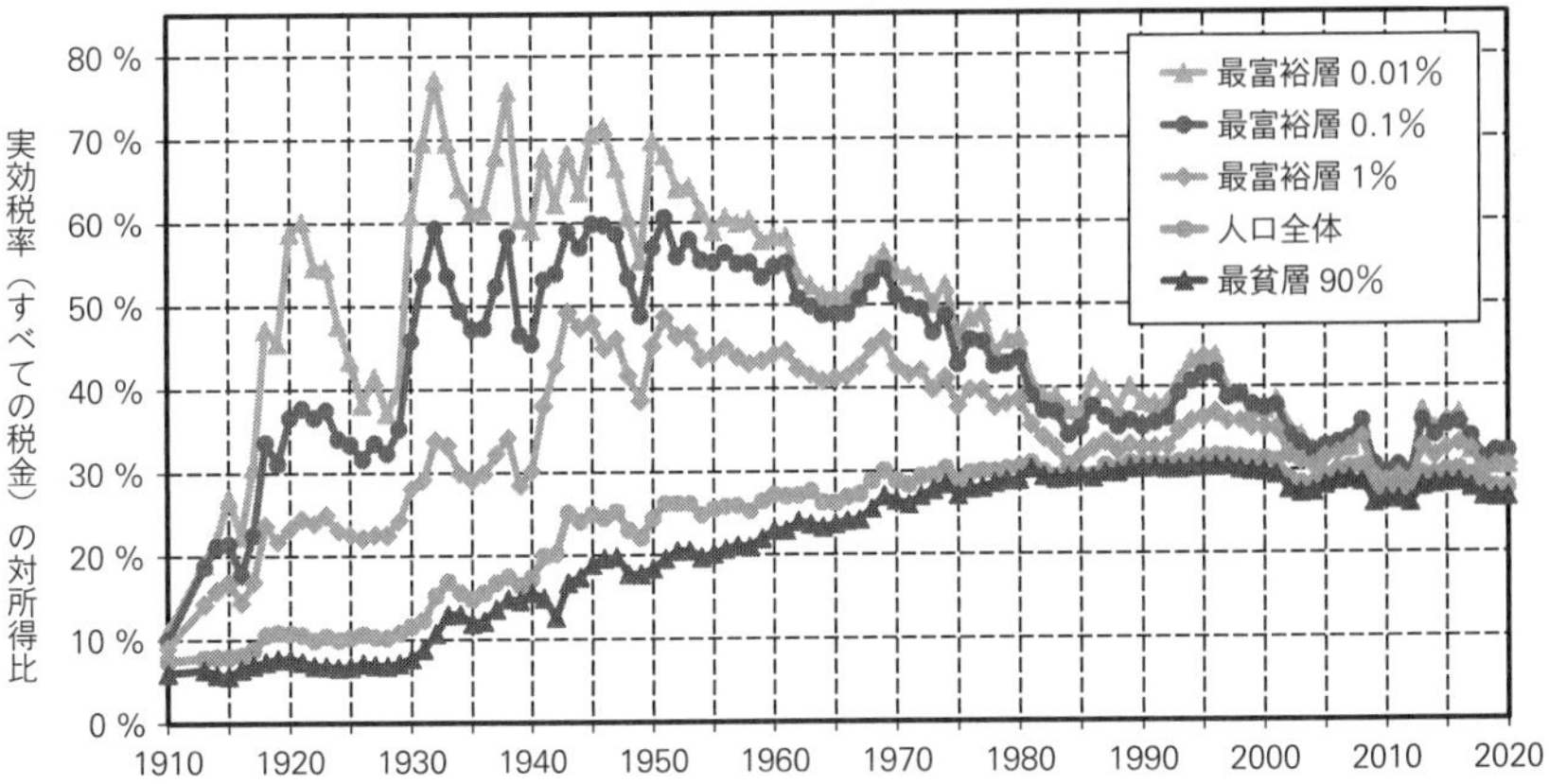

解説：アメリカでは、1915年から1980年まで税の累進性が非常に高く、最高所得に対する実効税率（すべての税金を合わせて、課税前所得の％で表したもの）は、国民全体（とりわけ最低所得層90％）に対する平均実効税率に比べてずば抜けて高かった。1980年以降、税の累進性は弱まり、実効税率の差は限定的だ。
出所と時系列データ：piketty.pse.ens.fr/egalite を参照。

税率は同国の平均税率よりかなり低かったが、トップ千分位およびトップ万分位が支払った実効税率は60－70％に達しており、これは平均税率の3倍以上だ（図6－4参照）[18]。ヨーロッパ諸国に関する入手可能な資料からは、この時期の実質的な税の累進性は確かに無視できないほど大きかったという結論が得られる。

　このような高い累進性が適用された結果、いくつかの効果が表れた。まずは格差が縮小され、社会の頂点への所得および資産の集中度が低減した。次に、社会契約全体に影響を及ぼし、より強力な租税圧力や富のより広い共有化に誰もが同意するようになった。1914年から1980年までの間、少額納税者および平均的な納税者（賃金労働者、個人事業主または中小企業主）は、最も豊かな経済主体（高額所得および高額資産の所有者、最も繁栄している企業）が自分たちよりずっと高い税金を払ってくれると安心することができた。現在はまったく違う状況だ。今日、最富裕層がときには中産階級や庶民階級よりも低い実効税率で納税している例があったり、最大規模の企業が中小企業より低い税率で納税している例もよく見られ、逆進性になってはいないものの、真の累進性は姿を消してしまった[19]。このことは、課税政策に対する政治的同意や社会全体における連帯システムの正統性を大きく揺るがしかねない。

累進税——課税前の格差も縮小させるためのツール

ここで、1914―1980年の時期に起こったことから学ぶべき別の重要な教訓についても念を押しておきたい。それは、累進税は課税後だけでなく課税前にも格差を縮小させることができるということだ（これは、再分配に対して事前分配と呼ばれることがある）[20]。この結論は逆説的のように思えるが、実際のところ、かなり明白である。とくに、累進相続税は次世代の資産格差を縮小するのだから、事前分配になることは明らかだ。相続税がほとんど何も相続しないすべての人に遺産を再分配するために使われるなら、また年次資産税が資産を継続的に再分配するために使われるなら、事前分配としての効果がより鮮明になるだろう。累進所得税についても、とりわけ、最富裕層に80―90％というほとんど没収に近い税率が適用されれば、同じことが言える。ベル・エポックおよび両大戦間には最高所得の多くの部分を資本所得（配当金、利息、賃貸料など）が占めていたが、資本所得にこのような高い税率が課せられれば、資本所得の保有者はすぐにでも生活水準を落とさざるをえなくなる。さもなければ自分の会社や資産の増収分を売却して、資本を徹底的に削減しなくてはならないかもしれない。そうなれば、徐々に資産が分散され、中流資産家が超高額資産家に取って代わる大きな契機となるだろう。労働所得、とりわけ経営陣に支払われる高額報酬にこのような税率が適用されれば、多額の資産が蓄積される可能性が徹底的に減少し、とくに、超高額報酬の交渉や決定条件が根本的に変化し、結局、もっと低い報酬に落ち着くことになる。

入手可能なデータから、とくにアメリカでこの事前分配という第二の効果が非常に大きかったことがわかる。具体的には、ルーズヴェルト政権下および戦後に80―90％という税率が適用されたため、企業は経営者としての手取り額や代替用途と照らし合わせて、どんどん法外な高額になっていた天文学的な報酬を経営者に支払うのをやめた。超高額報酬が見直されたため、投資資金や下級労働者の賃金を上げるための財源が残った。さまざまなデータによれば、きわめて高い税率の実施による再分配の効果は主に事前分配によって実現された。つまり、各百分位が支払った税の実効税率を調べるだけではその効果は一部しか推定できないということだ。さまざまな国を比較すると、この累進税のメカニズムは非常に効果的で、（たとえば、ドイツや北欧での取締役会、あるいはアメリカの戦時労働委員会に在籍する労働組合の代表者などを介して）従業員が役員報酬や給与体系の設定および管理に大きく関わるようになるほどだ。(21) 企業やさまざまなセクターおよび関係諸国についての入手可能なデータから、経営陣の報酬が一定レベルを超えると、経営者の報酬とその経営能力の間に明白な関連性は一切見られず、そのような法外な報酬が従業員の低賃金や平均賃金にマイナスの影響を及ぼしていることが確認できる。(22)

この件についていては、累進性の高い税が普及してもイノベーションや生産性の向上が削がれることはまったくないらしいことを付け加えておこう。アメリカでは、所得税の存在しなかった1870―1910年代には、住民1人当たりの国民所得は年に1・8％のペースで増加していたが、所得税が導入された後の1910―1950年代には、2・1％のペースで増加し、最高税率が平均で72％に達していた1950―1990年代には2・2％のペースで増加している。その後、経済成長の促進が目標に掲げられると、最高税率は半分になった。ところが、1990―2020年代に国民所得の増加率は1・1％と半減したのだ（図6-5

図 6-5
アメリカの成長と累進税　1870—2020 年

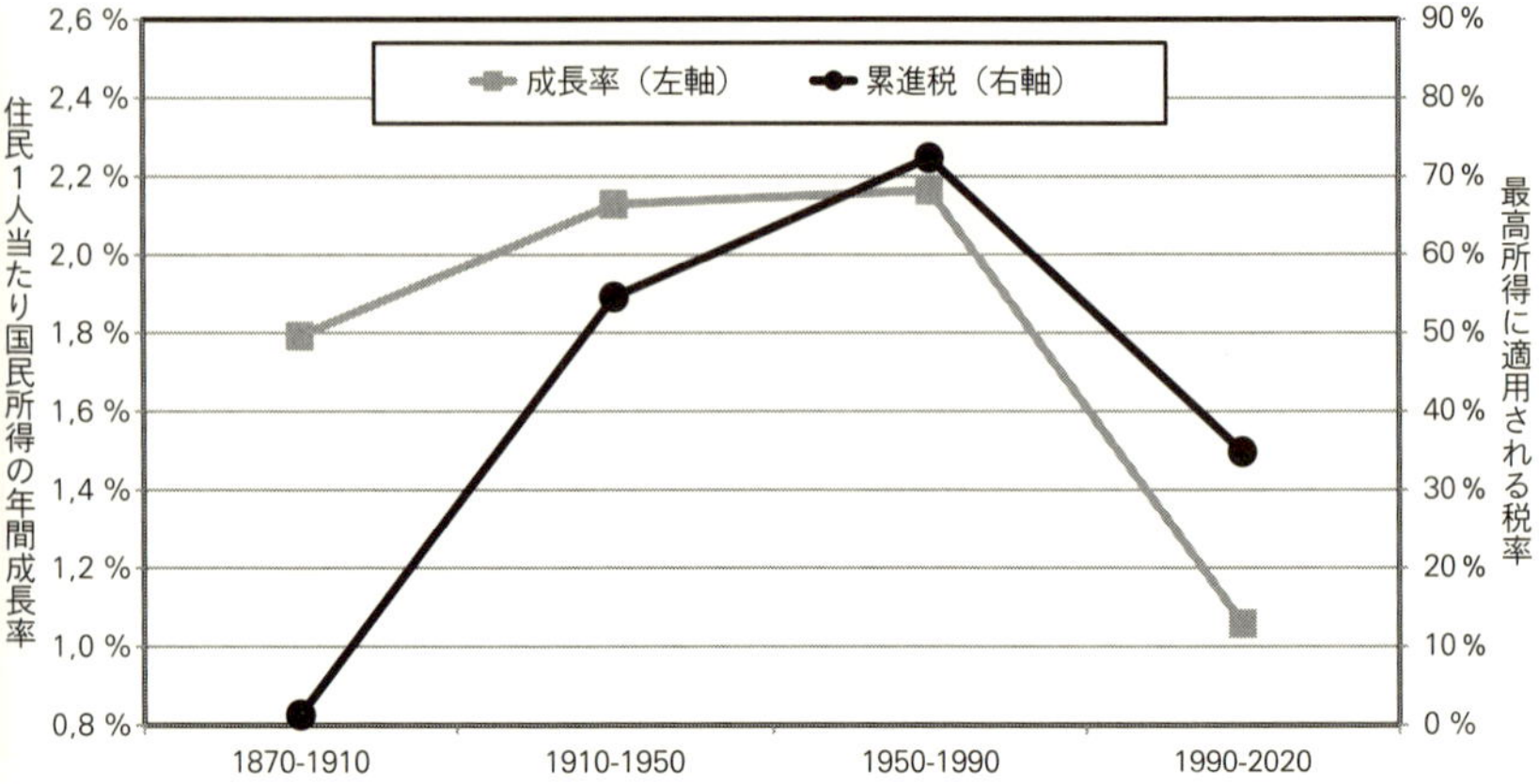

解説：アメリカでは、住民１人当たり国民所得の年間成長率は、1950—1990 年には 2.2% だったが、1990—2020 年には 1.1% に落ち込んだ。同じ時期に、最高所得に対する最高限界税率は 72% から 35% に下がっている。最高限界税率が下がったときには、予想に反して活発な成長は見られない。
出所と時系列データ：piketty.pse.ens.fr/egalite を参照。

参照)。所得と富の格差が一定レベルを超えて、さらに拡大し続ければ、経済の勢いにプラスになるはずがないのは明らかだ。[23] 要するに、現在入手可能なあらゆるデータから、ほとんど没収に近い税率が歴史的に大きな成功をもたらしたと考えていいようだ。累進性の高い税率が資産と所得の格差を大きく縮小し、ひいては中流階級や庶民階級の生活状況を改善し、社会国家政策を発展させ、経済的・社会的競争力を高めることができたのだ。歴史的に見て、経済の発展と人間の進歩を可能にするのは平等と教育の普及を求める闘いであり、資産や安定や格差を絶対視することなどでは決してない。[24]

植民地資産と公的債務の清算

社会国家、累進税に次いで、１９１４年から１９８０年の間に実現した「大再分配」を特徴づける第三の要因は、この時期に外国資産や植民地資産さらには公的債務の清算が実施されたことだ。

図6-6
ヨーロッパにおける私有財産　1870—2020年

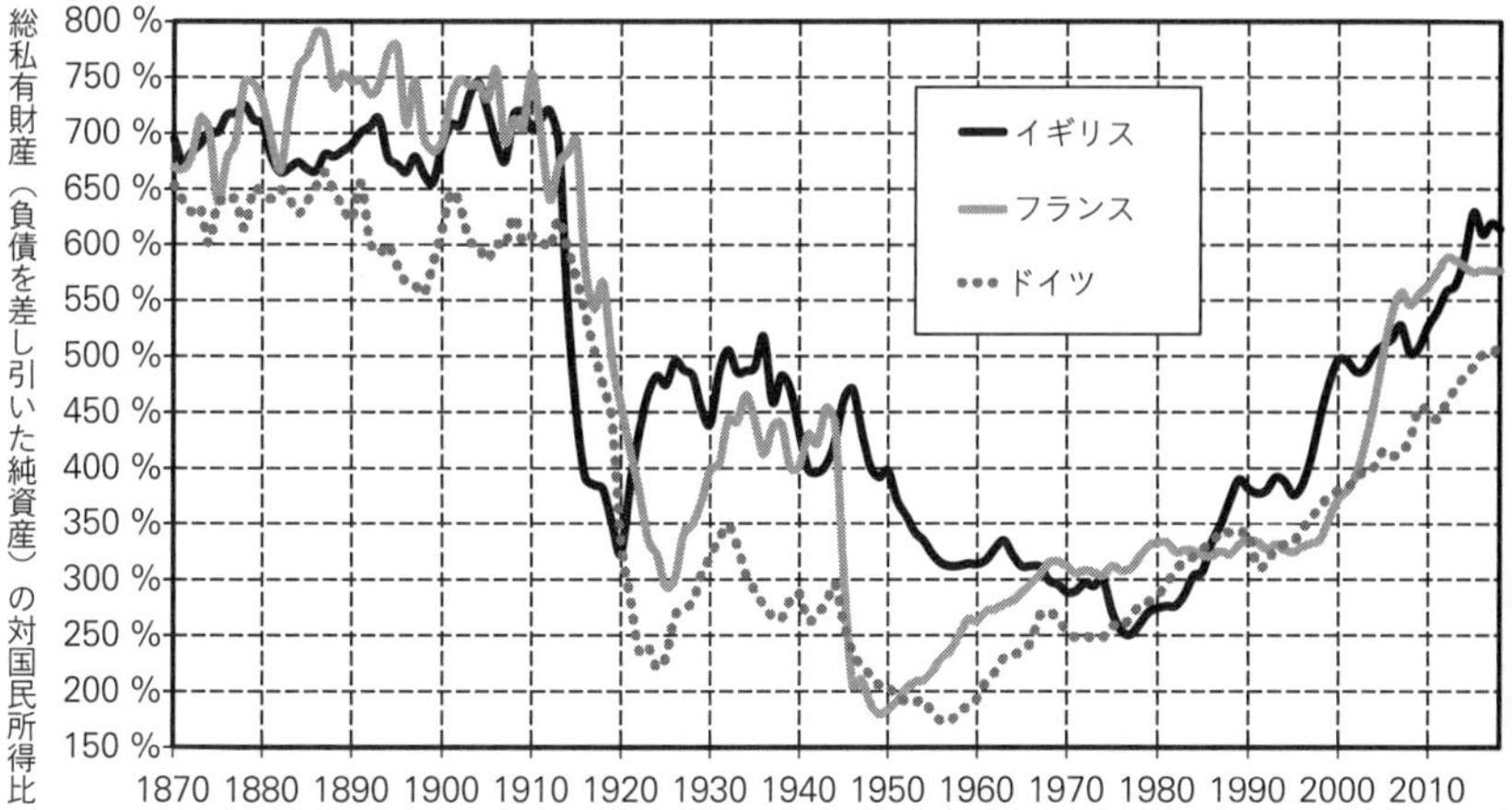

解説：西ヨーロッパでは、私有財産（不動産、事業用資産、金融資産から負債を差し引いた純資産）の市場価格は1870—1914年には国民所得6—8年分前後で、その後1914—1950年に下落し、1950—1970年には2—3年分に落ち着き、2000—2020年に再び5—6年分に増えた。
出所と時系列データ：piketty.pse.ens.fr/egalite を参照。

第一次世界大戦前夜、資産家の繁栄は揺るぎないように思われた。イギリスでもフランスでもドイツでも、私有財産の総価額は国民所得の6—8年分に相当する（図6-6参照）[25]。しかも、これらの資産は極端に集中していた。つまり、国内総資産の80—90%が最富裕層10%の手中にあった。その後、1914年から1950年までの間に、私有財産は文字通り崩壊した。私有財産の総価額は1950年代には国民所得の2—3年分に減少し、その後今日に至るまでゆっくりと上昇しているが、出発点に完全に戻ってしまうようなことも、かつてのように資産が極端に集中することも決してない[26]。このような私有財産の崩壊は、ひとつには二度の世界大戦での戦闘や爆撃によって多くの資産（工場、ビル、家屋など）が破壊されたことに起因する。具体的には、フランスやドイツでは、減少した私有財産の4分の1ないし3分の1が資産の破壊によるものだった（イギリスでは数%）。また、個人資産家の権利を徹底的に縮小するさまざまな政策（賃貸料の凍結、国有化、金融・経済規制、労働団結権など）がとられたことで同じくらいの私有財産が失われた。これらの政策は多岐にわたるが、いずれも、個人資産家にとっての資産の金銭価値を下げる政策であって、資産ユーザーにとっての資産の社会的価値を下げる政策ではないという共通点がある。つまり、実質価値の損失ではなく、権限の再分配である。最後に財産減少の第三の原因、しかも最も大きな割合（フランスやドイツでは3分の1ないし半分、イギリスではおよそ3分の2）を占める原因は、外国資産および公的債務の清算だ。[27] これも概して、資産の解体というより再分配である。つまり、植民地化された国の住民や戦後の納税者の自由が増したということだ。

この清算は二段階に分けて行われた。まず外国資産が消滅したり、あるいは公債に転換されたりし、次に公債が清算された。これらの出来事をよく理解するためにはまず、外国資産は、20世紀初めに歴史上かつてないほど、また今日まで一度も再現されていないほどのレベルに達していたという事実の重大さを認識する必要がある（図6-7参照）。1914年に、イギリスの資産家が保有する外国資産は国民所得の約2年分に達し（彼らの総保有資産の4分の1以上に相当する）、フランスの資産家についてはは国民所得の約1年半分に達していた（彼らの総保有資産の約5分の1に相当する）。これらの資産は、インドネシアのゴム・プランテーションあるいはコンゴの森林開発地など、植民地帝国内に保有している資産だけでなく、厳密な意味では植民地ではないが、イギリスやフランスが強力な支配関係を維持している多くの地域に保有している資産である。具体的には、オスマン帝国やイランの油田、ロシア、中国、ラテンアメリカの鉄道や公債あるいは民間債などだ。植民地資産や外国資産の比重はパリの文書館で個人レベルの資料を閲覧できる。1872年から1912年の間に、外国資産は相続財産総額の6％から21％に増加し、相続財産の最も多い層では、その比率はもっと大きい。[28]

図 6-7
歴史的に見た外国資産：
英仏植民地の突出

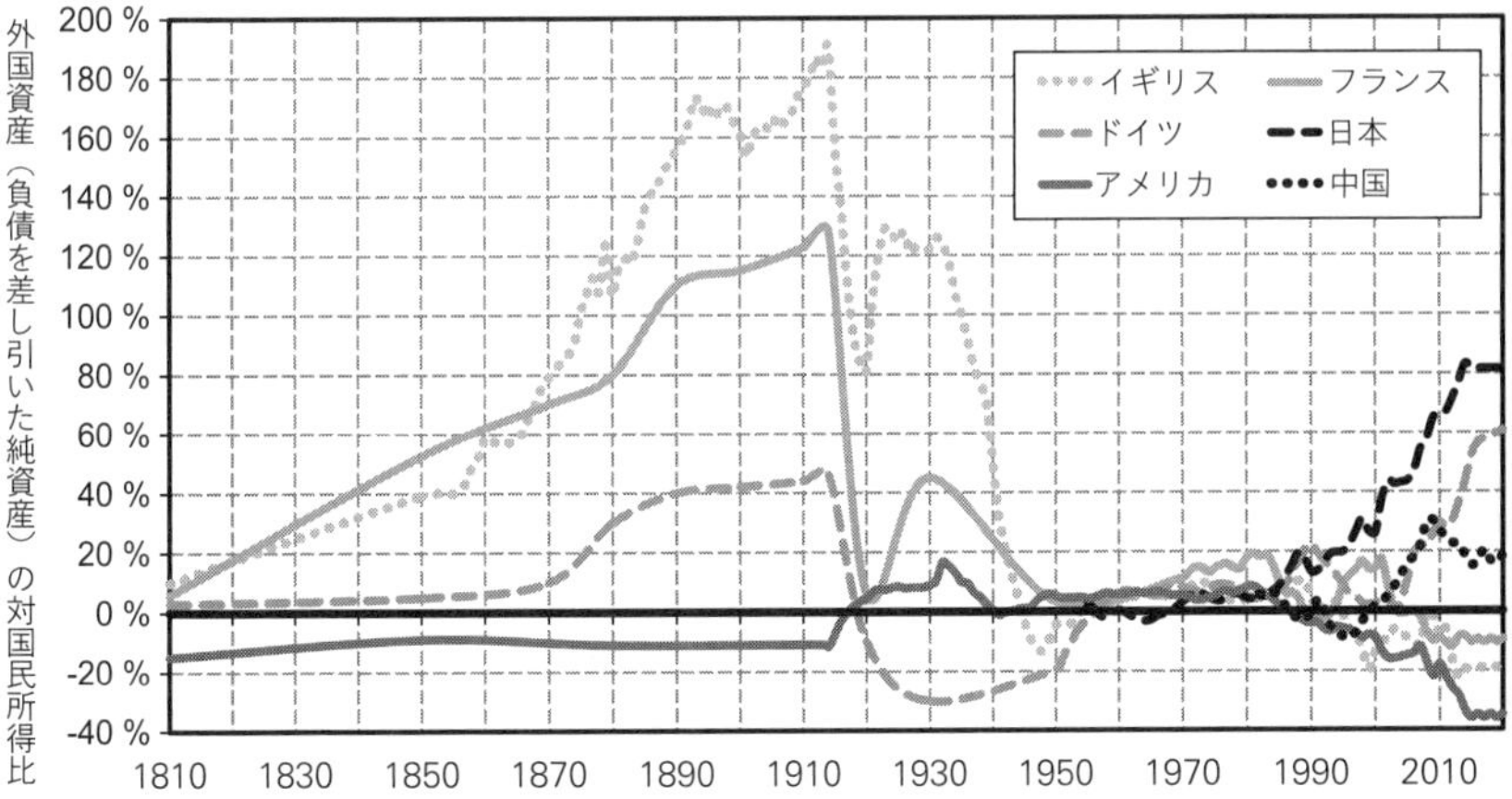

解説：純外国資産、つまり、調査対象国内に居住する資産家（政府を含む）が外国に保有する資産とその他の国の資産家が対象国内に保有する資産との差は、1914 年のイギリスでは国民所得の 191%、フランスは 125%だった。2020 年には、日本の純外国資産は国民所得の 82%、ドイツは 61%、中国は 19%になっている。
出所と時系列データ：piketty.pse.ens.fr/egalite を参照。

これらの国際投資は保有者にかなりの所得（利益、配当金、利息、賃貸料、ロイヤルティ）をもたらし、フランスの場合、国民所得の約5％が外国資産による所得であり（これは、フランスの最も工業化の進んだ北部および東部諸県の総工業生産高に等しい）、イギリスの場合は国民所得のおよそ10％にもなる。[29] これはまた、1880年から1914年までの間、世界の二大植民地列強が他の国々に対してほとんど永続的に貿易赤字であることが可能だったことを意味する（平均して国民所得の1－2％）。外国資産から得た利益は貿易赤字を十分に補填し、他の国を占有し続け、新たな資産を蓄積できるだけの資金を残していたからだ。実際、1880年から1914年まで、フランスとイギリスによる外国資産の蓄積ペースは、対外的理由からも対内的理由からも、長期的に容認できないほど度を越していた。対外的には、外国資産があまりに速いペースで蓄積されたため、その状況があと数十年も続けばヨーロッパ列強は世界の資産のほぼすべてを保有しそうな勢いだった。植民地収奪と外国資産保有に乗じて、ほぼ強制的な労働や低賃金労働、劣悪な労働条件、差別、またより広くは虐げられた人間の苦悩を無視する行動など、暴力や蛮行が横行した。(30) そんな状況は、むしろ国家解放運動の機運を高め、最終的な勝利へと導く原動力となり、二度の世界大戦がそれを加速させた。

ヨーロッパ内に莫大な資金が流入し、大きな利潤を生んでいることは誰もが知っており、植民地資産は激しい所有欲とライバル意識を掻き立てる一方だった。(31) ドイツは19世紀末から20世紀初めにかけてヨーロッパで人口が最も多い工業大国となったが、イギリスやフランスに比べると外国資産はずっと少なかった。１９１１年のモロッコ危機によって危うく戦争が勃発するところだったが、ドイツは最終的にモロッコとエジプトにおける仏英それぞれの権益を承認する１９０４年の英仏協商を受け入れ、その代償として（フランス領コンゴの一部だった）カメルーンを獲得した。これによって、戦争の勃発を数年先に延ばすことができたが、次に飛んだ火花はとんでもないものだった。

戦争の勃発によって外国資産は激減した。イギリスとフランスの外国資産は１９２０年代にわずかに回復したが、それは一部にはドイツの植民地資産を分け合ったためで、第二次世界大戦後、完全に消滅する。歴史上最も多かった外国資産は、１９１４年から１９５０―１９６０年代までの間に完全に消え失せた（図６―７参照）。これは、ある程度はいくつかの革命プロセスや独立戦争に伴う一連の収用によるものだ。１９１７年のロシア革命後、新しいソヴィエト連邦政府はロシア帝政が積み増した負債の返済を拒否することを決定した。１９１８年から１９２０年にかけてイギリス、フランス、アメリカの遠征軍がロシア北部に上陸して革命を抑え込もうとしたが成功しなかった。またこの時期の終わり頃、１９５６年にはエジプトがスエズ運河の国有化を決めた。スエズ運河は１８６９年に開通して以来、イギリスとフランスの株主に安定した配当をもたらしていたため、両国は、過去に何度もしてきたように、このときもまた軍事行動に出ようとした。しかしこのときはアメリカに押しとどめられた。アメリカは南側諸国をソヴィエト連邦の手中に落としかねないようなリスクを冒すことはできないと考えたのだ。こうして植民地列強はもはや存在しなくなった。

ヨーロッパの資産家は戦争の費用を調達するために資産を収用されただけでなく、戦争そのものによって痛手を負った。かつてないほど激しい戦争のために、外国資産の保有者らは資産の増加部分を売却し、当然のように政府に貸した。政府は、戦争が終われば全額返済する約束をしたが、その約束が守られることは決してなかった。第一次世界大戦後、フランス政府は資産家の財政難を救おうと、ヴェルサイユ条約でドイツに対して信じられないほどの賠償額を押しつけた。それはドイツの国民所得のおよそ300%にも相当する額で、ドイツはこれをのんだのだ。注目したいのは、この賠償額の国民所得に対する比率が1825年にフランスがハイチに課した賠償金（当時のハイチの国民所得の約300%）とほとんど同じであることだ。もっとも、ドイツはハイチと違い、自国を防衛できた。フランス政府にとってこの額には根拠があった。というのも、フランスは普仏戦争終結後の1871年に当時の国民所得の30%相当をドイツに支払わされているが、1914—1918年の戦争による損害ははるかに大きかったからだ。実際、体制は崩壊寸前だった。ヒトラーは、フランス軍が自国の資産を取り戻すためにルール地方を占領していた頃の1924年に執筆した『わが闘争』のなかで、人口が減少している国から課されたこの卑劣な年貢について繰り返し言及し、ドイツ国民が再び立ち上がり、それなりの植民地帝国を築き上げるためには、卓越した国力を形成することに尽きると結論づけている。(32) 1929年の大恐慌とその後の第二次世界大戦は、植民地資産を最終的に消滅させ、1914年まで世界を支配していた所有権主義および植民地主義と切り離すことのできない権力を崩壊へと至らしめた。

公的債務の帳消しのおかげで復興したヨーロッパ

1945年から1950年まで、ヨーロッパの主要国は国民所得の200－300％にも上る莫大な公的債務を抱えていた（図6－8参照）。そのほとんどは戦費調達のために少しずつ売却されてきた外国資産が30年後に公的債務として残っているものだ（図6－7参照）。ほとんどの国はこれらの債務を返済せずに、第一次世界大戦後にすでに経験した3つの措置、つまり、無条件の帳消し、インフレ、私有財産からの特別徴収を組み合わせて、経済・社会面の優先事項に取り組もうとした。フランスでは、1945年から1948年まで4年続けて、年間インフレ率が50％を超えていた。公的債務は、まるで爆撃で工場がすっかり破壊されるように確実に消滅した。問題は、公債をタイミングよく株式や不動産に換えて、ほとんど打撃を受けなかった富裕層がいる一方で、数百万人の少額預金者が破産してしまったことだ。そのため、1950年代には高齢者の慢性的な貧困が深刻化し、激しい不公平感を掻き立てることになった。1923年のハイパーインフレの苦い記憶がいまだに消えていなかった西ドイツでは、もっとスマートな解決策に頼った。1948年の通貨改革で100マルクの古い債券は新通貨1マルクの債券に置き換えられ、この換算のおかげで最少額の預金者が保護された。インフレを招くことなく債務が消滅したのだ。とりわけ、西ドイツの連邦議会は1952年、戦争被害や通貨改革によって価値を失った小・中規模の私有財産を補償する資金調達のため、（種類の如何にかかわらず）最も高額の金融資産、事業用資産、不動産資産から最高50％を源泉徴収する「負担調整 Lastenausgleich」措置を採択した。これは完璧なものでは決してないが、かなりの額に及び（1952年のドイツの国民所得の約60％に達し、30年間の分割で支払われた）、社会的公平性に基づいて国の復興を幅広く成功させた野心的な試みだった。[33] ドイツはまた、1953年のロンドン債務協定によって対外債務が支払い停止と

図6-8
公的債務：蓄積と帳消し

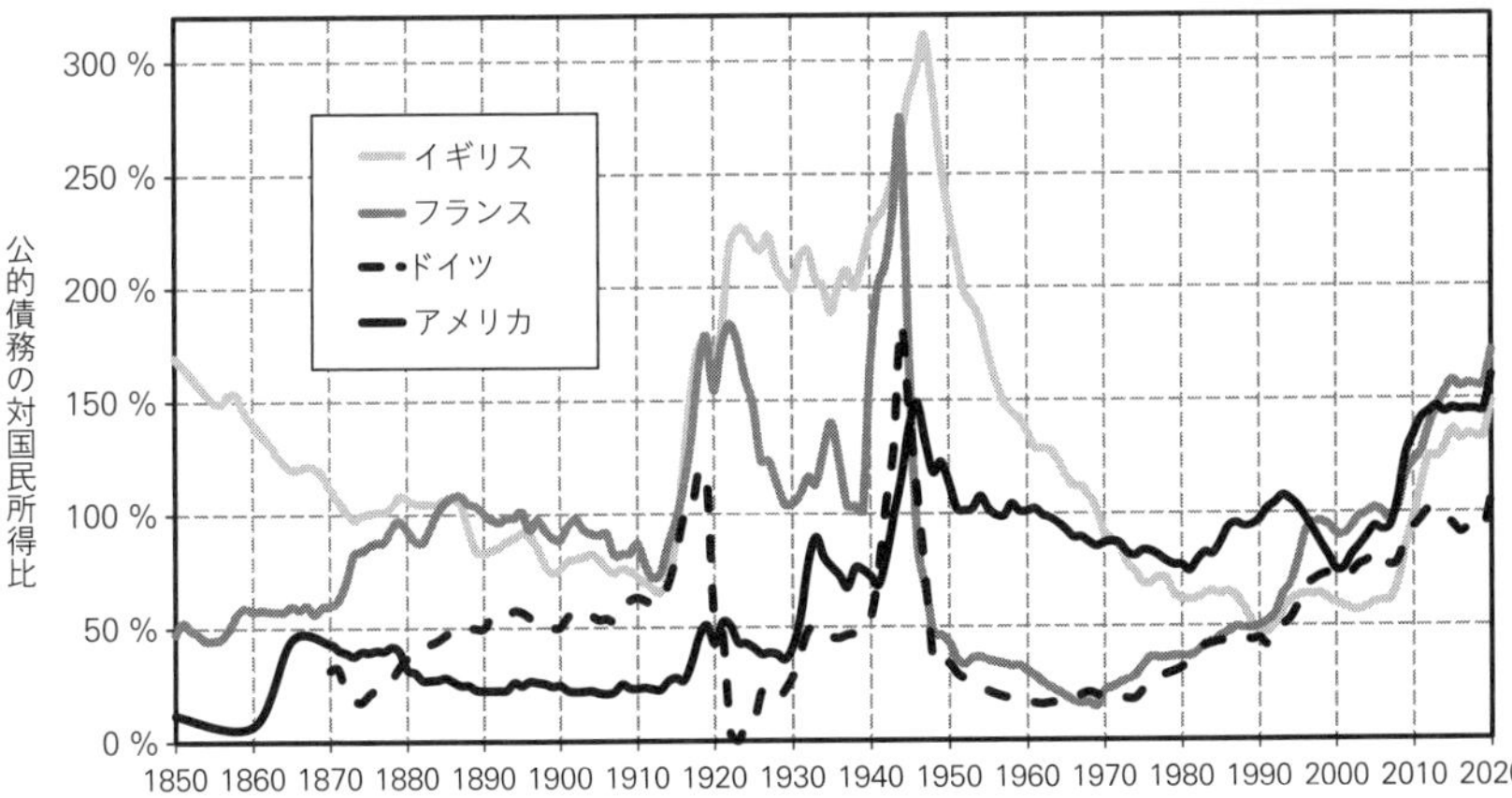

解説：公的債務は二度の世界大戦の後に大きく膨らみ、1945－1950年には国民所得の150－300%に達するまでになった。その後、ドイツでもフランスでも公的債務は（債務の帳消し、私有財産に対する特別税、インフレの高まりにより）急激に減少したが、イギリスやアメリカでは減少ペースが少しゆるやかだった。2008年の金融危機や2020年の感染症の拡大によって、公的債務は再び大きく増大した。
注：ここでは、ヴェルサイユ条約（1919年）によるドイツの債務（当時の国民所得の300%にもなったが、その返済は実際は決して開始されなかった）は考慮されていない。
出所と時系列データ：piketty.pse.ens.fr/egalite を参照。

なるという恩恵を受け、これにより復興、社会支出、インフラ、教育への投資に充てることができる余分な資金が増加した[34]。日本では、1946－1947年に適用された特別資産税の最高税率は90%にも達し、それによって戦争債務を急速に清算することができた[35]。

振り返ってみれば、これらの政策は、数年間で過去の債務を清算し、将来と復興に舵を切ったという意味で見事に成功したと言える。債務の帳消しもインフレも私有財産に対する特別税もなしに、くる年もくる年も予算の余剰金を用いて通常の方法で債務を返済しなければならなかったなら、2020年代初頭の今日もまだ、1914年以前の植民地資産や自国資産の相続人に利息を払い続けていることだろう。19世紀の所有権社会のイギリスでは、このような長期間にわたって金利生活者に債務を返還する政策が実際にとられていた。[36] 戦後にこんなことを押しつけることができた政府があっただろうか？ 今後十数年間に、このようなことを押しつけることができる政府があるだろうか？ それはわからない。しかし、1945―1950年になされた決断は、大きな政治論争を巻き起こし、激しい議論の的になったことを思い起こす必要がある。結局のところ、外国資産や公的債務の清算は、長い論争を経た末に、1914年から1980年までに実現した所得と資産の格差縮小と「大再分配」に大きな役割を果したのである。

7　民主主義、社会主義、累進税

さて、今度は将来に目を向けよう。1914年から1980年までに実現した「大再分配」は楽な仕事でもなければ、大宴会のディナーの準備のような大変なことでもなかったが、貴重な教訓を残してくれた。重要なのは、社会国家と累進税は資本主義を変えることができる強力なツールであるということだ。このような制度を求める運動が大きなうねりとなり、共通の関心事にならない限り、平等に向けた運動を再始動させることはできないだろう。こうした制度によって20世紀に成し遂げられたことの限界や、1980年以降、それらの制度が弱体化していった理由をしっかりと見極めることも非常に重要だ。とくに、金融の自由化と資本の自由な移動が及ぼす弊害、そして、そこから抜け出すために必要な戦略的な結論について詳しく触れたい。

平等の限界――資産の極端な集中

まずは20世紀に起こった平等への歩みがどれほど限定的なものであったかを思い起こす必要がある。最も衝撃的なのは、資産の極端な集中が依然として続いていることだ（図7-1参照）。ヨーロッパでは、確かに長い年月をかけて「中産階級」が台頭してきた。最貧層50％と最富裕層10％の間に位置する40％は、191

図 7-1
財産の極端な集中の持続

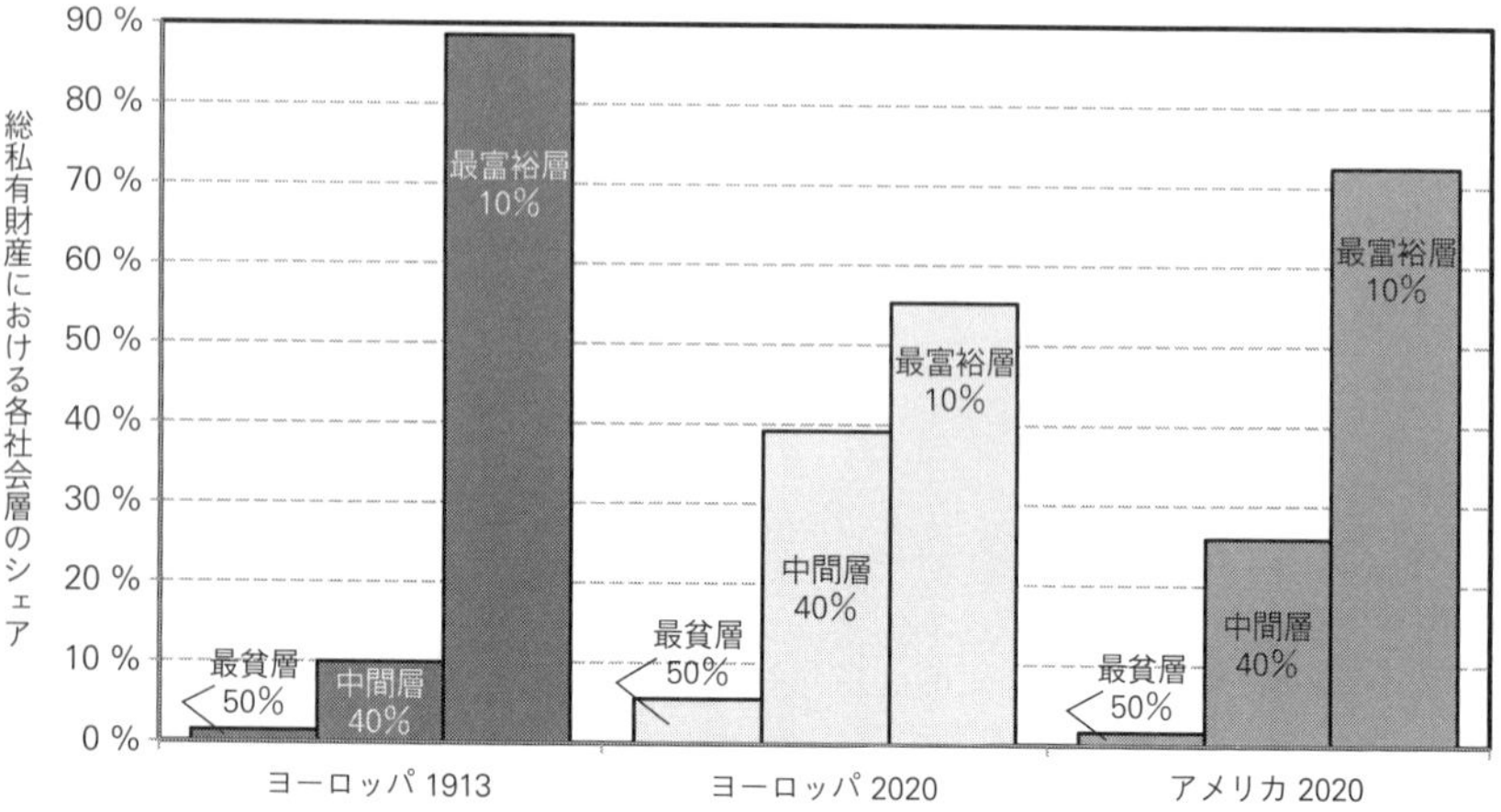

解説：ヨーロッパでは、1913年に最富裕層10％の総私有財産におけるシェアは（イギリス、フランス、スウェーデンの平均で）89％に達していたが（最貧層50％のシェアは1％）、2020年には56％（最貧層50％は6％）で、アメリカでは72％（最貧層50％のシェアは2％）だった。
出所と時系列データ：piketty.pse.ens.fr/egalite を参照。

3年には国内総資産のせいぜい10％余りを所有する程度だったが、2020年には、主に不動産の形で総資産の40％を所有するまでになっている[1]。ところが、最貧層50％は2020年になっても相変わらずほとんど何も所有していないも同然（総資産の5％）なのに、最富裕層10％は総資産の55％も所有しているのだ。言い換えれば、最貧層50％の1人当たりの平均保有資産は最富裕層10％の平均保有資産の500分の1以下であるということだ（最貧層人口は最富裕層の5倍も多いのに、保有資産総額は最富裕層の10分の1以下である）。アメリカの状況はさらに極端だ。2020年に最貧層50％は総資産の2％そこそこを保有しているにすぎないが、最富裕層10％は総資産の72％を保有し、中産階級は26％を保有している。2020年現在、アメリカにおける資産集中度は、1913年当時のヨーロッパの資産集中度と2020年のヨーロッパの状況の中間だが、1913年のヨーロッパの状

図 7-2
ヨーロッパおよびアメリカにおける財産　1900—2020 年：中産階級の誕生と脆さ

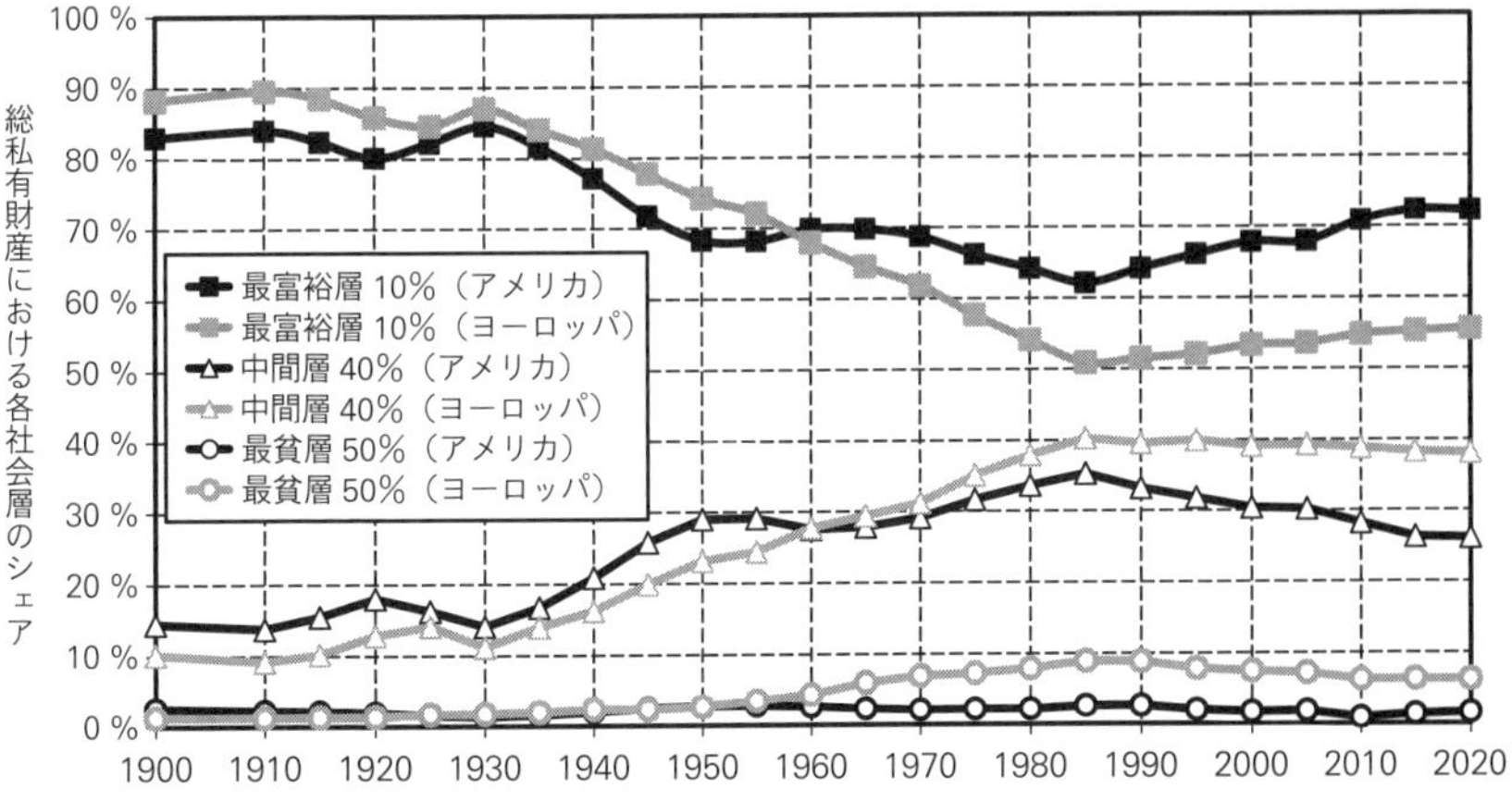

解説：ヨーロッパでもアメリカでも 1914 年から 1980 年までの間に、総私有財産（不動産、事業用資産、金融資産から負債を差し引いた純資産）における最富裕層 10% %のシェアが大きく下がった一方で、とくに最富裕層 10%と最貧層 50%の間の中間層 40%のシェアが上がったことがわかる。この傾向は 1980 年から 2020 年の間にやや反転している。とくにアメリカでその傾向が強い。
注：ここに示されているヨーロッパの推移に関する数値はイギリス、フランス、スウェーデンの平均値。
出所と時系列データ：piketty.pse.ens.fr/egalite を参照。

況に近づきそうな勢いだ。

驚くべきことは、格差という点でアメリカとヨーロッパ諸国の立場が20世紀中にすっかり入れ替わったことだ（図7－2参照）。20世紀初頭には、アメリカよりヨーロッパのほうが資産の集中度は高かった。ヨーロッパの資産は、主に植民地資産や外国資産（イギリス、フランス）と不平等な所有権主義の社会・政治制度（スウェーデン）に支えられていた。そんな状況では、労働者階級は、可能ならもっと高い賃金を求めてアメリカに移住していたことだろう。ところが、二度の世界大戦が起こり、新しいルールを認めさせてヨーロッパの状況を変えようとする組合運動や政治運動が盛んになると、状況は一変する。ヨーロッパでは、より広範で野心的な社会国家政策が敷かれたため、アメリカに比べ格差が目に見えて縮小された。グラフの曲線は1960－19

70年代に交差し、1980年代以降、反対方向に広がっている。アメリカの中産階級の資産シェアは、1980年代初頭にはヨーロッパの中産階級とほぼ同じレベルだったが、1985年から2020年の間に4分の1以上減少し、最貧層50%の資産シェアはさらに減っている。ヨーロッパでは、資産格差の拡大はそれほど顕著ではないが、中間層40%の資産シェアは徐々に低下し、またとりわけ最貧層50%のシェアは（非常に低いレベルから始まっているのだが）やはり徐々に低下している。いずれの国も、もろ手を挙げて喜んだり、教訓を与えられるような状況にはない。1980年代以降、いたるところで実施された経済・金融緩和政策によって、最も豊かな金融資産家は恩恵にあずかったが、ささやかな資産しか持たない者には何の恩恵もなく、しばしば債務超過の憂き目にあった。

所得の格差も1980年代以降に拡大し、その傾向はアメリカで一層顕著だという同じような変化が見られる（図7－3参照）。これもまた入手できるあらゆる資料から、この変化は社会・税・教育・金融制度の政策転換によるものであることがわかる。アメリカでは、厳しい反労働組合政策と連邦最低賃金の下落が最低所得が下落する決定要因となった（インフレが徐々に進んだため、1970年代に時給11ドルだった最低賃金は2020年には7・2ドルにまで下がり、今日、多くの民主党議員は最低賃金の引き上げを望んでいる）。公的医療保険（高齢者および障害者向け医療保険制度であるメディケアや、低所得者向け医療費補助制度であるメディケイド）関連の社会移転などを考慮しても、この状況はわずかに緩和されるにすぎない。(2) 最富裕層の資産が再び大きく増加し、とりわけアメリカで経営陣の報酬が著しく暴騰したのは、アメリカで1932年から1980年にかけてピークに達した累進課税が台無しにされ、その後、1980年代の「保守革命」が繰り広げた運動によって、税制が別の方向に同じような勢いで向かっていったからだ。一方、ヨーロッパでは社会国家政策と税制改革によって格差が再び拡大するのをいくらか抑制することができた。1910年代には最富裕層10%が総所得

図7-3
所得の格差：ヨーロッパとアメリカ　1990−2020年

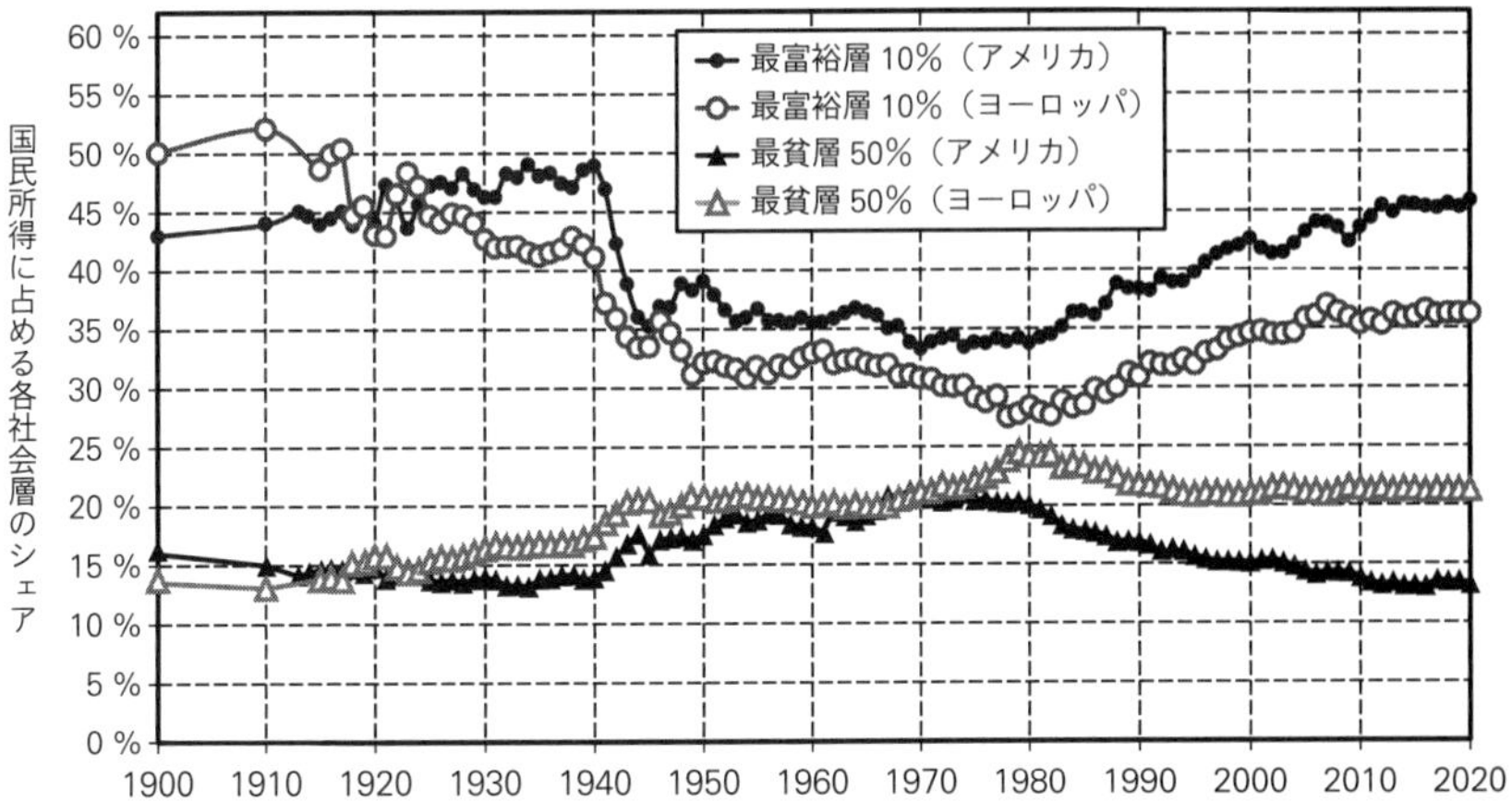

解説：ヨーロッパでは所得格差は1980年以降に再び広がっているが、1900−1910年の時期に比べれば拡大レベルは明らかに小さい。アメリカでは格差拡大のレベルがずっと大きい。いずれにしても、ヨーロッパでもアメリカでも格差は非常に大きいままだ。最富裕層10%の人口は最貧層50%の5倍以下なのに、最富裕層10%の総所得に占めるシェアは最貧層50%よりずっと多い。
注：ヨーロッパの推移に関する数値はイギリス、フランス、スウェーデンの平均値。
出所と時系列データ：piketty.pse.ens.fr/egalite を参照。

の52%を占めていたが、１９８０年代は28%、２０２０年代には36%となっている。最貧層50%の所得シェアは１９１０年代には13%だったが、１９８０年代には24%に増加し、２０２０年代に再び21%に減少した。要するに、２０２０年代の所得格差は１９１０年代より明らかに縮小し、20世紀の間に平均所得が著しく増加した。それでもやはり、格差は依然として非常に大きいことを忘れてはならない。ヨーロッパ社会が強烈な階層社会でなくなったことは一度もなく、過去数十年間に、貧富の差は再び目に見えて拡大し始めた。実現した進歩は自画自賛の材料にするのではなく、次の進歩に生かすために用いるべきであるのに、あらゆる偽善や断念を正当化する口実として使われることがあまりに多い。

社会国家と累進税――資本主義の徹底的な変革

平等への歩みを追求する最も自然な方法についてはすべて語り尽くしたように思う。つまり、社会国家政策や累進税をはじめとして、20世紀の間に起こった平等に向けた動きや、人間の進歩と繁栄を可能にした諸制度を徹底的に調べ、それらを広く推し進める必要がある。しかし、さらに前に進もうとするなら、こうした制度が直面した限界や、1980年以降にこれらの制度が弱体化した要因を十分に理解することも不可欠だ。1914年から1980年に諸制度の変革を可能にしたのは社会・政治闘争である。新たなステップに向けて社会全体が強力に結集しなければ、前には進めないだろう。レーガンやサッチャーが断行した保守革命は1980年代以降の平等への歩みにとって大きな弊害となったが、それは、保守革命が支配層の間で広く支持され、メディアやシンクタンク、政治資金を介して保守革命のインフルエンサーとなる強力なネットワークが構築されたためだけではない（もちろん、そうした要因が大きいのは明らかだが）。それはまた、平等を求めて団結する勢いが弱まったからでもある。保守革命に対抗する論陣を張り、社会国家や累進税をめぐる十分に強力な大衆運動を展開することができなかったのだ。

だからこの段階で最も重要なのは、こうした理論を再構築し、社会国家や累進税が間違いなく資本主義を徹底的に変えることができることを示すことだ。その理論をとことん推し進めれば、こうした制度は、環境に配慮し、多様な人種が共生し、分権化され、自主的に管理する新しい形の民主社会主義に向かう重要なステップとなる。この新しい形の民主社会主義の下では、別の世界、つまり、今の世界よりずっと解放的で平等な世界を構築できる。歴史上、社会主義運動や共産主義運動はかなり特異な綱領、つまり生産手段の国有化や中央司令型経済を中心に構築され、失敗しても、綱領が根底から置き換えられることは決してなかった。それに引きかえ、社会国家そして何よりも累進税は、資本主義の本質的な論理を覆すことができない「軟弱な」社会主義と思われることが多かった。フランスでは第一次世界大戦以前に、急進政党が「私有財産を尊重する社会改革」ともいえる累進税を提案していた。社会主義者たちは、実際に生産過程の核心に踏み込むことも、生産過程における社会関係を見直すこともせずに、資本主義体制が生み出す格差を事後的に縮小させるだけの改革には懐疑的だった。そんなことでは、プロレタリアート革命に向かおうとする労働者の歩みを緩めかねないだろうと考えていたのだ。こうした歴史的な由来や論争は議員たちに広く影響を与え続けている。私はそのような歴史的由来や論争を検討するのが急務だと思う。それには、いくつかの理由がある。

第一に、すべては税の累進性の程度に左右されるのは明らかだからだ。最高税率が2％の累進税と、税率が90％まで上昇する累進税ではまったく違う。20世紀の経験から、富裕層の頂点にいる人々にほとんど没収に近い税率を適用することで格差是正を実現できることが実証されたが、この重要な歴史的教訓はあまり知られていない。次に、累進税の問題は社会国家と切り離して検討すべきではないということだ。社会国家の構築は20世紀を通して富の共有化に向けた強力な動き（それに伴い、ヨーロッパの主要諸国では1914年以前の税収は国民所得の10％に満たなかったが、1980—1990年代になると40—50％にまで増えている）によって実現したことはすでに見てきたが、そのことは、市場の論理抜きで、広範な経済部門の活動、とくに保健医療や教育、文化、交通、エネルギーなどの活動を組織することがまったく可能であるということを示している。そのようなプロセスをどこまで進めるか、関係する部門のリスト、さまざまな部門で将来に展開される分権化された参加型組織の形態（病院、ケアセンター、学校、大学、社会福祉団体や財団、行政機関や地方自治体、協同組合や地方公共団体など）、あるいはそれらの組織に割り当てられる共同出資の規模や形式（おそらく国民所得の60—70％、あるいはそれ以上になる日がくるだろう）などについては、誰も事前に決めることはできない。[3] 反対に確かなのは、共同出資のシステムが公正な税制と社会という妥協を許さない概念に基づいているという確信を取り戻すことができなければ、富の共有化への新しいステップを構想することは不可能だということだ。最高所得および最高資産による明確で検証可能な税負担がなければ、つまり累進税が文字通り一新されなければ、社会国家構築のため、また脱商品化への歴史的なプロセスのための新たなステップを踏み出すことはできない。

また、20世紀に実際に機能した累進税は、さまざまな所得層や資産層から徴収した税金をより公正な方法で再分配できただけでなく、課税前の格差も大きく抑えることができたことも思い起こす必要がある。再分配だけでなく事前分配という意味でのこの役割は絶対に重要なものであり、累進税は、労働組合の権利や取締役会における従業員代表の参加など他の制度と組み合わせれば、生産過程の核心にさえも介入できるひとつの形であることを示している。念を押すが、累進税（とくに最高所得に80－90%の税率を適用）によって可能となる給与レベルの徹底的な削減は、市場部門で対等に張り合うために欠かせない条件である。ＩＴ関連の資本主義企業が、市場で最も優秀なＩＴ技術者のほとんどを引き抜くために法外な報酬を支払えば、報酬の規制を担う公的機関の仕事をひどく複雑にしかねない（より大きな賃金格差を目指す追い抜きレースを助長することを選ぶなら別だが）。金融や司法部門でも同じことだ。給与を1から20あるいは1から１００までの等級に分けるのをやめて、1から5等級までに簡素化することは、分配の公平性の問題だけではない。公的規制や、現行の経済組織に取って代わる経済組織を展開するために有効なひとつの目標でもある。

最後に、社会国家政策および累進税によって所得や、とりわけ資産の格差縮小がある程度達成できたとはいえ、限界があることを考えると、その限界を乗り越える方法を見つける必要がある。所得格差については、すでに指摘したように１９８０年以降に格差が再拡大したのは、一部には税の累進性が後退したためであり、インセンティブや効率性という面から考察しても正当化できるものではなかった（なぜなら、格差の再拡大によって経済成長率は逆に2分の1に下がったのだから）。税のより強い累進性を回復することができれば、賃金格差を再び縮小することができるだろう。このようなアクションは他の数々の手段、とりわけ職業訓練の機会均等、従業員やその代表者たちのための交渉権などと併せて取り組むべきだろう。現在、ヨーロッパの多くの国で実施されているベーシックインカム制度には不十分な点が多々あり、若い人々や学生、ホームレスや銀行口座を持たない人々はアクセスしにくい。該当者が請求しなくても給与明細と銀行口座の情報に基づいて自動的に支払われるシステムにして、低賃金労働者や事業所得者に普及させ、このシステムを累進税（および源泉徴収）と組み合わせることも重要だ。ベーシックインカムに想定されている金額は、提案によって幅はあるが、おおむねフルタイム労働の最低賃金の半額ないし4分の3というささやかな金額だ。これでは、当然のことながら格差対策の一部にしかなりえない。ベーシックインカムは最低限の生活を支えることができ、それは重要なことだが、それで満足していてはならない[4]。

ベーシックインカムを補完するものとして適用できると思われる、さらに野心的な手段が雇用保証制度であり、近年、「グリーン・ニューディール政策」に関する議論の一環として提案された。その狙いは、雇用を希望するすべての人に、まずまずのレベルの最低固定給（アメリカでは時給15ドル）でのフルタイム労働を提供することだ。そのための資金は連邦政府が保証し、雇用は、公共・準公共部門（地方自治体、公共団体、非営利団体）の雇用部局が提供する。ルーズヴェルトが1944年に宣言した「第二の権利章典」とマーチン・ルーサー・キングが1963年に主導した「雇用と自由のための大行進」の志を継いだ、このような雇用保証制度は、労働力の脱商品化を進め、またとくに個人向けサービス、エネルギー転換、建物の改修など、さまざまな需要を共同で定義しなおすプロセスに大いに役立つだろう[5]。

所有権と社会主義――分権化の問題

さて、資産の格差と所有権制度の問題に移ろう。長いスパンで見ると、資産の極端な集中が長く続いていることに改めて驚かされる。とくに衝撃的なのは、最貧層50%の人々がこれまで実質的にほとんど何も所有してこなかったことだ。経済成長によって富が分散されるのを待てばいいという考えはまったく意味がない。そんなことがあるのなら、ずっと前に効果が出ているはずだ。この状況から抜け出すための最も自然な解決策は、すべての国民が一定の最低相続額を受け取ることができるような相続財産の再分配制度を考えることだろう（図7－4参照）。具体的なアイデアとしては、最低相続額を成人1人当たり平均資産の60%相当とし（現在のフランスのように平均資産がおよそ20万ユーロだとすれば、12万ユーロになる）、すべての国民に25歳になった時点でこれを支給する。この給付金は、累進資産税および累進相続税として徴収する国民所得の約5%相当で調達できるだろう。その場合、社会国家政策（ベーシックインカムおよび雇用保証を含む）やエコロジー政策のための費用は、社会保険料、炭素カード、累進所得税を統合したシステムで賄い、これは国民所得の約45%相当になる（表7－1参照）。

この「みんなの遺産」の第一の目的は、ほとんど何も所有してないすべての人（これは国民の約半分に相当する）の交渉力を向上させることだ。何も所有していなかったり、あるいはもっと悪いことに借金しかなかったりすれば、ほとんどの場合、どんなに低賃金でも、どんな労働条件でも受け入れざるをえない。ベーシックインカムや最低賃金での雇用保証は、この状況を改善し、パワーバランスを取り戻させるための貴重なツールに違いないが、残念ながらそれだけでは十分でない。けれども、ベーシックインカムや雇用保証、そして社会国家の下でのあらゆる権利（無償教育、無償医療、退職年金、再分配色の濃い失業保険、労働組合の権利など）に加えて、10万ユーロなり20万ユーロなりを持っていれば、状況を大きく変えることができる。[6] 意に沿

図 7-4
遺産の再分配

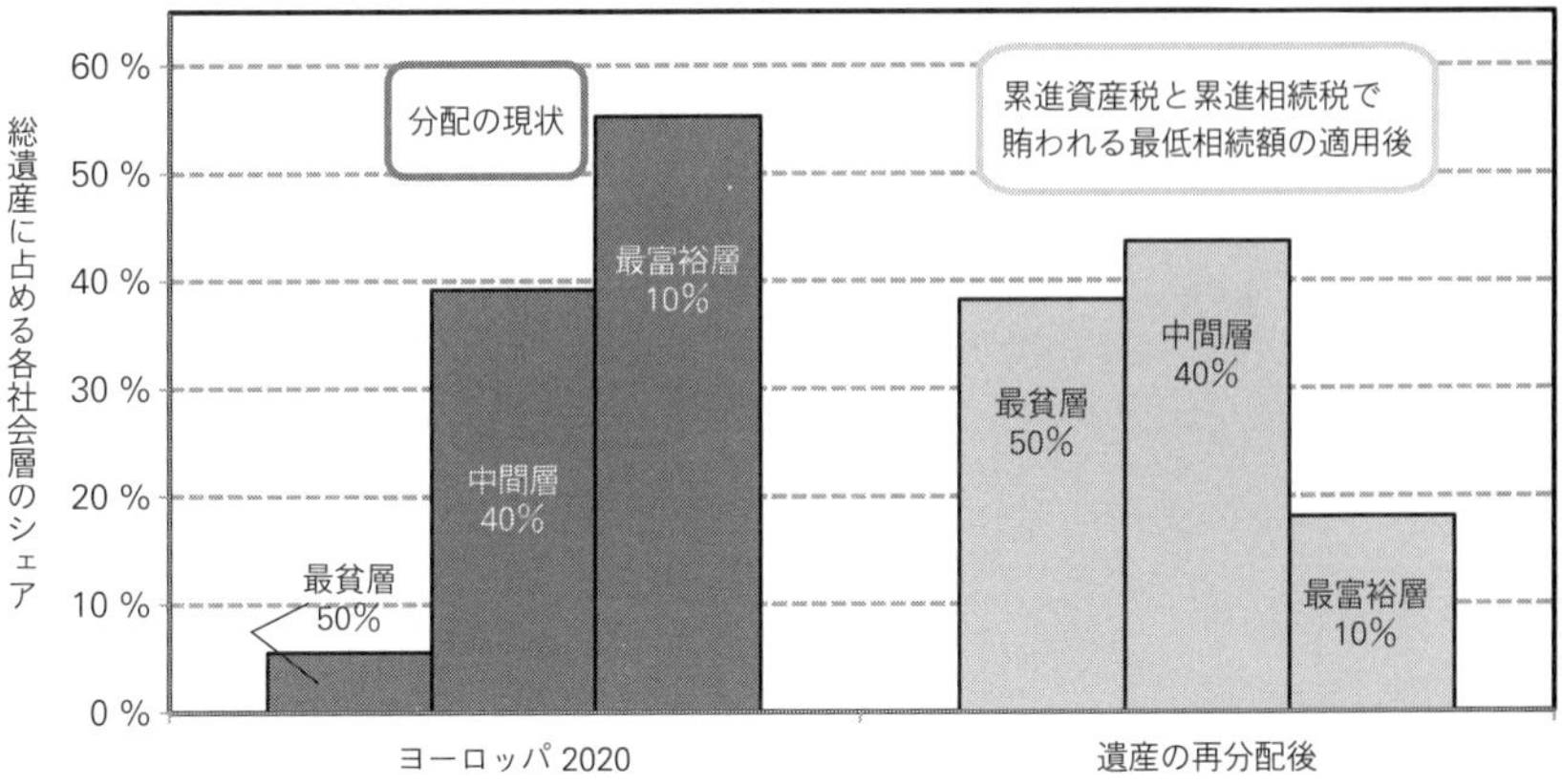

解説：2020 年にヨーロッパでは最貧層 50%の総遺産に占めるシェアは 6%なのに対し、中間層 40%のシェアは 39%、最富裕層 10%は 55%である。累進富裕税および累進相続税で賄われる「みんなの遺産」（25 歳になった時点で支給され、平均資産の 60%相当の最低相続額）が適用された場合、最貧層の総遺産に占めるシェアは 36%になるだろう（中間層は 45%、最富裕層は 19%）。
注：ヨーロッパの推移に関する数値はイギリス、フランス、スウェーデンの平均的数値。
出所と時系列データ：piketty.pse.ens.fr/egalite を参照。

わない雇用の提案は断ることができるだろうし、住居を取得したり、個人的なプロジェクトに身を投じたり、小さな企業を設立することだってできるかもしれない。このような自由があれば、労働者はもはや雇用主や資本家の言いなりにならずに、彼らをたじろがせることができるし、他の人々を喜ばせることができる。

はっきりさせておくべきことがいくつかある。まず、ここに示した数字は単に例として示したもので、もっと思い切った目標値を定めることもできるだろう。累進課税や給付金制度を適用すると、ここで提示したパラメータでは、現在、何も相続していない者（最貧層50%のほぼ全員）は12万ユーロを受け取り、100万ユーロ（最富裕層10%の平均相続額に相当するが、この層のなかでも大きな格差がある）を相続する者は60万ユーロを受け取ることになる。これでも、観念的かつ理論的に擁護されている原則である機会の平等にはほど遠い。しかし特権階級はこうした

表 7-1
資産循環と累進税

累進資産税（すべての若者に支給される給付金「みんなの遺産」の財源）

平均資産の倍数	年次資産税（実効税率）	相続税（実効税率）
0.5	0,1 %	5 %
2	1 %	20 %
5	2 %	50 %
10	5 %	60 %
100	10 %	70 %
1000	60 %	80 %
10000	90 %	90 %

累進所得税（ベーシックインカム、雇用保証、社会・環境国家政策の財源）

平均所得の倍数	実効税率（炭素税と社会保障負担金を含む）
0.5	10 %
2	40 %
5	50 %
10	60 %
100	70 %
1000	80 %
10000	90 %

解説：提案している税制では、累進資産税（年次資産税と相続税）で成人に達した若者に対する一律給付金（みんなの遺産）を賄い、累進所得税（社会保障負担金と炭素排出に対する個別税も含む）でベーシックインカムと社会・環境国家政策（保健医療、教育、年金、失業保険、エネルギーなど）の費用を賄う。このような資産循環の仕組みは、企業における従業員代表と株主の権限の共有とともに参加型社会主義の構成要素となる。
注：ここで挙げた例では、累進資産税は国民所得の約5%の税収をもたらす（具体的には、年次資産税が国民所得の4%、相続税が国民所得の1%の税収をもたらし、これにより、すべての若者に25歳になった時点で平均資産の60%相当の給付金を支給することができる）。また、累進所得税は国民所得の約45%の税収をもたらす（国民所得の5%の税収でベーシックインカムと雇用保証を、国民所得の40%の税収で社会・環境国家の費用を賄うことができる。）
出所と時系列データ：piketty.pse.ens.fr/egalite を参照。

制度の適用が具体的に検討され始めると、途端に疫病神に対するような警戒心を持つ。さまざまな条件を抜きにして、（そして私の希望的観測では）相続財産の再分配をもっと推し進めることはまったく可能だろう。

また、提案した資金調達システムは20世紀にすでに適用されていたものに近い税率表、つまり、平均以下の所得と資産には数%の税率、最高額の所得と資産には80－90%の税率で計算している点も指摘しておこう。斬新で重要な点は、所得税や相続税だけでなく、年次資産税にも同様の税率を課すことを求めていることだ[7]。20世紀に実現していた資産の再分配よりもさらに大規模な再分配を実現したいのであれば、これは絶対に欠かせない。年次資産税をきちんと適用して管理すれば、相続税よりはるかに多くの税を徴収し、各人の納税能力に応じた負担額をより適切に配分できる。(8) 財団やその他の非営利団体が保有する基金に対しては、少数の組織体に権利が過度に集中することを避け、あまり豊かでない組織が発展できるように、特別の税率表を適用することが理想だろう。(9)

さらに、資産を再分配するだけでは資本主義を克服するのに十分ではないということも明確にする必要がある。大資産家を、彼らと同じように貪欲で、自分たちの行動が社会や環境にどんな影響を及ぼしているかなど少しも気にかけないような中小資産家に置き換えることだけを目標にするならば、限られた効果しか得られないだろう。ここで述べている提案は、それとは違う性質のものだ。資産の再分配には累進性の非常に高い税率、しかも必要に応じてさらに厳しくできる累進税が欠かせない。そうすることで、人が資産を蓄積し、際限なく環境を汚染することを避けることができる。(10) 「みんなの遺産」の利用を、たとえば住居の取得あるいは社会や環境に貢献する企業の設立を目指すプロジェクトに限定するなど、規制することも考えられる。最低相続額を受け取る庶民階級だけでなく、すべての相続財産、すべての相続人に同じルールを適用するのであれば、議論するのは当然のことだ。

そのうえで主張したいことは、ここで提案した「みんなの遺産」の構想は、ベーシックインカムと雇用保証（この二つは、「みんなの遺産」より先に優先的に実施されるべきだと私は考えている）と併用されるのでなければ意味がなく、より広くは、経済の段階的な脱商品化を目指す社会国家政策に追加要素として組み込まれるのでなければ意味がない。とくに、教育、保健医療、文化、交通、エネルギーといった分野での基本的な財とサービスは、市場領域のらち外、つまり、公共機関や自治体、社会福祉団体または非営利団体で扱うのがふさわしい。この広大な非営利部門は拡大されるべきだが、「みんなの遺産」を投資できる営利部門は、住居や小企業（とりわけ手工業、商店、ホテル・レストラン、修理業、コンサルタントなど）のような限られた事業に徐々に限定されるだろう。

最後に強調したいのは、ここで問題にしている「みんなの遺産」のような小・中規模の資産は、資本の多様なユーザーとの権限の共有に立脚した法的枠組み、また資産の蓄積や永続保有の可能性を徹底的に制限する税制の枠組みに入るという意味で、厳密に私有財産としてよりも一時所有や社会所有として捉えられるべきだということだ。営利部門の企業における権限の共有については、すでに言及したように、従業員と株主の議決権を50対50に分け合い、ごく小さな企業の唯一人の株主従業員は議決権の過半数を保持できるが、従業員が10人以上になるとその権利を失うというふうに、会社の規模に応じて個人株主の議決権を厳しく制限する「参加型社会主義」システムを適用することを提案する。[11] 議決権は従業員の勤続年数に応じて配分することも考えられる。同様に、賃貸住宅の借家人は、賃借年数に応じて徐々に永代使用権に近い権利を得ることも考えられる。[12] 1970―1980年代にスウェーデン労働組合総連合（LO）所属のルドルフ・メイドナーと同僚たちによって考案された「労働者基金」についての議論が、近年、再燃している。主に最大規模の企業が対象となるこの制度は、雇用主が毎年、利益の一部を労働者基金に積み立てることが義務づけられ、20年後には従業員がその企業の資本金の52％を徐々に管理できるようになるというものだ。[13]（株式を保有しているか否かにかかわらず、従業員に議決権の一部を保証する）労使共同経営制度を補完することを目指すこの提案は、スウェーデンの資本家らから激しく反対され、採択されることはなかった。近年、アメリカ議会で一部の民主党員（とくに、バーニー・サンダース、アレクサンドリア・オカシオ＝コルテス）がこの案の審議を提案し、またイギリスの労働党の公式綱領に取り上げられた。[14] その他にも、地方や自治体レベルで公共投資のための資金を増やすための革新的な案が策定されている。[15] ここでの目的は議論をまとめることではなく、むしろ、議論がどれほど広がりを見せているかを示すことだ。権限と民主的な経済の具体的な形については、まだま

だ見直すべきことがたくさんある。(16)

分権化した自主管理による民主社会主義を目指して

要約しよう。社会国家と累進税の論理をとことん推し進めれば、権限と資産の永続的な循環に基づく分権化した自主管理による新しい形の民主社会主義の土台を築くことができる。このシステムは、20世紀にソヴィエト連邦で行われていた中央集権化した強権的国家社会主義の対極をなすものだ。これはまた20世紀に多くの国々が取り組んできた社会・税・法制度の改革をさらに進展させるものだが、こうした改革は、パワーバランス、民衆運動、数々の危機や緊張と引き換えに実現したものであることを忘れてはならない

重ねて言うが、ここで述べる民主社会主義はひとつの案にすぎず、多くの弱点や制約を含んでいる。たとえば、(小企業の)生産手段や住居といった小規模な私有財産に手をつけないのであれば、変化はあくまで一時的なものにとどまり、税率表を修正したり、あらゆる制限を取り払うために行われる並々ならぬ苦労を考えれば、富の格差の厳格な制限は長続きしないだろうと考える人がいるかもしれない。このような危惧はもっともだが、その危惧を理由に断念すべきではない。1920年代に、当時「資本主義は堕落を招く」と主張していたソヴィエト政権が、ほんのわずかな賃金労働者を雇うごく小規模な企業を含むあらゆる形の財産を罪悪視し、よく知られているような官僚主義的な独裁体制に陥ったのは、このような危惧からにほかならない。それどころか、徹底した民主主義を拠りどころとするのでなければ、正しい解決策は得られない。そのためには、資産を再分配すると同時に、選挙の民主制が富裕層に奪い取られないよう、選挙運動、メディア、シンクタンクのための平等な資金調達システムを採用する必要がある。すでに指摘したように、本書で言及しているような資産の再分配や権限の共有という制度の実現には、概して憲法の実質的な改正が必要と

なるだろう。[17] 補足的な予防措置として、現在、社会保険料が社会保険基金に充当されているのと同様に、累進資産税や累進相続税による収入を「みんなの遺産」専用の基金に充当するべきである。過去の経験から、こうした対策は、（たとえば、税金やさまざまな負担金の引き下げを約束するといった）選択を見直したいと考えている人々の仕事を複雑にするのは明らかだ。なぜなら、約束されていた権利がなくなることをはっきりと説明する必要が生じるからだ。

一方、ここで検討したような社会所有や一時所有の形も含めて、あらゆる形の私有財産を認めないシステムについて熟考してみてもよい。たとえば、ベルナール・フリオが主張する「賃金社会主義」システムについて考えてみよう。[18] 簡単に説明すると、フリオは1945年以降に設けられた、とくに老齢年金や疾病保険のための社会保険基金モデルを社会・経済組織全体に拡大することを提案している。これは、とくに「賃金公庫」や「投資公庫」の創設が前提とされるだろう。「賃金公庫」は、労働者をその職能に応じて「生涯賃金」の各レベル（1－4段階）に分類することを担い、「投資公庫」は、融資金や不動産資本および事業用資本の使用権利をさまざまな生産施設や実施中の個人および共同プロジェクトに割り当てることを担う。これらの公庫が民主的な共同参加によって管理されるのであれば、その形式を明確にする必要があるが（フリオは明確にしていない）、このような考え方は非常にポテンシャルに富んでいる。一般に、共同所有や、フリオが提示するカテゴリーである「使用所有」に基づく新しい組織形態を当然ながら発展させるべきだが、これは、ここで主張している社会所有および一時所有の制度を補完する形で進められるべきだ。[19]

注意を向けてほしいと思う点が一つある。それは、フリオが考えた「賃金公庫」または「投資公庫」（あるいは、小規模私有財産、社会所有、一時所有のあらゆる役割を排除しているその他の提案における同等のもの）には、何百万という人間の生活や日常的決断（なかでも、給与レベルや、とくに住居や小企業に関わる資金の利用）に対する非常に大きな権限が集中しているということ、また、この極端に中央集権化した疑似国家的な機関の内部組織がどのようなもので、本当に民主的で解放的に機能するかどうか、まったく明らかではないということだ。このような組織内で適用される議決権や権限配分のシステムすら説明せずに、比較できる社会歴史的な経験（議会、政党、労働組合、社会保険基金、公的金融機関など）、学習や改善の可能性と関連づけるだけで、この問題は解決済みで、官僚的強権に走るリスクは避けることができる、とあらかじめ想定するのは時期尚早と言わざるをえない。[20] 現在わかっていることと参考にできる過去の経験によれば、とくに住居や小企業部門においては、小規模私有財産、社会所有、一時所有に持続的な役割を認め、当事者のニーズに合致するなら、集合組織や協同組織の発展を促すのが適切であるように思われる。概して、中央集権化した大組織がその組織内で協議や民主的な決定ができると過信すると、小規模私有財産のような制度的仕組みでも、限られた規模と権利の範囲内で、きちんと枠組みが決められれば、解放をもたらしうるということが過小評価されかねない。累進税についても同様だ。国家レベルの賃金公庫や投資公庫において、賃金や投資の配分に関するあらゆる重要な組織的決定が行われるのなら、税金の形態はほとんど重要ではなく、課税対象や累進性もほとんど重要ではない。なぜなら、金銭的価値のあらゆる分配方法が中央レベルで一括して決定されるからだ。[21] 反対に、非常に多様な事業者や自治体、官民共同組織が参加する持続的に分権化した社会・経済組織の原則を認めるのならば、課税の具体的な形態が重要になる。なぜなら、その課税形態によって、金銭的価値の分配方法の決定や、当然のことながら、たとえばさまざまな組織内での議決権システムなど、その他の制度上の仕組みの決定にも影響を及ぼすからだ。

資本の自由な移動——新しい財産主義権力

ここで、きわめて本質的なことに移ろう。1980年代以降に社会国家政策と累進税が白紙に戻されたのは、いくつかの言説が根拠にされただけではない。この変更をできる限り不可逆的にすることを目指すさまざまな国際ルールや国際協定がそれを具体的に後押ししたためだ。これらの新しいルールの核心は規制や共通税制といった代償が一切ない資本の自由な移動である。簡単に言うと、各国政府は、経済事業者がある国の公共インフラや社会制度(教育・保健医療制度など)を活用することによって積み増した富を、一筆書くだけで、あるいはマウスでワンクリックするだけで他の国に移動できるという素晴らしい法制度を設けたのだ。しかも、その資産の移動先を追及したり、他国の税制度と矛盾しない公正な方法でそうした資金を活用することについては何の規制もない。これは事実上、新しい形の財産主義権力である。なぜなら、このような協定に署名した政府は、前政権の約束を取り消すことを拒否した時点から、グローバル化の一番の受益者たち(億万長者、多国籍企業、高所得者)に課税することは絶対に不可能であること、したがって政府は、なにも言わずに自国にとどまっている庶民階級や中産階級に頼るほかないことを、国民に率直に説明する羽目になるからだ。この理屈は避けようがない。国内にとどまっている階級の反応はみな同じだ。つまり、そんなことを言われては、諦めやグローバリゼーションに対する嫌悪感が増すばかりだ。

どうしてこんなことになったのかと思うのは当然だ。いくつかの研究から明らかなのは、戦後の数十年間に活発に行動していた銀行のロビー団体が長い時間をかけて事前の働きかけをしてきたことがこのような結果をもたらしたこと、またより広く見れば、経営者団体、銀行、資産管理会社が法律の策定に加担して、ありとあらゆる課税回避や最適化の手口を使って、法律を有利に利用してきたことだ(22)。経済の金融化と金融フローの規制緩和の動きについても、経営者から支配権を取り戻し(あるいはむしろ経営者の利害を株主の利害と整合させ）、さらには大規模生産施設を再編して、より早くより多くの利益を生み出すことを目指す株主戦略（M＆Aや資産移転）の一環として分析すべきである。[23] 経済の脱政治化、資産の保護、再分配のために国際協定を利用するという考え方は、フリードリヒ・ハイエクやオルド自由主義の思想に通じるものであり、戦後の世界を構造化するために１９４０年代に入って主張され始め、民間のロビイストたちの働きかけで１９８０－１９９０年代に受容された。[24] １９８０年代末にヨーロッパで、ついで世界中で進んだ資本移動の自由化にヨーロッパ諸国が果たした重要な、またときに矛盾する役割についても強調する必要がある。経済的苦境で痛手を受けたフランスの社会党政権は、１９８４－１９８５年以降、ヨーロッパ連合の構築に賭ける決断をし、単一通貨の実施を加速させるため、資本移動の完全な自由化を目指すドイツのキリスト教民主同盟の要求を受け入れた。これは１９８８年の欧州経済共同体指針で具体化され、１９９２年に調印されたマーストリヒト条約に盛り込まれ、その文言はＯＥＣＤ（経済協力開発機構）およびＩＭＦ（国際通貨基金）によって援用されて新しい世界標準となる。当時、この制度の確立に動いた関係者の狙いのひとつは、国際資本を呼び込んで公的借入のコストを下げることでもあったが、こうしたさまざまな目的について、実際には、明確な説明をする時間も討議する時間もなかったのだ。[25]

確かなことは、この枠組みから抜け出さなければ、平等への動きを取り戻すことはできないだろうということだ。具体的には、平等への動きを取り戻したいと願うなら、どの国も、こうした義務から自由になり、資本流通と自由貿易を続ける際の公正な税制や社会制度に関する明確な条件を定めるべきだ。そのプロセスはすでに一部で始まっている。２０１２年にオバマ政権は、スイス政府が銀行法を修正し、スイスの銀行に口座を持つアメリカの納税者の情報を伝達すること、従わない銀行はアメリカで業務するライセンスをただちに剝奪するという合意をとりつけた。２０２１年にバイデン政権は、法人税の低い国（たとえば、アイルランドやルクセンブルク）で生み出された収益に対し、アメリカが定める最低税率と関係国での最低税率の差に相当する税額を、該当企業と子会社から直接徴収すると宣言した。この二つのケースでアメリカがとった一方的な決定は、以前のあらゆるルール、とくにヨーロッパ内のルールを公然と侵害するものだ。もしフランスやドイツが同様の決定をしていれば、標的にされた国は、過去にドイツとフランスが締結した条約を盾にして、両国をヨーロッパの司法機関に簡単に提訴できたことだろう。[26] しかし、これが前進するための唯一の方法であることは明らかなのだ。問題が二つある。ひとつは、アメリカ政府が目下のところ乗り越えたステップは、平等への動きを取り戻すために必要なことに比べると、実際、些細なことであり、（アメリカの政治活動の資金調達方法を考えれば）アメリカだけが解決するのを待っていてもむなしいだけだということ。[27] もうひとつは、ヨーロッパ諸国は依然として何もしていないし、EUやOECDがルールを変更するには、当てにならない非現実的な全会一致に頼らざるをえないということだ。法律を重視するあまり、あるいは他国々や金融ロビイスト、メディア、またヨーロッパが影響を与えるシンクタンクから睨まれるのを恐れるあまり、ヨーロッパ諸国は現行の枠組みから一方的に抜け出すことも、この新しい財産主義権力がはびこるのを可能にしている公共・民間事業者にアンチダンピング措置を課すことも拒否している。

この袋小路から抜け出すのに他の可能性はない。なぜなら、国際ルールの見直しは、北側世界にとっての課題であるだけでなく、南側世界にとっても、そして地球全体にとっても切実な課題なのだから。社会目標も環境目標もない、資本や財とサービスの自由な流通に立脚する現在の経済システムは、富裕層に利する新植民地主義に大いに通じるところがある。それぞれの国が、普遍的な使命を持つ新しい形の主権主義を実践する、つまり、社会的正義という明確な指標を依りどころにして協力し合うグローバルな変革プロジェクトだけが、こうした数々の矛盾を克服することができるということを、これから見ていこう。

8　差別と闘う真の平等

さて、社会的差別や人種差別の問題、またとくに教育と雇用の機会均等の問題に戻ろう。前世紀に起こった平等への動きの大きな限界のひとつは、この動きが形式的な平等にとどまっていることがあまりに多いことだ。要するに、出自に関係ない権利と機会の平等という理論上の原則を宣言したものの、その原則が現実に即しているかどうかを確認する手段が用意されていないのだ。真の平等に到達することを願うなら、実際問題として地球の北側でも南側でも、いたるところで蔓延している性差別や社会的差別、民族、人種に対する差別と闘うことができる指標や手続きを発展させることが急務である。しかし実際には、アイデンティティを硬直化させることなく、根強い偏見と闘うことそのものが、大きな困難のひとつなのだ。このジレンマに対する唯一の答えはなく、解決策はそれぞれの国の背景や植民地解放後の状況によって異なるだろう。ヨーロッパやアメリカ、インドおよびその他の地域における過去の経験に関する入手可能な情報をじっくり調べて、すべての人を対象にした社会政策のより広い枠組みのなかに差別対策を組み入れることでのみ、進むべき道への手がかりを得ることができる。

教育の機会均等――声高に叫ばれているものの、いまだに実現していない

まずは教育の公平性の問題から始めよう。知識の普及は、いつの時代も出自に関係なく真の平等に到達できる重要なツールだった。しかし問題は、教育の機会均等についての表向きの言説と、恵まれない社会階級の人々が直面している教育の不平等という現実の間に、いたるところで途方もないギャップがあるという点だ。確かに、初等教育や中等教育は少なくとも北側諸国では20世紀の間にすべての国民に普及し、教育レベルは著しく向上した。しかし、専門課程やより高度な教育機関、とくに高等教育機関への入学については、実際のところ計り知れない不平等が存在する。アメリカの研究者が子供の小・中・高等学校および大学の就学状況と両親の納税情報との関係を調べたところ、その結果はがっかりするものだった。つまり、親の所得を見れば大学進学のチャンスがあるかどうかがほぼ完全に予測できるというのだ。具体的には、親の所得が最も低い10％の子供のうち、高等教育に進学する可能性があるのはせいぜい20％強であるのに対し、親の所得が上がるにつれてその可能性は直線的に増え、親の所得が最も高い子供の90％以上が高等教育に進んでいる（図８－１参照）。より細かく見ると、親の所得によって子供が進学する高等教育機関の種類が異なる。たとえば、親の所得が低い子供のほとんどは学費の安い公立大学やコミュニティ・カレッジの短期コースへの進学に甘んじているが、親の所得が高い子供は一流私立大学の最先端の専門課程に進んでいる。しかも一流私立大学の入学手続きはきわめて不透明で、公的な規制はほとんどない。一流私立大学は数々の設備や連邦政府からの資金提供の恩恵を受けているにもかかわらず、「レガシー・スチューデント」、つまり卒業生や高額寄付者の子弟を優先的に入学させることも含め、自分たちのアルゴリズムにしたがって自由に運営するのは至極当然のことだと政府をうまく言いくるめている。言い換えれば、この素晴らしい入学権利のおかげで最良の大学は、（奨学金を受ける権利を得られるほどの例外的な成績でない限り）最貧層には手の届かないものに

図 8-1
両親の所得と大学進学、アメリカ　2018 年

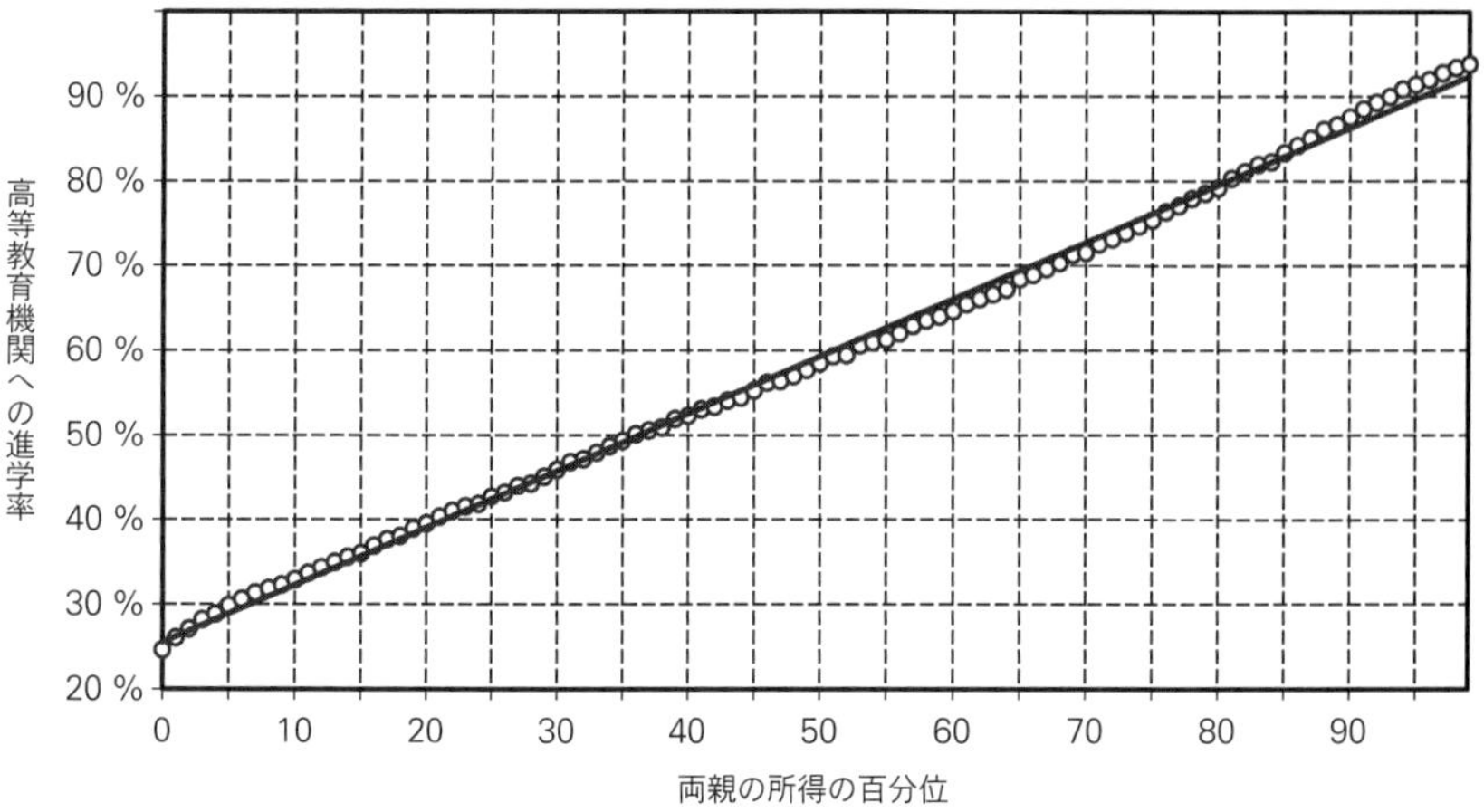

解説：アメリカでは 2018 年に、高等教育機関への進学率（大学、カレッジ、その他の高等教育機関に登録している 19―21 歳の比率）は、最貧層 10％の子供ではわずか 30％ほどだったが、最富裕層 10％の子供では 90％以上だった。
出所と時系列データ：piketty.pse.ens.fr/egalite を参照。

なっているだけでなく、最富裕層には子弟の成績の悪さを補うための追加料金を支払うという道を開いているのだ。大学は、この恥ずべき方法で入学した学生数は限られていると説明するが、このことに関する情報や成績と寄付のバランスをどう取っているかについての問い合わせには応じていない[1]。驚くべきことに、アメリカにはこの現実が常態化している大学が非常に多い。つまり、大学にとっては、自分の子供や孫を大学に入れたいと気を揉んでいる気前のいい億万長者から追加の資金がもらえるなら、それはもちろん大歓迎だろう。だが、同じ金額をすべての子供たち、しかも最も恵まれない子供たちを優先する（この逆ではない）教育資金を調達するために税金の形で支払ってもらうほうがずっとシンプルだ。いずれにしても、このようなデリケートな問題は、寄付者が大勢を占める非公開の理事会でなく、公開で透明性のある討論によって民主的に決定されるべきだろう。

このような教育における重大な偽善行為がアメリカだけのものだと思っているなら、それは大きな間違いだ。とくに、ほぼ無償の教育といえども社会的選別から少しも守られていない。学生も受け取れる最低所得の適切な制度がないなかで、高等教育を長期間受けるのは恵まれない家庭の若者にとってはとてつもない額の投資になる。しかも、彼らは、特定の専門課程を受講するための前段階の教育も受けていなければ、そのためのコネや人脈も持っていない。フランスの現行制度はひどく偽善的だ。なぜなら、「共和主義的」平等(どんな貴族であれ、入学権利も公認の特権もない、あるいはほとんどない)という旗印を掲げながら、選抜コース(グランゼコール準備学級およびグランゼコール)に通う学生には、普通大学の専門コースに通う学生よりも1人当たり3倍も多い公的資金が投資されているのだ。ところが、選抜コースで学ぶ学生は、普通の大学の専門コースの学生よりはるかに恵まれた社会階級の家庭の子供がほとんどで、とくに最も人気の高い教育機関でその傾向が強いことがわかっている。(2) このように、はっきり言えば、もともと存在する社会的不平等を強化するために公的資金が使われているのだ。幼児教育から高等教育までの教育支出全体を見ると、同年代のなかで著しい不平等が認められる。具体的には、教育投資が最も少ない10%の生徒は1人当たり6万5000―7万ユーロしか受け取っていないのに対し、教育投資が最も多い10%の生徒は1人当たり20万―30万ユーロも受け取っている(図8―2参照)。教育資金が少数の生徒に集中している状況は昔に比べればそれほど極端ではない。それでもやはり集中しすぎていることに変わりはなく、機会均等が叫ばれる現代の風潮にそぐわない。(3)

社会的基準に基づくアファーマティブ・アクションのために

この偽善から抜け出すための解決策はひとつしかない。それは、現実を正しく評価し、検証可能な数値目

図 8-2
フランスにおける教育投資の格差

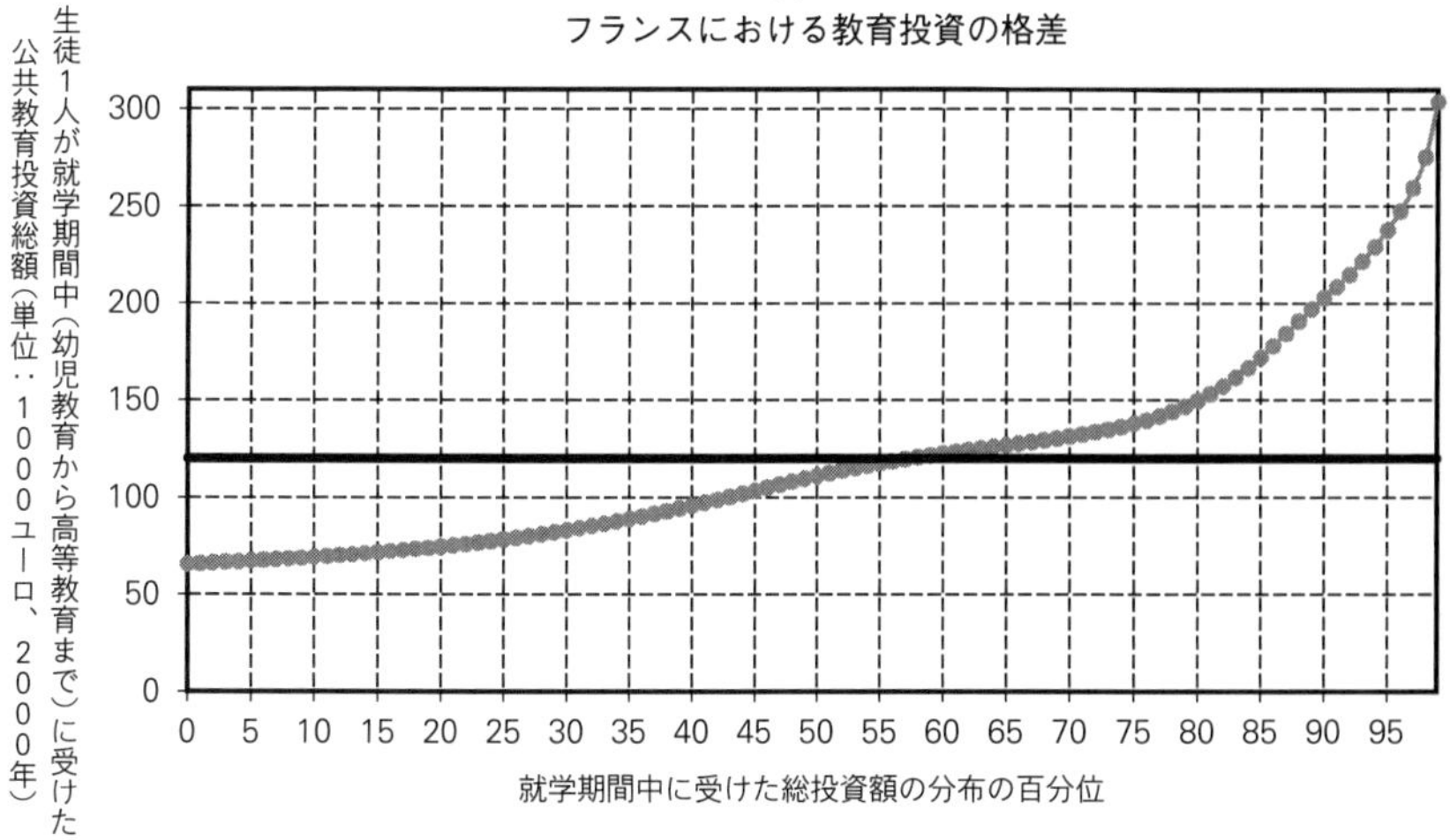

解説：2020 年に 20 歳になった学生が就学期間中（幼児教育から高等教育まで）に受けた公共教育投資の総額は平均でおよそ 12 万ユーロ（つまり、約 15 年の就学期間に年平均 8000 ユーロを受け取ったことになる）。この世代のうち、公共教育投資を最も少ししか受け取っていない 10％の学生は、およそ 6 万 5000―7 万ユーロしか受け取っていないが、最も多額の公共教育投資を受けている 10％の学生は 20―30 万ユーロも受け取っている。

注：2015―2020 年のフランス教育制度の各課程の年間平均費用は、幼児教育から初等教育までで 5000―6000 ユーロ、中等教育で 8000―1 万ユーロ、大学で 9000―1 万ユーロ、グランゼコール準備級で 1 万 5000―1 万 6000 ユーロである。

出所と時系列データ：piketty.pse.ens.fr/egalite を参照。

標を定め、目標に達成するために実施する政策を絶えず調整する手段を集団で民主的につくることだ。税の公平性については、所得、資産、税額区分表、税率などの概念を用いて、それぞれの状況を互いに比較できる一つの基準や一つの言語を構築できるような客観的な原理を定義しようとするまでに数世紀という年月が必要だった。しかもいまだに、そのプロセスが終着点に到達したとはとても言えない。教育の公平性については、一般的な原則や善意の表明に任せておけばいいと考えられがちのようだ。図8―1および図8―2に示されたデータを見れば、そんなことはまったくないことがわかる。第一歩として、このような数値データについてはときおり研究者らが個別に明らかにするだけでなく、公的機関が毎年、透明性のある形で公式に発表することが不可欠だ。具体的には、教育資金の配分およびさまざまな教育課程への進学率を、社会的出自や両親の所得レベルごとに毎年公表し、さまざまなレベルの教育制度を分析することが重要である。このような情報が民主的でバランスの取れた議論を活発にし、いかなる場合も、情報が操作されているのではないかと疑念を抱かれないようにするためには、多くの研究機関が関連するあらゆるデータや資料にアクセスできるようにすることが肝要だ。たどるべき道は非常に長い。実際、政府や行政機関はこの問題について、私立大学とさして変わらない不透明な態度を示している。こうした機関は公共政策や一般利益についてのトップダウンの見解に基づいて、専門知識や情報をいつもながら臆面もなく独占し続けていることがあまりに多い。

すべての人に受け入れられる指標をつくることが重要だが、それだけでは十分ではない。とりわけ、こうした透明性のあるデータ作成が、高等教育でも初等・中等教育でも状況を進展させることができるような行動の原動力や政策に直接結びつくことも必要だ。高等教育に関しては、多くの国で地方レベルでも国家レベルでも、大学進学を希望する学生の各大学への振り分け作業に中央集権化した手続きが取られ始めた（たとえば、フランスの大学振り分け制度〔パルクールシュップ・プラットフォーム〕）。これは、各大学がいいと思う学生を選別をする制度に比べれば、コネの論理や個人的な関係（さらには、アメリカにおける寄付）から脱却して、すべての生徒に同じ方法を適用する公正で客観的な入学基準を民主的に定義することができるようになったという意味で改善されていると言える。たとえば、恵まれない家庭の高校生が一定のレベルに上がるにはより多くの困難に直面するという事実を考慮するために、学生の要望、成績、社会的出自を同時に勘案する制度を考案することもできる。適切な妥協点を見つけることはいうまでもなく非常に難しい。社会的基準に基づく一定のアファーマティブ・アクションは正当化されるが、行き過ぎればすべての者にとって逆効果となりかねない。これほど複雑な調整に対して、これが最善策だと主張できる者は誰もいない。それだけに、アファーマティブ・アクションについて考えるためには、透明性と実験に基づいた民主的で幅広い討議をする状況をつくりだすことがより不可欠となる。残念ながら、コンピューターによるアルゴリズムは、事前の話し合いも対面での評価もないままに定期的に生徒や両親に突きつけられるため、こうしたシステムに対して、さらには教育の公平性という考えに対して不信感を抱かせてしまう恐れがある。2017年以降、フランスのパルクールシュップ・プラットフォームでは、グランゼコール準備学級への入学を希望する奨学金受給高校生（15－20％の生徒。主に両親の所得に応じて給付される）のために、ある種のアファーマティブ・アクションが適用されることが前提となっている。しかし、そのパラメータの決定方法は曖昧なままだ。2021年には、行政学院の修士課程への登録に一定数の奨学金受給学生枠（同年代の50－60％）が導入される可能性について言及された。しかし、この仕組みの実際の効果を評価できるような詳細は何も発表されていない(4)。政府と行政機関には当然、透明性の要求に応えて、トップダウンやデータ改竄が常習化した文化から何とかして抜け出すという重要な責任がある。しかし、それ以上に主張したいのは、このようなプロセスを成功させるには、あらゆる関連事業者、市民、各種団体、労働組合、国会議員、政党が積極的に参加し、必要な情報伝達を要求し、その情報を建設的な提案に活用する必要があるということだ。そうした新しい民主的な場がしかるべく備えられない限り、本当には何も変わらないだろう。

高等教育の問題にとどまらず、何よりも透明性の確保に努めて、初等・中等教育への補助金制度も徹底的に見直すことができるようにする必要がある。教育の機会の不平等を徹底的に減らすことができるようにするには、大学入学時の対策を講じるのでは全般的に遅すぎる。もっと早い段階での対策を講じる必要がある。ところが、教育の偽善は、大学入学の時点で驚くほど増幅している。多くの国で、政府は「少ししか持たない者により多くのものを与える」、つまり社会的に最も恵まれない教育機関や学校に補助金を割り当てることを目指す措置を講じてきたと主張している。問題は、そのことを確認できるデータを集めてみると、往々にして正反対であることが確認できることだ。たとえば、パリ地域圏の公立中学を調べてみると、契約教員（正教員より低学歴で賃金が低い）あるいは新任教員の割合が、最も裕福な県（パリ、オー＝ド＝セーヌ県）では10％そこそこなのに対し、最も恵まれない県（セーヌ＝サン＝ドニ県、ヴァル＝ド＝マルヌ県）では50％に達している。アスマ・ベンヘンダらによる国民教育省の支出データの調査から、この制度がどれほど逆方向に機能しているかが明らかになった。教育優先地区に適用されるわずかな特別手当やその他の報酬要件（在職年数、教員資格免状、正教員か契約教員か）を考慮して、さまざまな小・中・高等学校の教員の平均給与を計算すると、在籍生徒のなかに裕福な家庭の子供の割合が多ければ多いほど、教員の平均給与が高いことがわかる。(5) OECDのほとんどの加盟国でも現実は似たようなものだ。恵まれた地区の生徒は恵まれない地区の生徒より正教員や経験の豊かな教員の指導を受ける機会がずっと多く、恵まれない地区の学校には代用教員や契約教員が配属されるケースが多い。また、そのために定められたわずかな手当は、概して、この一貫した不平等を埋め合わせるには十分ではない。(6)

ここでは、一番の課題は実のところ社会的基準に基づくアファーマティブ・アクションを達成することではなく、単にネガティブな差別を回避することであるという点を見ていこう。初等・中等教育でも、高等教育と同様に最も恵まれた生徒たちに対してはその他の生徒よりも多くの公的資金が割り当てられているケースがしばしば見受けられる。しかし、いかなる場合にも平均給与が学校内の社会的に恵まれた生徒の割合の増加関数であるようなことにならないように、少なくとも教育制度全体のなかで処理される特別手当の額を調整するのは、理論上はさほど難しくはないだろう。社会的出自ごとの教育資金の配分に関する客観的で検証可能な情報を集め、教育の平等というきわめて政治的な課題をめぐって集団で行動しなければ、こうした状況から抜け出すことはできないだろう。

居座り続ける家父長制と生産性第一主義

これほど重要であるにもかかわらず、教育の公平性の問題がすべてを解決するわけではない。特定の集団に対する偏見があまりに深く根づいている場合は、（特定の教育部門だけでなく）特定の公職や職業にアクセスできるクオータ制（割当枠）も含め、他の行動手段に頼ることが欠かせないのは明らかだ。歴史的に見て、間違いなく女性は古今東西を問わず世界中のあらゆる地域で、そしてあらゆる場面で、必ずと言っていいほど最も大きな差別を受けてきた。ほとんどの人間社会は性別による偏見や役割分業が複雑に絡み合った家父長制社会だった。18世紀から19世紀にかけて発展した中央集権国家では家父長制が強化され、体系化されるケースが多かった。ナポレオン民法典で定められた夫婦間の不釣り合いな権利や不平等な選挙権など性別に基づくルールが国中で、またあらゆる社会階級で体系化され、広まった。女性の参政権は、長い抗争と漠然とした闘いの末、1893年にニュージーランドで、1930年にトルコで、1932年にブラジルで、1971年にスイスで、そして2015年にはサウジアラビアで勝ち取られた。フランスでは数十年におよぶ女性運動を経て、1789年、1848年、1871年の革命のたびに期待は裏切られ、1919年に国民議会で女性の選挙権が承認されたものの元老院がこれを拒否したため、女性の参政権が施行されたのは1944年になってからだった。(7)

20世紀後半になってやっと法の下の平等が明確に謳われるようになったが、「栄光の30年」の時期には専業主婦が社会の究極の姿であるという考え方が大手を振っていた。1970年代、フランスでは女性に支払われる賃金は総賃金の20%をわずかに上回る程度で、このことは、お金は男性の問題だという考えがどれほど根強かったかを示している。(8) あらゆる調査から、家事も含めると、総労働時間（有償労働および家事労働）の50%以上は女性が従事していることがわかる。労働時間に応じて所得が男女間に分配されていたなら、社会での、また夫婦間での所得配分や力関係ががらりと変わっていたことだろう。重要な点は、私たちは今、家父長制の黄金時代からやっと抜け出したばかりだということだ。2020年にフランスでは、女性の賃金の総賃金におけるシェアは何とか38%に達したが、男性の賃金シェアは62%で、女性の経済力がやっと男性の半分以上になったということだ。ここで、改めて指標の選択の重要性を指摘しよう。特定のポストにおける男女間の賃金格差が14%であると指摘するだけで満足するなら、問題を非常に曖昧にしか捉えていないことになる。というのは、性別による不平等の重要な側面のひとつは、男女が同じポストについていないことにほかならないからだ。

議員職や管理職でその傾向がとくに著しい。フランスでは、最高額報酬を得ている1%のうち、女性が占める割合は1995年には10%だったのに対し、2020年には確かに19%になっている。問題は、その進歩が非常に遅いことだ。このペースでの進歩が続くなら、2107年になるまで男女同数には達しないに違いない（図8－3参照）。ヨーロッパの他の国々やアメリカ、その他の諸国で入手できるデータからも同様の結論が得られる。これは、女性に対する強い偏見があることが大きな理由だ。インドで、同じ政治演説を男性の声で読んだ場合と女性の声で読んだ場合の聴衆が示す反応の違いについて、大規模な調査を行ったところ、こうした偏見がどれほど大きいかを確認することができた。たとえば、地方自治体の予算や学校建設についての説明文書を女性の声で読むと、必ずと言っていいほど、あまり信頼できないと判断される。こうした研究から、地方自治体のトップに女性が就くことで女性に対するネガティブでステレオタイプな偏見を大

図 8-3
21 世紀にも居座り続ける家父長制

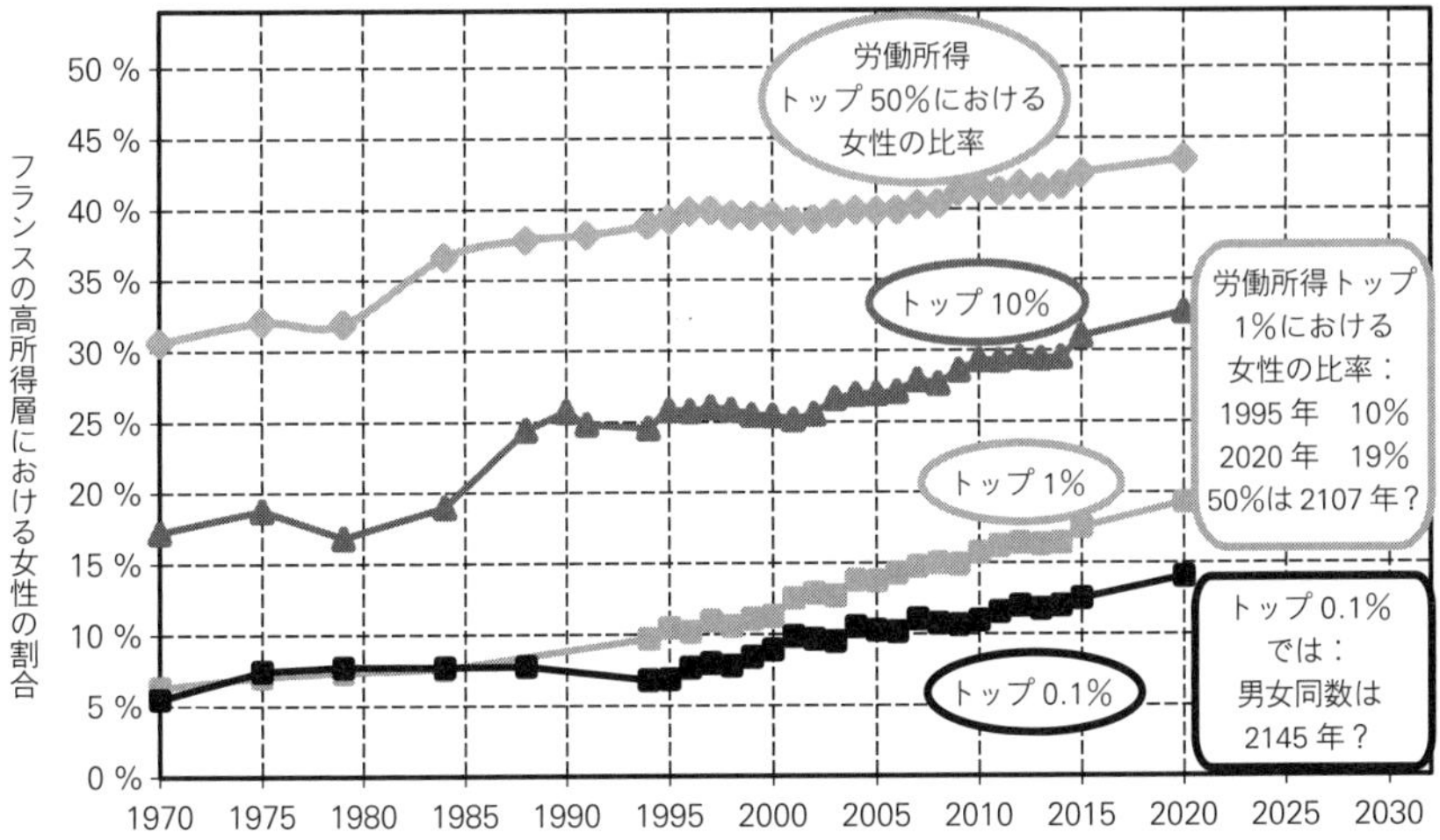

解説：労働所得（賃金および非賃金労働収入）のトップ百分位（トップ 1%）における女性の割合は 1995 年に 10%だったが 2020 年には 19%に増えている。1995 年から 2020 年までの間と同じペースで増加傾向が続けば、2107 年に 50%に達するだろう。2145 年にはトップ千分位（トップ 0.1%）で男女同数になるだろう。
出所と時系列データ：piketty.pse.ens.fr/egalite を参照。

きく減らすことができることも明らかになった。このことは、おそらく昔からの偏見に打ち勝つためにはアファーマティブ・アクション政策が必要であり、アファーマティブ・アクションには十分な効果があるという最も説得力のある証拠のひとつになるだろう[9]。

女性のためのクオータ制は、大きな対立を引き起こしはしたが、ここ数十年間で増えている。フランスでは1982年に与党社会党によって初めてクオータ制に関する法律が採択された。その措置は控えめで、とくに市町村議会議員選挙および地域圏議会議員選挙での比例代表の名簿に男女がいずれも75%以上を占めてはならないというものだった。それでも当時、女性議員は10%に満たなかったため女性にとっては著しい進歩だったが、この法律は憲法院によって棄却され、平等の原則は頓挫した。この袋小路から抜け出すには、1999年の憲法改正まで待たなければならなかった。2000年の法律により、比例代表選挙の名簿に完全なパリテ「シャバダバダ」方式〔映画『男と女』のテーマ音楽にちなんで名づけられた男女同数制〕が実施され、小選挙区の候補者に女性がほとんどいない政党には罰金が科せられるようになった（効果が出るには明らかに不十分な額だったが）。当時の政府は国家試験の審査官にもパリテを課そうとしたが、これも憲法院の審議で拒否された。2008年に採択された新たな改正憲法によって、議員職だけでなく社会および職場の責任あるポストにもクオータ制の適用が可能となった。2011年から2015年にかけて採択された一連の法律では、企業の取締役会における女性役員の人数（議席の20％）、次いで国家試験の審査官や公共機関の運営組織においてもクオータ制が導入された。2021年には、民間企業の管理職全体のクオータ制あるいはインセンティブな目標の拡大の可能性について議会での議論が続いている（このことは、報酬のトップ百分位またはトップ十分位における女性の割合にかなり大きな影響を与えることになるだろう）。これらの措置の全体的効果を評価するには時期尚早だが、この一連のプロセスは、少なくとも真の平等に向かって歩むことが可能であり、政府にその気があるなら、必要に応じて憲法の条文を書き換えることができることを証明している。(10)

このような措置は、最高職でのパリテを進展させるために不可欠なのは明らかだが、ヒエラルキーのトップに焦点を当てたアプローチには限界があることを強調しなければならない。なぜなら、組織のトップは低賃金雇用の問題をないがしろにする傾向があり、低賃金は大部分の女性に共通する問題だからだ。言い換えれば、経営陣のなかに女性のポストを開放したことを盾に、その他の人々についてはきわめて階層化された性差別のある社会のままにしておくべきではない。ここでの重要な目標は、レジ係、ウエイトレス、家政婦、また何十種類もある女性特有のその他の職業に就いている何百万人もの女性の給与、労働時間、労働条件を改善することだ。こうした「女性の仕事」という偏見が強い職業は、歴史上、公の論争や労働組合運動において男性労働者の職業と同じようには注目されてこなかった。[11] また、栄光の30年の時期に導入された数々の税制度、社会制度（家族係数または育児休暇制度など）が性別による役割分業を強化し続けていることも付け加えたい。[12] 実際のところ、家父長制社会からの脱却は、生産と社会的再生産、職業生活と家庭生活や私生活との関わり方をすっかり変えなければ成し遂げることはできない。最高レベルの報酬を得ている男性の多くは、子供たちや家庭、友人、外の世界にほとんど目を向けようとせずに、消費の追い抜きレースと環境破壊に積極的に関与しながら生活をしている。女性に同じことをするよう促して性による不平等の問題を解決しようとしても、解決策にはならない。むしろ、社会的時間というもうひとつのバランスを高める必要がある。この課題は、クオータ制などよりもずっと重要だ（また、ずっと夢中になれる）が、もちろん、クオータ制は男性中心主義から脱却するために不可欠であることに変わりない。

アイデンティティを硬直化させることなく、差別と闘う

長年、疑義を挟まれてきた男女同数制（ジェンダー・パリテ）や女性のためのクオータ制は多くの国で普及し、今では広く受け入れられている。しかし、社会階級、民族や人種、宗教を理由に差別されている人々のためのクオータ制については同じというわけではなく、強い抵抗感を呼び起こし続けている。このような逡巡にはまったく根拠がないわけではなく、自分の場所を譲りたくない人々のエゴイズムだけによるものではない（もっとも、その要因は無視できないが）。社会的クオータ制あるいは人種クオータ制の採用を検討する前に、まず取り組むべきはこうした差別と闘うことだ。言い換えれば、人種差別やその他の差別行為を特定し、何よりも、そういう差別行為をしている社会人（雇用主、警察官、支援者、デモの参加者、インターネットユーザーなど）に対して法的措置をとるなど、差別行為をやめさせるためのあらゆる手段を講じる必要がある。し

かし、社会的クオータ制あるいは人種クオータ制には二つの大きなリスクがある。ひとつは、クオータ制のおかげでポストが与えられた人たちの正当性が問題にされる恐れがあること（クオータ制がなければ、そのポストを得られたであろう人たちについても同様）。もうひとつは、本来は多様で交雑し、変化する社会的アイデンティティあるいは民族・人種アイデンティティを硬直化させ、さらにはアイデンティティの敵対関係を強める原因となる可能性があることだ。[13] ただし、（女性に対する偏見のように）偏見があまりに根強いために、クオータ制でしか状況を打破できないケースもある。問題はきわめてデリケートで、唯一の解答だけを受け入れることはできない。ケース・バイ・ケースで詳細な検討をすることによってのみ、ひとつの見解を得ることができる。

まずは、以前は社会的クオータ制に最も縁遠かったインドの例を見ていこう。「留保制度」（インドではこう呼ばれている）は、「指定カースト」（SC）や「指定部族」（ST）、つまり伝統的なヒンドゥー教社会において差別されてきた昔の不可触民や先住部族に最初に適用された。人口の約20−25％に相当する低位カーストは、1950年以降、大学入学や公職に就くことができる留保制度の恩恵を受けている。1980−1990年代になると、この制度は人口の約40−45％に相当する中間層（「その他の後進諸階級」［OBC］）にまで拡大され、その結果、現在はインド連邦全体で人口の60−70％が留保制度の恩恵を受けている（図8−4参照）。[14] OBCへの留保制度の拡大は1950年の憲法に明記されていたが、社会階級のカテゴリーを決める委員会の設置によって、大きな困難が持ち上がり、その結果、このプロセスには数十年間も要した。1993年に憲法が改正され、留保制度をまだ達成していない州に対して、パンチャーヤト（地方議会）の議席の3分の1を女性に割り当てることが義務づけられた。連邦議員選挙でも、1950年以降から低位カーストに対して行われているように、（人口比に応じて）選挙区の一部を女性に留保するために憲法を改正すべきかど

図 8-4
インドでのアファーマティブ・アクション　1950−2020 年

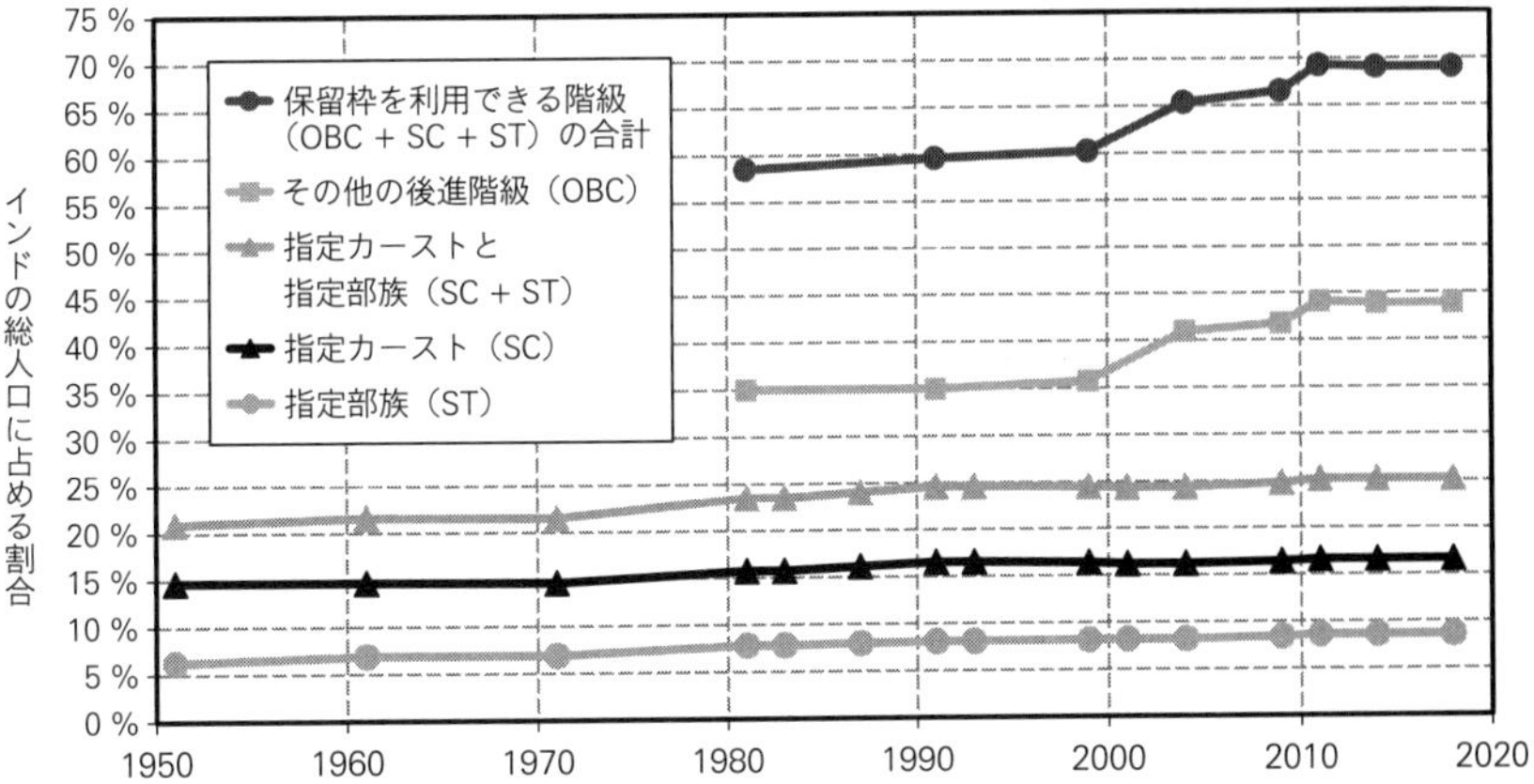

解説：1950 年から大学入学や公職に対する留保枠が「指定カースト」（SC）と「指定部族」（ST）（差別されてきた昔の不可触民や先住部族）に適用され、その後 1979−1980 年のマンダル委員会を受けて 1980−1990 年には「その他の後進階級」（OBC）（昔のシュードラ）に拡張された。2010−2020 年には、結局、インド人口のおよそ 70% に留保枠が適用されるまでになっている。SC と ST には議員職の留保枠も割り当てられている。
出所と時系列データ：piketty.pse.ens.fr/egalite を参照。

うかについては、議論の継続中である。
入手したデータによると、留保制度の実施による効果は微妙だ。インドの低位カーストが受けてきた偏見や極端な差別、また昔ながらの不平等制度やイギリスの植民地帝国による硬直化（イギリスは自分たちの支配を強固にするために、低位カーストをかつては存在しなかった永続的な行政的存在にし、カーストの区分を大いに利用していた）を考慮すれば、おそらく低位カーストに属する人々は留保制度がなければ、これほど早く議員職に就いたり高等教育を受けたり、公職に就いたりすることは不可能だったことだろう。経済面からみれば、低位カーストをその他の市民から大きく引き離している厳然たる不平等がいまだに非常に強く残っているが、1950年以降、たとえばアメリカにおける白人と黒人間の不平等に比べればはるかに縮小されている（図8−5参照）[15]。いくつかの研究から、留保制度はイン

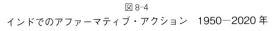

図 8-5
差別と格差の比較

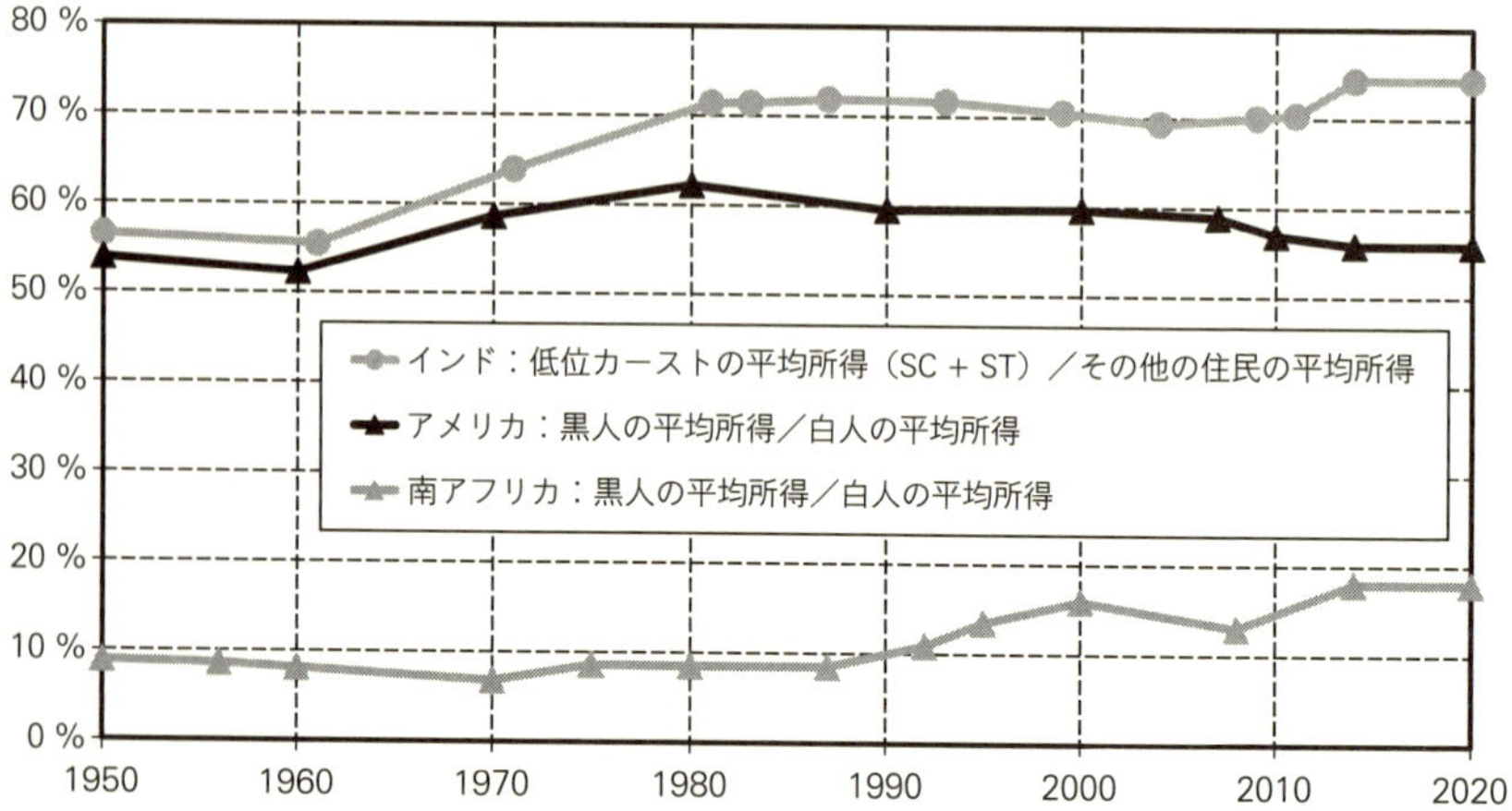

解説：1950 年には、インドの低位カースト（指定カーストおよび指定部族、SC＋ST、差別されてきた昔の不可触民や先住部族）とその他のインド住民の平均所得の比率は 57%だったが、2018 年には 74%になった。同じ時期に、アメリカの黒人と白人の平均所得の比率は 54%から 56%に、南アフリカでは 9%から 18%に上がった。

出所と時系列データ：piketty.pse.ens.fr/egalite を参照。

ドの民主的選挙制度の構築に大きな影響を及ぼしたこともわかっている。つまり、どの政党も低位カースト出身の議員を増やすことを強いられ、実際、留保制度は低位カーストの同化や政治への動員という役割を果たした(16)。

インドの留保制度はおおむねよい結果をもたらしているが、その経験は、こうした政策には限界があることや、こうした制度だけでは十分ではなく、もっと野心的で普遍的な目標を掲げた社会政策を伴う必要があることも示している。当然のことながら、大学入学枠や議員、公職の留保枠は恵まれない社会階級のうちのごく少数しか対象にならない。インドの社会背景のなかで、クオータ制はときにエリート層にとって、インフラ、教育、基本保健医療のための資金調達に必要な税金を払わないことに対する口実になってきたが、こうした投資こそがインドにおける社会的不平等を確実に低減し、恵まれない社会階級の人々すべて（ほんの少数ではなく）が後れを取り戻すために必要なことだったのだ。社会保障のために十分な予算が確保されていないため、インドでは独立後の数十年間に縮小した格差が、1980年以降、大きく広がっている。[17] すべての人のための教育と保健医療の他に、不平等という重い遺産を阻むことができる体系的な別の政策がある。それは、とくに農地改革という形で資産を再分配することだ。農地改革は共産主義政府が統治していた特定の州、とくにケララ州と西ベンガル州で実施され、社会・経済面で非常に大きな成果をもたらした。[18] しかし、連邦レベルでは農地改革は一切行われなかった。政府はクオータ制を大いに当てにしていたが、有産階級に対して税や資産について譲歩を求めることはなかった。真の社会的再分配にはそれこそが必要なことだっただろう。

社会的パリテと富の再分配を両立させる

他の国々にとって教訓になる点を見ていこう。まずインドのクオータ制はそれ自体、進化している点が注目される。1993年に最高裁判所はクオータ制適用のための所得基準を導入した。あるカーストがOBC（その他の後進諸階級）に含まれる場合、年間所得が一定の限度額を超える者はクオータ制の恩恵から排除される。[19] このルールは2018年には低位カースト（SC－ST）にまで拡大され、さらに2020年には年間所得が一定額を下回る高位カーストが対象となる特別クオータ制枠が導入された。[20] この制度全体が、歴史的に差別されてきた帰属カーストに基づくのではなく、両親の所得、学歴、資産など客観的な社会的基準に基づくアファーマティブ・アクションへと徐々に進展していく可能性はある。おそらく、そのほうがより望まれることだろう。理想をいえば、クオータ制はさまざまなカテゴリーや敵対関係の硬直化を避けるために、被差別集団に対する偏見を弱めることができるようになるにつれて、制度そのものを変更するという条件を定めるべきだろう。たとえば、欧米の民主主義国家では議員のなかに庶民階級出身者がほとんどいないことを考えると、すでに適用されている男女同数制（ジェンダー・パリテ）を補足するものとして、社会的パリテの導入を考えることができるだろう。つまり選挙の際に候補者の半数を恵まれない社会階級の出身者とすることを各政党に義務づけるというものだ。[21] その一方で、採択された政策によって富の格差を徹底的に縮小できれば、こうしたルールは徐々に必要なくなり、議会の代表性を縮小することなく、閾値を下げることができるだろう。[22]

強調すべきは、欧米諸国はこれまでインドで実施されてきた留保制度に匹敵する社会的クオータ制あるいは人種クオータ制を決して採用してこなかったこと、したがって、こうした問題に対処する制度をどんどんつくりだす必要があるということだ。アメリカでは南北戦争後に元奴隷たちに賠償する約束がなされたものの、その約束は決して果たされなかった。1964年、公民権法の成立で人種差別が撤廃されたとき、ジョンソン政権は、政府調達に応募する企業に多様性を誓約することを課すなど、数々の政策を打ち出した。ところが想像とは裏腹に、連邦政府のどの法律にも大学入学、公職、議員職あるいはその他の同様のポストでのクオータ制を定める正式な制度について一切規程されていない。連邦与党が国全体にこのような措置を強いることができるようにするには、非常に強力な政治運動が必要だろうし、最高裁判所がこのような試みに対して政府に追従するかどうか怪しいものだ。何しろ最高裁判所は、1896年の忌まわしいプレッシー対ファーガソン判決で、アメリカ南部のあらゆる人種差別を合憲であると判断したくらいだから。いずれにしても、賠償やアファーマティブ・アクションのきちんとした政策がないことが、アメリカで非常に強い人種差別が残っている理由のひとつである。[23] 1970年代および1980年代にいくつかの州がクオータ制の導入を試みたが、いずれも裁判所や州民投票によって棄却された。1996年にカリフォルニア州では、州民投票で人種に基づくあらゆる措置（しかも、フランスをはじめ多くの国々で実施されているにもかかわらず、ジェンダーに基づく措置さえも）が禁じられた。ただ、いくつかの州では、居住地区や親の所得を控えめに考慮した高校や大学の入学制度が進められた。(24)

一般に、所得、資産、または居住地区など普遍的な社会的基準に基づくアファーマティブ・アクションには多くの利点がある。この政策に賛同する諸政党が多数派を形成しやすいうえに、民族・人種アイデンティティを硬直化することを避けるというメリットがある。この種のアファーマティブ・アクションは今のところ、フランスでもアメリカでもその他のほとんどの国でも、まだまだ未熟だということもすでに指摘した。実際のところ、ネガティブな差別を回避できるようになるだけでも、かなりの進歩といえるだろう。なぜなら、恵まれない社会階級の者が、恵まれた社会階級の者よりも少ない教育資金しか受け取っていないという事実がいたるところでまかり通っているからだ。概して、さまざまなインフラや公共サービスへの投資についても同様だ。各自治体は住民1人当たりの所得あるいは土地の課税基礎の格差に合わせた、きわめて不平等な予算を配分する制度をまず敷き、次に、いくつかの貧弱な補填措置を講じたことに大げさに満足している。しかし、そうした措置は実際には制度上の不平等のごく一部にしか対処していない（自治体の予算についても、契約教員についても）のに正面切ってそのことを問題にしようとしない。アファーマティブ・アクションという概念は、必要不可欠な社会政策のために予算を充当するのを避けるための道具として使われることがあまりにも多い。社会的基準に基づいたアファーマティブ・アクションという考え方は、おそらく富の再分配という思い切った計画に基づき、社会国家、雇用保証、「みんなの遺産」といった普遍的な対策の補完として活用される場合にのみ活かされるだろう。

どれほどの人種差別があるか見極める——民族・人種カテゴリーの問題

社会的基準に基づくアファーマティブ・アクションがどんなに有効であっても、それだけでは民族や人種を理由とする差別を撤廃することはできない。どれほどの差別があるかを見極め、それを正面切って正すことができるような指標やプロセスがあって初めて、そういった差別と闘うことができる。その唯一の方法は、アメリカの国勢調査で今も用いられている民族・人種のカテゴリーをヨーロッパやあらゆる国に導入することだという研究者もいる。だが、そうとも言い切れない。そうしたカテゴリーは、はじめは（人種差別と闘うためではなく）人種差別を擁護するために導入され、活用されてきたものだ。確かに、このカテゴリーは数十年前から人種差別の程度を測るために、また時には差別と闘うために利用されてきたが、アメリカにおいて人種の平等という面で得られた結果は他の国々を羨ましがらせるようなものではない。ただし、このカテゴリーを拒否し、アメリカのモデルをただ批判ばかりしていても、政策は何も決められない。人種差別についても教育の公平性についても、模範を示せるような状況にある国はひとつもないのが実情だ。何世紀もの間、さまざまな民族や人種に属する人々は軍事的支配下に置かれ、奴隷や植民地という関係以外ではほとんど互いに接することなく生活してきた。近年、同じ政治共同体のなかに多様な民族や人種が共存するようになったことは大きな文明の進歩である。ところが、そのことがいたるところで偏見や政治利用を生み出し続けている。この状況を克服できるのは一層の民主主義と平等しかない。どの国も、他の国の経験から学ぶべきことがあるのだから、この問題をナショナリズム的な自己満足の口実として利用したり、あるいはさまざまな国家モデルが本当はどんなものなのか、またそのモデルは本当に諸問題を解決できるのかどうかを考えもせずに、各モデルを対立させたりするよりも、解決策を見出すことにもっと時間を使うほうがいいだろう。

イギリスは差別と闘うためにアメリカ式の民族・人種カテゴリーを導入したヨーロッパ唯一の国だ(25)。1991年の国勢調査以降、「白人」「黒人／カリブ系」「インド人／パキスタン系」など自分の出自を示す項目にチェックを入れることを促されるようになった。多くのアンケートや警察の取り調べに関する書類も同様だ。そのことによって、おそらく若干の乱用や逸脱について国民がこれまで以上に大きな関心を向けるようになったとしても、今日までにイギリスが他のヨーロッパ諸国に比べて人種差別を確実に低減できたと断言できる調査はひとつもない(26)。唯一のモデルがあるわけではなく、すべては差別されている民族や人種が移住した背景や植民地解放後の状況によって異なると考えることもできる。ドイツやフランスでは、ヨーロッパ以外の出身者の多くはトルコや、マグレブと呼ばれるアフリカ北西部からの移住者だ。しかし、地中海沿岸では身体的外見の違いはさほど大きくない。なぜなら、さまざまな国の出身者が混在し、混血が繰り返され、たとえばアメリカの場合よりもずっと混血の度合いが強いため、変化が段階的かつ連続的だからだ(27)。そうした人々は、自分が白人だとか黒人だとかの区分を意識することはほとんどない(28)。また複数の調査から、彼らは民族・人種カテゴリーに自分を当てはめなければならないことに不快感を抱いていることが明らかになっている(29)。

このような状況のなかで国勢調査にこのカテゴリーを導入することは、おおむねネガティブな効果しかないと考えて間違いないだろう。実際は、どの民族・人種カテゴリーに属するかを尋ねなくとも、人種差別の程度を測り、差別を見極め、差別行為を正すことをかなり進めることはできる（いずれにしても、今日まで行われてきたことよりはずっと前進させることができる）。具体的には、フランスやドイツ、そしてこの問題を抱えるその他のあらゆる国々は、現実を客観的に見つめ、毎年、状況報告を行い、さまざまな政策の方針を立てることを担う本格的な公的監視機関を設置するべきだろう。フランスで数人の研究者が数千件の求人に応募する形で雇用主に偽の履歴書を送り、面接に来るようにという返事をどれぐらいの割合で得られるかを調べたところ、アラブ-イスラム系と思われる名前の履歴書に対する返信率はそうでない名前の場合の4分の1だった。ユダヤ系の名前の場合も、アラブ-イスラム系の名前ほどではないにしても、やはり差別が確認された。[30] 問題は、この調査が繰り返し行われていないため、2015年以降、状況が改善されたのか、それとも悪化したのか誰にもわからないことだ。正式な監視機関が、地域ごと、活動セクターごとに、信頼でき比較可能な長期にわたる大規模な調査キャンペーンを実施できるようにすることが急務である。また風貌による警察官の職務質問の態度の違い、その他の形の差別についても同じことが言える。[31] このような機関はまた、企業内の差別（給与、昇進、研修など）に関する年次調査を実施すべきだろう。そのためには、国勢調査に両親の出生国に関する質問を加えることが肝要だ（現状では、フランスやその他の複数の国で、そうなっていない）。この情報と企業から送られる給与に関するデータを、匿名を原則として、公権力の管理の下で組み合わせれば、地域、セクター、企業規模ごとの詳細な分析ができるだろう。[32] これらの指標を労働組合と連携して集めることで、どんな差別が行われているかを特定し、地域の調査作業を充実させることができる。この仕組みが整えば、場合によっては、一定規模の企業に対し、特定の出自の従業員が明らかに少ない場合に提訴したり、あるいは制裁を科したりすることもできる。不可欠であることが明らかな場合には、無条件で、国勢調査に先祖についての一般的な質問を導入することを検討してもいいだろう。[33] だが、世界各地のこれまでの経験を見れば、本当に必要なことは統計データを積み増すことではなく、むしろ、あらゆる当事者（労働組合、雇用主、政治運動、市民団体）を巻き込んだ、透明で検証可能な揺るぎのない真の差別防止政策に役立つ指標を集めることだろう。これは今日まで、それぞれの国家モデルの範疇を超えて行われたことは決してなかった。

宗教的中立とフランス流政教分離の偽善

結論として、民族・人種差別対策には、まず宗教的中立の新しい形を生み出すことから始める必要があることを指摘したい。この点についてもまだ十分なバランスに達したと胸を張れる国はひとつもない。フランス流政教分離のモデルは完全に中立だと主張されがちだが、現実はもう少し複雑だ。[34] 宗教施設は、1905年の政教分離法が制定される以前に建設されたものを除き、表向きは助成金を受けていないが、実際には、1905年以前に建設された宗教施設はほとんどキリスト教の教会に限られるため、イスラム教徒はキリスト教徒に比べて不利ということになる。1959年のドゥブレ法〔公立校と同じ教育プログラムを教える契約を結んだ私立の学校に国から助成金を出すことを定めた法律〕が採択された当時に存在していたカトリック系の小・中・高校には、他の国ではほとんど見られないほど高額の助成金が税金から支出され続けている。これらの私立学校は、多様な社会階級の混成という共通のルールを完全に無視して、生徒を自由に選ぶ権利も維持してきた。そのため、カトリック系の学校は学校のゲットー化を生む原因になっている。[35] 宗教団体（聖職者および建物）の資金調達に関しては、税額控除の形による助成の重要な役割についても言及する必要がある。フランスでもその他の多くの国でも、宗教団体への寄付には税額控除の権利が与えられており、これは事実上きわめて不平等な公的資金調達の方法となっている。なぜなら、信者に高い財力があればあるほど、公的助成金が大きくなるからだ（このことは実質上、またしても特定の宗教が他の宗教よりも優遇されることを意味している）。[36]

イタリアで実施されている制度も似たようなもので、納税者は税額の一部を自分が選んだ宗教団体に寄付することができ、ドイツでは宗教のために徴収される加算税の形をとっており、いずれの国も統一された全国組織がある宗教を優遇する隠れ蓑としてその制度が使われている（したがって事実上、イスラム教は排除されている）。宗教団体を他の団体と同じように扱っているフランスのモデルのほうがましだろう。こうすれば、宗教をひとつの信仰、あるいは他の団体のようにひとつの信条と見なすことになり、組織の刷新化と多様化が促される。けれどもそれは、たとえば、該当するあらゆる公的補助金を、誰もが受け取ることができる同額の「団体存続のためのバウチャー」に変更し、各自がそのバウチャーを自分の価値観や信念で選んだ団体（宗教、文化、人道など）に割り当てる、より平等な制度にすればの話だ。このような制度があれば、真の平等へと前進することができるだけでなく、不信感や糾弾に満ちた現状から抜け出すことができるだろう。

9　新植民地主義からの脱却

平等のための闘いはまだ終わっていない。社会国家、累進税、真の平等、そしてあらゆる差別対策の実現に向けた運動は、その論理をとことん突き詰めて継続しなければならない。その闘いのためには、何よりも世界経済システムの構造的な変更が必要だ。植民地主義の終焉によって平等への道を歩み始めることが可能になったが、世界経済の仕組みは依然として極端に階層化され、不平等なままだ。資本の自由な移動に基づく現在の経済構造は社会的目標も環境目標もなく、より裕福な人々に利益をもたらす新植民地主義の形に非常に近い。このような発展モデルは政治的にも経済的にも容認しがたい。こうした状況を克服するには、現状のグローバリゼーションを推し進めるルールや条約を徹底的に見直して、社会－国民国家から南側世界に開かれた社会－連邦国家へと変貌する必要がある。

栄光の30年と南側世界――社会－国民国家の限界

過去2世紀の間の国家間の富の格差の推移を調べると、はっきりと異なる二つのフェーズがあることがわかる。第一のフェーズは長い年月を経て格差が少しずつ拡大していった1820年代から1950年代までで、それは、欧米列強が世界経済を牛耳っていた1820年代から1910年代までと、植民地帝国が最も繁栄した1910年代から1950年代までの二つの期間からなる。第二のフェーズは、国家間の極端な格差が続いた1950年代から1980年代までの期間（北側世界は栄光の30年の時期、南側世界は独立の時期）だ。その後、1980年代から2020年にかけて格差が減少しはじめる。1820年代には、世界の最富裕諸国に住む世界人口10％の平均所得は、最貧諸国に住む世界人口50％の平均所得の3倍弱だった。完全な平等ではないものの、諸国間の格差は比較的小さかった（しかも世界人口全体の平均所得が非常に低かった）時期だ。ところが1960年代になると、両者の所得比率は1対16と5倍以上に増えた。1980年代以降は明らかに格差の縮小が見られるが、それでも2020年の最富裕諸国の所得は最貧諸国の所得の8倍以上である（図9－1参照）。

強調すべき点がいくつかある。まず、世界の富の格差は依然として非常に大きく、植民地の遺産と1820年代から1960年代までの欧米諸国とその他の国々との格差の広がりの痕跡が色濃く残っているのは明らかである。ここ数十年間に、（主に中国をはじめ南アジアやサハラ以南のアフリカの勢いに引っ張られて）その他の国々が欧米諸国に確実に追いつく動きが見られるとはいえ、終着点まではまだまだ遠い[1]。昔からの列強も新しい列強も、後進国に自力で発展する手段を与えずに、永続的に自国の支配下に置こうとしているため、現状を打破するためにしっかりと結集して十分に強力な政治運動をしない限り、階層的構造が居座り続けるだろう。また、栄光の30年（1950－1980年）を理想化することは避けなければならない。その時期には、北側世界はあらゆる経済的繁栄を我が物としていた一方で、南側世界は厳しい貧困と極端な人口圧力に苦しみながらも、独立戦争や初めて主権を確立するための非常に厳しい戦いに挑んでいた。栄光の30年の時期の社会国家は、もともと家父長的社会国家であっただけでなく、国家間や植民地間の統合（過去とはいえ近年の話であるが、一刻も早く忘れたがっていた）によって欧米諸国の繁栄が可能になった一方で、それ以外の

図 9-1
諸国間の所得格差　1820—2020 年：植民地主義からの脱却への長い道

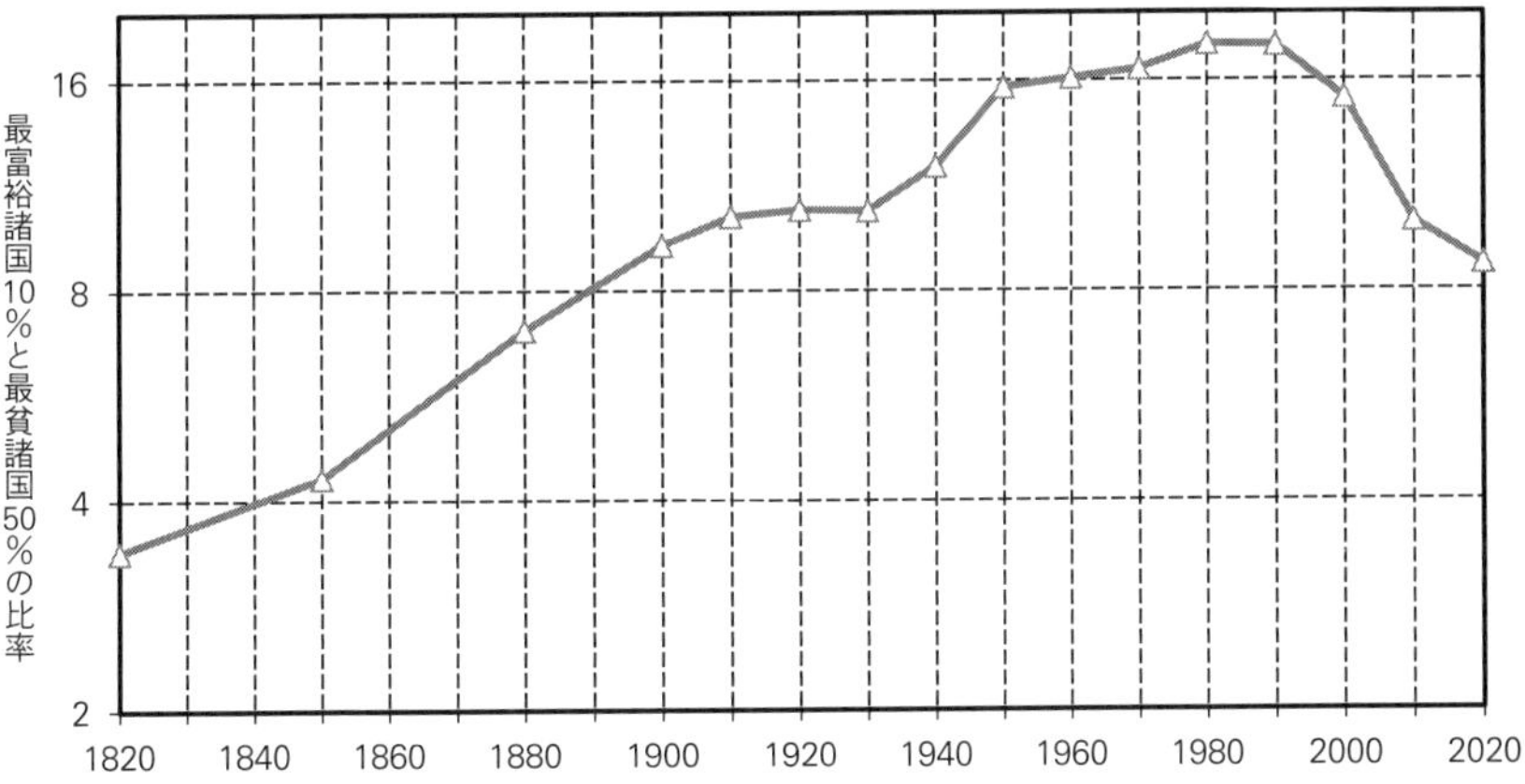

解説：最富裕諸国に居住する世界人口 10％の平均所得と最貧諸国に居住する世界人口 50％の平均所得との比率から測定される諸国間の所得格差は、1820 年から 1960—1980 年の間に大きく拡大したが、その後縮小し始める。
注：この比率を計算するにあたり、複数の十分位にまたがる国の人口は、複数の国であるかのように、当該十分位に分配している。
出所と時系列データ：piketty.pse.ens.fr/egalite を参照。

世界は発展しなかったことを度外視すれば、自国民の利益のために考案された社会保障制度、教育やインフラへの投資と共に主として北側世界の国民国家のなかで発展したという意味で、何よりも社会－国民国家だった。[2] 南側世界の人々は、必要に応じて、北側世界の労働力の需要を補うことを求められたが、仕事が終われば労働者を自国に帰らせるだけで、共同開発のモデルやそれについての新しい形の流通や規制の問題については考えなかった。

セネガルの初代大統領サンゴールをはじめとする南側世界の指導者たちは、独立の際、新たに創設された国々は国際分業における自国の立場について交渉するにはあまりに脆弱であることにすでに気づいていた。多国籍企業や欧米諸国と向き合うために、また、欧州諸国のような国家間の敵対関係を再びつくりだしてしまうことを避けるために、サンゴールは広大な西アフリカ連邦を創設することを検討していた。このプロジェクトは1959年から1961年にかけて、ほんのつかの間、マリ連邦という形で具体化した。これはセネガルと現在のマリ、ベナン、ブルキナファソを合わせた共同体で、コートジボワール、ニジェールは最終的に参加を見送った。[3] その他にも1958年から1962年にかけてアラブ国家連合（エジプト、シリア、イエメン）や西インド連邦（ジャマイカ、トリニダード、バルバドスなど）のような連邦構想が散発的に誕生した。[4] 国際連合の諸機関が設置された時には、数人の代表者が南側諸国の問題や、貿易や投資に対する公的規制をもっと重視しようと試みた。1947−1948年にインドやブラジルが支持した国際貿易機構（ITO）の構想は、国有化や資産の移動を共同で規制できる多国間の法的枠組みを提案するところまで協議が進んだ。ところが、このような国家介入政策によって主導権を失い、自国の利益が脅かされかねないことを危惧した富裕国がこの構想の批准を拒否したのだ。[5] この構想は、富裕国が主導権を維持し、こうした微妙な問題について今日まで富裕国の条件を強要できる機構（GATTへ、さらにWTO）に取って代わられた。[6]

新植民地主義、貿易の自由化、タックスヘイブン

1980年代に起こった保守革命は、アングロ・サクソン諸国で実施されていた累進税を正面切って攻撃し、（西ヨーロッパやアメリカの新しいスローガンである）資本の自由移動に固執するだけでなく、富裕国や国際機関の南側諸国に対する態度を見直すことにも一役買うことになる。1980−1990年代以降、「ワシントン・コンセンサス」と呼ばれる考え方が貧困国に対する推奨政策に浸透していく。これは、政府の介入比重の低減、緊縮財政、貿易の自由化、あらゆる部門の規制緩和を推し進める政策である。現状のパワーバランスの偏りを考えれば、こうした政策は奨められたというよりも押しつけられたのであり、（説得の仕方が

植民地時代と同じというわけではないにしても）そこに一種の新植民地主義が垣間見られるといっても過言ではない。[7] 2008年の金融危機以降、このコンセンサスはもはや時代遅れで、国際通貨基金（IMF）、世界銀行、欧米諸国政府は自由化の行き過ぎや格差の再拡大による問題、環境の危機などに気づいていると言っていいだろう。実際は、これに替わるコンセンサスがなかったことから、とりわけ南側諸国に対しては自由主義的な考えが幅を利かせ続けている。

時を経た今になって考えると、このような規制緩和や自由貿易政策の強制が南側諸国の国家建設プロセスのおぼつかない足取りを弱め続ける原因になっているのは明らかに思える。具体的には、税収を対GDP比でみると、世界の最貧国の税収は1970－1980年代から1990－2000年代までの間に減少し、その後2010－2020年代にやや持ち直しているが、スタート時の状態までには戻っていないことがわかる（スタート時点も非常に低い値だが）。税収減少の原因のほとんどは関税収入を失ったことだ。貿易に関わる税収が減少しても、たとえば、多国籍企業の利益や最高所得や最高資産に対する直接税が取って代わるなら、はっきり言って、それ自体は必ずしも悪いことではない。問題は、まったくそうではないことだ。次々と関税の撤廃を押しつけられた国は、それに代わる税収を生み出す時間もなく、そのための国際的な支援もなかった（それどころか、同じころにワシントン・コンセンサスによって累進税の原則さえ非難されていた）。[8] 結局、財政力の格差は1970年代以降に著しく広がった。貧困国の税収はGDPの15％以下にとどまっているのに対し、富裕国では30％から40％に増加している（図9－2参照）。この場合、税収がきわめて低いレベルであることが問題で、しかも、そこには大きなアンバランスが隠されている。ナイジェリア、チャド、中央アフリカ共和国など多くのアフリカ諸国の税収はGDPの6－8％だ。ところが、国家建設について分析した際に指摘したように、このような税収では国の秩序を維持し、基本的なインフラを建設するのがやっとであ

図 9-2
国家建設と貿易の自由化　1970—2020 年

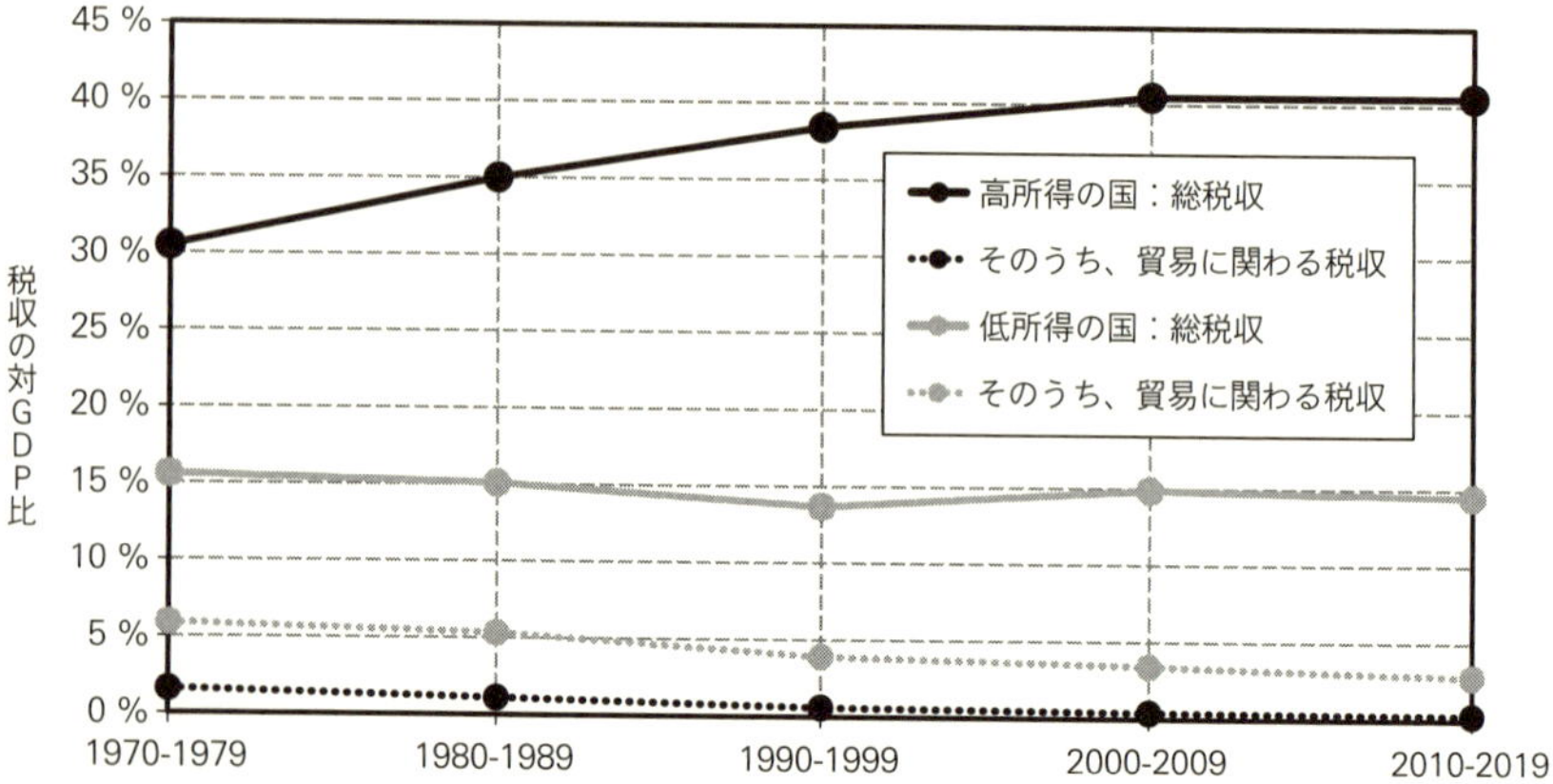

解説：低所得の国（最貧国の 3 分の 1。アフリカ、南アジアなど）の税収は、1970—1979 年は GDP の 15.6%、1990—1999 年は 13.7%、2010—2019 年は 14.5%。この下落の主な要因は関税やその他の貿易に関わる税金の減少（1970—1979 年は GDP の 5.9%、1990—1999 年は 3.9%、2010—2019 年は 2.8%）を相殺できる他の税収がないことによるものだ。高所得の国（最富裕国の 3 分の 1。ヨーロッパ、北米など）では、関税はこの時期の初めからすでに少なく、税収は増加し続け、その後、高止まりしている。
出所と時系列データ：piketty.pse.ens.fr/egalite を参照。

る。社会保障制度は言うに及ばず、教育や保健医療など重要な投資のための資金調達を検討することすらできない。ある国がこのようにわずかな税収で国のさまざまな機能のすべてを満たそうとするなら、どんな機能も適切に果たすことができなくなるのは明白だ（残念なことに、そういうケースが多い。それほど何らかの重要な機能を放棄する決断をするのは難しいのだ）[9]。富裕国の発展プロセスが租税国家の隆盛（1914年から1980年までに、税収は国民所得の10%から40%に増加している）に支えられていることを考えれば、その同じ国々が貧困国に対して、なぜこのような政策を押しつけるのだろうと思わずにはいられない。それは歴史を忘れてしまっているか、さもなければ、元植民地が単独で国を統治し、膨大な税収を管理する能力がないと思っているかのどちらかだ。不幸なことに、提案された解決策は（南側諸国の貧困化をもたらし）、たくましい推進力を促すようなものではなかった[10]。

これは明らかに、富裕国はもっぱら自国企業に市場を開放するため貿易の自由化にばかり気を取られ、貧困国の資本は北側の銀行や資本に入るのだから、貧困国が多国籍企業の利益に課税する手助けをしたり、南側諸国からの資本流出を規制したりしても何の得にもならないと考えたからでもある。

ここ数十年の間に資本の自由な移動やタックスヘイブン、世界経済の不透明さが増したことで南側諸国が甚大な損害を被っていることを強調する必要がある。確かに、こうしたことによる甚大な損害は北側諸国も含むいたるところで見られ、北側諸国では資本の自由移動が累進税を見直し、新しい財産主義が導入される大きな要因となっている。しかし、北側諸国はこの新しい法体制を他の国々に押しつけただけでなく、そのことによって、とりわけ国力や行政能力の乏しい南側諸国に打撃を与えたのだ。入手した推定値によれば、ヨーロッパやラテンアメリカにおける金融資産総額のうち、タックスヘイブンに回避されている金融資産は10－20％だが（これでも非常に大きな割合だ）、アフリカ、南アジア、石油産出国（ロシア、石油王国）では、その割合は30－50％に上る。ポートフォリオの規模が大きければ、タックスヘイブンの利用割合はさらに大きくなる。[11] これは事実上、国外の法制度を利用して、自国の法体制を回避する行為が当たり前のように盛んに行われ、最も権威ある国際機関や国際法、現地の上層部がそのことに目をつぶっているということにほかならない。こうした状況下では、最貧国が国家建設のための実現性のあるプロセスに乗り出すのはほとんど不可能だ。なぜなら、国家建設は、課税に対する国民の最低限の同意に基づき、また税制と社会の公平性という信頼できる基準が設けられたうえで成り立つものなのだから。最も豊かな人々が堂々と公共責務から逃れていれば、その方向に進むのはきわめて難しい。

見せかけの国際援助と気候変動政策

国際援助の概念そのものをめぐるとんでもない偽善についても強調する必要がある。まず、政府開発援助は想像以上に少なく、総額で世界GDPの0・2%に満たない（緊急人道支援は世界GDPのせいぜい0・03%）[12]。それに引き換え、富裕国の炭素排出によって貧困国が被っている環境上の損害は、それだけで世界GDPの数%に上る[13]。第二の問題は、これは決して些細なことではないのだが、アフリカや南アジアなどいわゆる「援助を受けている」ほとんどの国では、多国籍企業の利益や資本逃避の形で流出する資金が、実際のところ、政府開発援助による流入資金より数倍も多いことだ（表向きの国民経済計算に記載される流出資金に限定する場合も含めて、実際のフローを過小評価していると思われる）[14]。これは、世界の中心と周辺の関係という驚くべき重要な問題点のひとつである。つまり、富裕国が援助していると主張する国々は、実は富裕国に富をもたらしているのだ。しかも、北側世界と南側世界の関係についてだけでなく、たとえばEUにおける地域間の関係についても、おおむねこうした現実がある。（たとえば、地域投資資金として）受け取った公的資金とEU予算に拠出した分担金との差額を調べると、ポーランド、ハンガリー、チェコ共和国、スロバキアなどの国々は、2010年から2018年までにGDPの2－4%に相当する純補助金を受け取っている。問題は、同じ期間中に利益や配当金、その他の資産所得の形で流出する民間資金が、受け取る公的資金の2倍近い、つまりGDPの4－8%にもなるという点だ（図9－3参照）。東ヨーロッパでは、西ヨーロッパ（とくにドイツやフランス）の投資家たちが新たなEU加盟国を安価な労働力市場として利用し、こうした地域を永続的に経済的な従属状態において、膨大な利益を生み出していることがはっきり見てとれる。ところがドイツやフランスは、民間資金の流出については言及したがらない。それは実施した投資の当然の見返りだと見なそうとし、公的資金の流入だけを見るべきだと考えている。経済力と「市場の均衡」を「当然視」し、その後

図 9-3
東ヨーロッパにおける資金の流出入　2010–2018 年

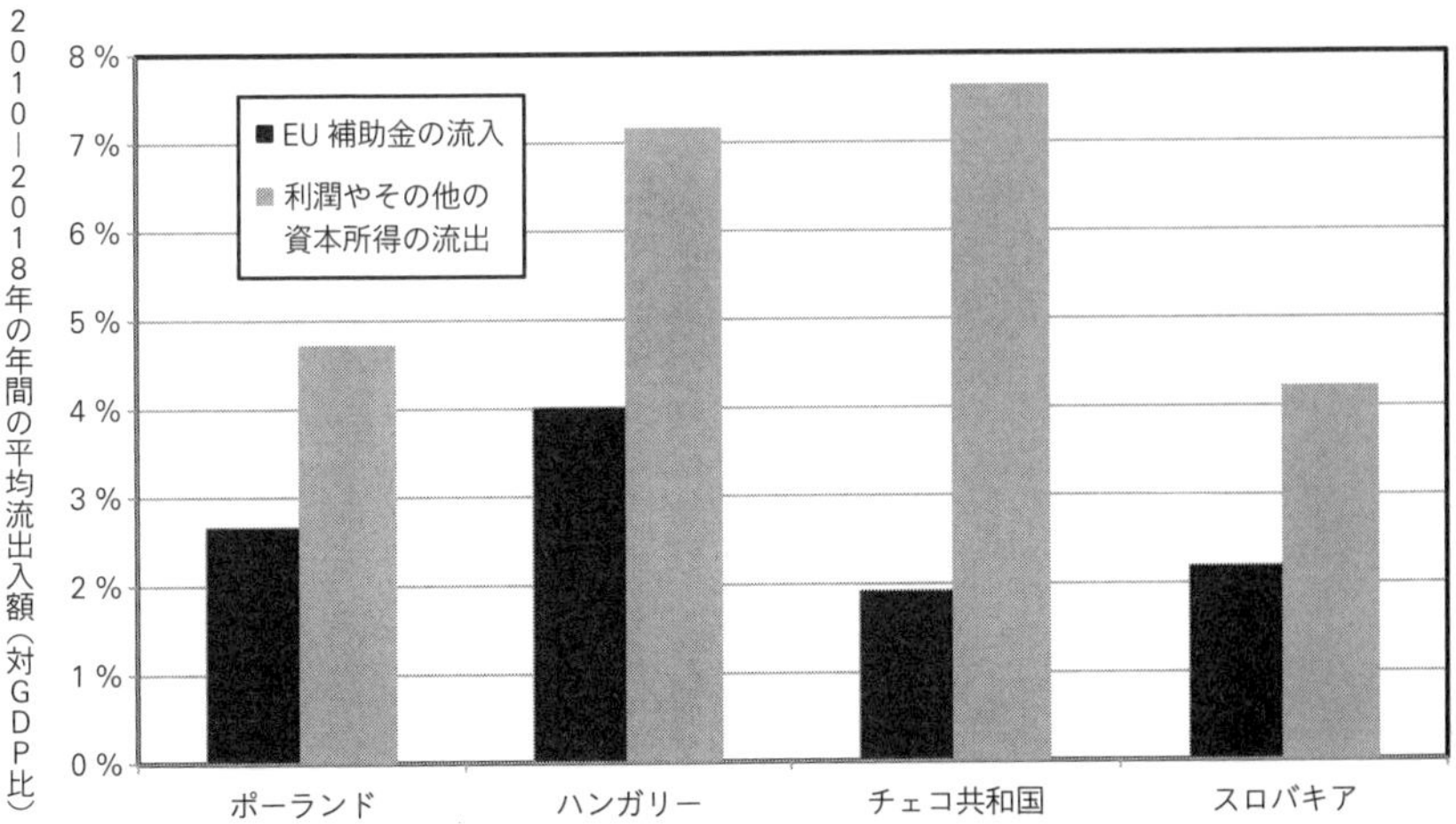

解説：2010 から 2018 年までの間、EU からの純補助金の年間流入額（給付された額と EU 予算への拠出金との差）はポーランドでは年に GDP の平均 2.7%だが、同じ時期に、利益や資本所得として流出する純流出額は GDP の平均 4.7%に上る。ハンガリーについては、純流入額、純流出額がそれぞれ GDP の 4.0%と 7.2%である。
出所と時系列データ：piketty.pse.ens.fr/egalite を参照。

で（つまり、素晴らしい市場の均衡が安定した後に）実施される資金移転、すなわち市場の勝利者からの気前のいい行為と見なされる補助金だけに目を向けたがる傾向は、支配的な行為者たちにはよくあることだ。だが、所有権の関係性におけるパワーバランスは少しも自然なことではないということを忘れている。賃金や利益のレベルは、さまざまなメカニズムや社会制度、たとえばEU内での社会政策や税制の調和の有無、組合の権利、資本流通のルールなどによって左右されるが、こうしたことについては議論が必要だろう[15]。

世界レベルでも同じことが言える。ごくわずかにすぎないとはいえ政府開発援助に目を向ければ、巨額の民間資金の流れについて考えることを忘れて、世界経済のシステムについてまったく誤った見方がされている。援助金はつねに富裕国の管理のもと各国の開発部局や非政府団体（NGO）を介して善意で支払われていることを言い添える必要がある。その額はささやかではあるが、最貧国の政府が管理しているわずかな税収に比べればかなりの額だ。いくつかの研究から、開発部局やNGOから提供された資金が、とくにサハラ地域では、独立後にさまざまな現地指導者や社会団体に受け入れられるような自国の主権確立を実現する時間がまったくなかったという状況のなかで、実際には公式の政府ルートを回避して別のルートで分配されたことが国家建設のプロセスを不安定なものにする大きな原因になっていたことが明らかになった。提供された援助資金が正規の税収に加算されていればプラスの効果が生まれていただろうが、国内の極端な貧困状況に介入し、国家の非合法化を助長するような援助は、おそらく大した支援にはならないだろう。[16]

貧困国の権利——世界の中心と周辺という考え方からの脱却

このような袋小路から抜け出すには、どんな国も発展する平等な権利があるという原則、より広くは、世界レベルで生じている富の不均衡な分配は何といっても政治の問題であり、政治はそれぞれの国のルールや制度に完全に左右されるという原則から出発する必要がある。とくに貧困国には、世界中の多国籍企業や億万長者たちから徴収した税収の一部を受け取る権利が与えられるべきだろう。なぜなら、どんな人間にも保健医療や教育を受け、向上する最低限の平等な権利があるのだから。しかも最も豊かな事業者らの繁栄はすべて世界経済のシステムと国際分業のおかげなのだから。手始めに、たとえば1000万ユーロを超える資産に対して2％の世界税を課すことが考えられる。それだけですでにかなりの額、つまり年間で約1兆ユーロ、世界GDPの1％になる。これを人口に比例して各国に分配することができるだろう。[17] 課税対象の最低額を200万ユーロに設定するなら、世界GDPの2％を徴収することができ、さらに、億万長者に高い累進税率を課せば世界GDPの5％を徴収できる。[18] もう少し控えめな設定にすることを選択したとしても、各国が必要に応じて、最高額資産に対する独自の税率を定めて補完すれば、現行の何らかの公的援助に完全に取って代わり、最貧諸国の保健医療、教育、インフラに十分な投資ができるような追加資金を提供するのに十分だろう。このテーマに関する現状の議論に併せて、多国籍企業の利益に対する税の一部を貧困諸国が受け取る権利を加えれば、全体として完璧なものになるだろう。[19]

富裕諸国は当然のことながら、自国の開発部局や人道支援機関に政府援助や民間援助の形で継続的に資金を供与することができる。しかしそれは、発展し、国家を建設するという貧困国にとっての撤回不能の権利のための投資であるべきだ。お金が不当に使用されることを避けるには、北側諸国でも南側諸国でも、政府や公共セクター、民間セクター、民間セクター内に幹部たちが過度に資産を蓄積していないか追及する習慣をつける必要があるだろう。しかし、お金の不当な使用に対する懸念を、南側諸国の合法性そのものを絶えず問題視する口実にするのはやめるべきだ。[20] 貧困諸国において、国家建設の不安定なプロセスがもっとしっかりした基盤の上で軌道に乗ることができるようにするには、当の貧困国が出資者たる北側諸国の保護から抜け出して、長期的に当てにできる確実な税収を手に入れることがぜひとも必要だ。

現在の国際援助という概念で最も問題なのは、根本的に公正な市場均衡が存在し、その市場では各国が過去に栄光ある孤立のなかで生み出し蓄積した富の正当な所有者であることが前提とされていることだ。しかし、実情はそうではなかった。産業革命以降の欧米諸国の繁栄は国際分業、地球上の天然資源の過剰開発、人的資源の途方もない搾取なしには実現しなかったのだ。そもそも、富裕諸国は貧困国がなければ、また他の国の天然資源や人的資源がなければ存在しなかっただろう。ひと昔前の欧米列強やアジアの新興列強（日本と中国）も同様だ。18世紀および19世紀に、奴隷、綿花、木材、石炭のおかげで発展した欧米諸国の経済は、20世紀から21世紀初頭にかけては、周辺国の安価な労働力と数百万年間も地下に埋蔵されてきた石油やガスを介して世界中の富をふんだんに利用することで成り立ってきたが、石油やガスの消費の加速度的な増大によって地球は生存の危機に瀕し、主に最貧諸国がその犠牲になっている[21]。

各国（もっと言えば、各国の個人）は、自らの生産性や富に個別に責任があるという考えは、歴史的観点から大して意味がない。どんな富も、もともとは共有のものだ。私有財産は、制度や法律によって個人的な資産の蓄積を制限し、権力が循環され、富がより適切に分配されるようなバランスの取れた全体的枠組みのなかで、社会全体の利益のために使われるのでなければ認められない（あるいは認められるべきでない）。そんな政策を進めれば、どこまで行くかわからないという不安はよく理解できる。とくに超国家レベルでは、しばしば大きな偏見があり、関係する社会集団が互いをよく知らないために、互いの状況を正しく理解しにくい場合が多く、それゆえに、公正さについての共通の基準を追求することはいっそう複雑で曖昧になっている[22]。しかし、このような不安を抱くのはよくない。なぜなら、実際はこうした政策や制度以外の選択肢はなく、このような制度は確かに脆弱ではあるが不可欠なものだからだ。本書で言及している賠償や世界税など、これから見つけていく妥協案や措置は、つねに不完全で一時的なものだ。だが、市場を絶対視し、過去に手に入れた所有権を、その資産規模や由来がどうであれ、絶対的に尊重するような他の政策は、不公平に手を付けずに根拠のない権力ポストを存続させることを狙う一貫性のない主張にすぎず、最終的には新たな危機を招きかねないのだ。

社会－国民国家から社会－連邦国家へ

貧困諸国の発展する権利および多国籍企業や億万長者からの税収の一部を受け取る権利の他にも、すべての国際機関について再考する必要がある。世界経済のシステムは数十年来、二つの前提の上に成り立っている。そのひとつは、諸国間の関係がほとんど無条件に財と資本の全面的な自由流通に基づいているということ、もうひとつは、国内の政治的選択、とくに税・社会・法制度の選択はそれぞれの国だけに関わるもので、厳密に国民主権の対象とならなければならないということ。これが社会－国民国家の原則である。問題は、この二つの前提が矛盾していることだ。つまり、共通の税制も規制もない資本の自由流通は、国があくまでも最も移動しやすく最も権力のある事業者らに有利な道へと進む選択をさせ、事実上、最も豊かな人々に利する新しい財産主義体制を生み出すことになる。より広くは、規制なき自由貿易を続ければ、国内の不平等が拡大し、気候温暖化へと進むことになる。これは、いまやグローバル化が直面している二大脅威として広く知られている[23]。

理論的には、この問題の解決策は比較的単純だ。今日までグローバル化を進めてきた文字通りの通商条約や金融条約を、持続可能で公平な真の共同開発条約に置き換えればいいだろう。この新しいタイプの条約では、たとえば、多国籍企業に対する税率、富の分配、炭素排出量、生物多様性などに関して検証可能な数値目標を定めた明確で拘束力のある社会・環境目標を設定する。こうした条約は貿易をひとつの前提にするのではなく、これらの目標の達成を貿易の追求よりも優先させる[24]。あるタイプの条約から別のタイプの条約に移行するのは、当然のことながら一日でできることではない。この方向へ進みたいという気持ちで忍耐強く国を挙げて結束していく必要があるだろう。たとえ、現在のグローバル化が行き詰まっていることにすでに気づき始めているにしても、移行がつねにスムーズに行われるという保証は何もない。理想を言えば、共同開発条約は、十分に超国家的、民主主義的な側面を備えているものであるべきだろう。従来の条約では、全体的なロジックはきわめてトップダウン式だ。つまり、各国首脳や行政機関が互いに自由貿易のルールについて協議し、必要に応じて国会での批准を受けた後、真に民主的な規制もなく、多国籍企業が最もいい思いをするように、場合によってはさまざまな係争の解決を民間調停機関に任せて、すべてが自動操縦で動き出す。共同開発条約の場合は、適用すべき社会・税制・環境面の規制に関する、文字通りの政策調停プロセスが数多く存在し、そうした調停プロセスはあらかじめ完全に定めることはできないが、条約の署名国を代表する超国家議会に一定の制約を設けて委任することができる（表9－1参照）。概して、これらの議会には二つのタイプがある。ひとつは関係国の議会出身議員で構成される議会で、もうひとつは、そのために特別に選ばれた超国家レベルの議員で構成される議会だ。第二の方式は、いきなり国民国家の政治制度を超越しようとしている点が民主主義的観点からより野心的に見える。しかし実際には、まやかしかもしれない。1979年以降、欧州議会の議員は直接普通選挙で選ばれているが、実際の権限は（加盟国の国家元首で構成される）欧州理事会あるいは欧州閣僚理事会が行使し続けている。この二つの理事会は、加盟各国の唯一人の代表者で構成され、非公開で開催されるうえに、各理事には税や予算の問題について拒否権がある。そのため、超国家議会の前提とされる民主主義は空虚なものと化している。[25] 2020年のコロナ禍の際、最も打撃の大きかった国々への支援を目的とする共通債について採択された復興計画のように、奇跡的に全会一致で決議された場合でも、その後には各国の納税者が関係してくるため、現状の法的枠組みのなかで唯一その権限がある加盟各国の議会で承認される必要があり、このことは、プロセスを非常に重苦しく活気のないものにしている。このような行き詰まりから脱却するためのひとつの解決策は、それを望んでいる国々が、（たとえば、人口や政党数に比例した）加盟国の議員で構成される欧州集会を設置し、その集会が、関係諸国が決めた一定の制約の範囲内で、予算や税・社会制度に関する決議を一定数の過半数で採択できる権限を持つようにすることである。[26]

表 9-1
グローバル化の新しい組織：超国家民主主義

超国家議会

グローバルな公共財（気候、研究、職業訓練、労働など）およびグローバルで公正な税制（高額資産、高所得、巨大企業への共通税、炭素税）を担当。

国民議会 A国	国民議会 B国	国民議会 C国	国民議会 D国	…

解説：提案する組織では、グローバル化（財、資本、人の移動）を規制する条約によって関係諸国による「超国家議会」の創設が規定される。この議会は、グローバルな公共財（気候、研究、職業訓練、労働権など）およびグローバルで公正な税制（高額資産家、高所得者、巨大企業への共通税、炭素税）を担当する。
注：A国、B国、C国、D国は、フランス、ドイツ、イタリア、スペインなどの国が想定される。この場合、超国家議会は欧州集会となる。A国やB国はEUやアフリカ連合などの地域連合であってもよい。この場合、超国家議会はユーロ・アフリカ連合会議となる。超国家議会は各国の国会議員、および／または、状況に応じてそのために特別に選出された超国家議員で構成されることが考えられる。
出所と時系列データ：piketty.pse.ens.fr/egalite を参照。

民主的な社会連邦主義を目指して

社会−連邦国家の問題はヨーロッパに限ったことではなく、むしろその反対だ。新しい形の社会連邦主義、つまり明確で検証可能な社会目標を軸とする民主的連邦主義の構築は世界全体の課題である。たとえば、西アフリカ諸国は現在、共通通貨を再評価し、植民地時代の宗主国の保護下から完全に抜け出すことを協議している。これは、西アフリカ通貨を（最富裕層の資本流通のためだけでなく）若者とインフラへの投資に基づく開発プロジェクトに役立たせるチャンスだ。そのためにはまず、過去の失敗、とくに独立後の連邦プロジェクトをしばしば損ねてきた財政移転をめぐる闘いを教訓にして、西アフリカで、また将来の可能性としてはアフリカ連合〔2002年に発足したアフリカ大陸内55カ国からなる大陸連合〕レベルで税制や予算面での新しい連邦主義を考案する必要がある(27)。

このようなプロジェクトへの賛同の渦を巻き起

こすためには、当然のことながら税の公正さと最高額資産への課税の問題が最も重要である。理想は、国家レベルでも世界レベルでも、金融証券の保有記録を保存できる本格的な公的金融資産登録制度を構築することだ。[28] 金融資産の不透明さを防ぎ、世界中の銀行が保有する情報の自動的な伝達を可能にすることについて、2008年の危機以降、議論が重ねられているが、その糸口はいまだにつかめていない。[29] この件についても他の問題と同様、将来前進できるかどうかは、世界あるいは地域全体の賛同を待たないで、これから先、各国が単独で決断できる行動にもかかってくるだろう。とくに各国政府は、不動産あるいは事業用資産、また国内に建てられた（または国内のユーザーに関わりのある）生産工場などの所有者に対し、民主的に定めた税率を適用できるような方法で、これらの所有者の身元、取得利益などを伝達するよう求めることができる。[30] 各国のアプローチを対立させるのではなく、国ごとのこうした単独行動と各国の連携をめぐる社会連邦主義的提案を結びつければ、前進が期待できるだろう。

大陸をまたいで、たとえばヨーロッパ-アフリカ地域で共同議会を設けるというアイデアは、世間知らずで実現は難しいと思われるかもしれない。だが実際、経済の発展、移民の流入、環境破壊など共通の課題の重要性が増すなかで、このような開かれた討論がますます欠かせなくなっている。Black Lives Matter、#MeToo、Fridays for Future などの活動の盛り上がりは、多くの若者世代が国を越えた世界的な展望をしっかりと見据えていることを示している。たとえば、ウガンダやコンゴでのトタル石油グループなど多国籍企業の活動については、労働条件や生物多様性に関する課題を評価する必要があるが、その場合、最もふさわしい規制について正々堂々と議論できる超国家議会の枠組みは不可欠だ。同様に、このような枠組みで人の移動や高等教育への投資について議論することも意義があるだろう。たとえば、フランス政府による2019年の決議によって、EU圏内の学生はフランスの学生と同額の大学登録料（200–300ユーロ）を納入することになったが、EU圏外の学生は3000−4000ユーロの登録料を支払わなければならない。マリやスーダンの学生がルクセンブルクやノルウェーの学生より10−20倍も高い登録料を払うのはなんとも理不尽である。超国家レベルでの公開議会で議論すれば、もっと公平な解決策、たとえば学生の両親あるいはマリやルクセンブルクの納税者にそれぞれの所得に応じた負担を課すなどの策が採択されるかもしれない。重要なのは、移動の自由などの基本的権利は、それに伴う公共サービスや共同出資制度と切り離して考えるべきではないということだ。

最後に、民主的な社会連邦主義の展望を描くことを拒絶すれば、国民国家の限界を強権的にごまかそうとする反動的な計画を育むことになることを指摘しておこう。ハンナ・アーレントは、1951年刊行の著書『全体主義の起原』のなかで、すでにこう指摘している「戦間期におけるヨーロッパ社会民主主義の根本的な弱点は、グローバル経済の試練に立ち向かうためにグローバルな政治の必要性を十分に組み入れなかったことに他ならない[31]」。ある意味で、それをしなかったのはヨーロッパの社会民主主義だけだった。というのは、植民地帝国もボルシェヴィキやナチの政策構築も、グローバル経済や産業・金融資本主義の世界的な広がりに適したポスト国民国家の形に依拠していたからだ。自然は真空を嫌う。民主的なポスト国民国家主義政策が一切策定されなければ、それに代わって、世界中で荒れ狂った経済力や国家権力がもたらした不公平感を多少とも納得させる解決策を提案するために、強権的な政策が構築されてしまうだろう。

最近起こったこのような状況の最も深刻な例は、間違いなく2014年に急激に勢いを増し、サヘルやその他の地域で何度もテロ行動を起こしているダーイッシュ（イスラム国）のテロ活動だ。入手したデータによると、中東は世界で最も不平等な地域である。その最大の理由は、人口が非常に少ないこの地域に（地下に残しておくべき）石油資源が集中しているためで、ごく一部の支配層が欧米諸国の積極的な支援を受け、国際市場に金融資産を際限なく蓄積している。欧米諸国は彼らに武器を売ったり、資金の一部を自国の銀行やスポーツクラブで回収したりできるという旨味を手放せないでいる。その一方で、たとえば中東から数百キロメートルしか離れていないエジプトは1億人余りの人口を抱え、若者の教育やインフラへの投資資金が十分にない状況だ。[32]理論上は、過去に検討されたことがあるアラブ連盟やアラブ・マグレブ連合を刷新したような形で、富や投資をより適切に分配し、多様化できる地域のための民主的な連邦組織を構想し、将来、それを具体化することができるかもしれない。だが、そうした議論に蓋をして、経済や地域の現状に甘んじていれば、イスラム国のように、植民地の国境を書き換えるような反動的プロジェクトをのさばらせることになる。イスラム国は、戦間期のナチ国家のように強権的な国家権力、自己中心的で乱暴なアイデンティティ、全体主義的な宗教イデオロギーを構築することで、その信奉者らが感じている屈辱感に応えたいと望んでいるのだ（しかし幸いなことに、今日までそんな強大な権力も政治的・軍事的成功も手にしていない）。現在もこれまでも、公平な発展プロジェクトと、普遍的な使命を持った公平な社会という信頼できる目標があって初めて、アイデンティティの全体主義的な逸脱を打ち負かすことができるのである。

10 環境に配慮した多民族共生の民主社会主義へ

平等を求める闘いは、とりわけ過去の闘争の記憶を拠りどころに21世紀に引き継がれていく。過去2世紀の間に世界中で社会・経済・政治面での一層の平等を求める歴史的な動きが起こったが、それは、何よりも反乱や革命、大規模な政治運動の末にもたらされたものだ。今後も同じような経過をたどるだろう。この最終章では、環境破壊をはじめ、世界レベルでの列強間の競争、イデオロギーの衝突など今後数十年間に大きな変化をもたらす可能性のあるいくつかの要因についてとりあげたい。とくに、「中国社会主義」の隆盛によって突きつけられている脅威に注目していこう。「中国社会主義」は、本書で主張している分権型の民主社会主義にあらゆる点で対立する、強権的な、そして私の考えでは、開放的でない国家モデルだが、それでも欧米列強はこの脅威を真剣にとらえるべきだろう。欧米列強が時代遅れのハイパー資本主義モデルを擁護することに汲々としているなら、中国に打ち勝てるかどうかはまったくおぼつかない。ふさわしい選択肢は、多民族共生でエコロジカル、参加型かつ連邦主義的な民主社会主義である。結局それは、18世紀末から延々と取り組まれてきた平等を求める運動の首尾一貫した延長にほかならない。誰もが分権化したやり方でこの運動に貢献できるためには、普遍的な使命を持った新しい形の主権主義を展開する必要があるだろう。

変わる力──気候温暖化とイデオロギー闘争

本書で言及したあらゆる変革、つまり社会国家、累進税、参加型社会主義、公平な選挙や教育、新植民地主義からの脱却などは、強力な結集とパワーバランスが伴わなければ実現できないだろう。何も驚くようなことではない。過去においても、古い仕組みを新しい制度に代えることができたのは、いつも闘争や集団運動だった。新しい社会・政治運動を拠りどころに多くの有権者を結集させ、思い切った変革を謳う基本方針を掲げて権力の座をつかみとることに成功するような平和的な進展を思い描くのは自由だ。しかし過去の経験から、大きな歴史的変化にはたいてい危機や緊張、対立がつきものだったことを思わずにはいられない。変化のペースが速まる可能性がある要因のひとつは、いうまでもなく環境破壊だ。理論上は、科学的研究によって環境破壊の見通しがどんどん正確になり、適切な動きを起こすことができるようになるかもしれない。不幸なことに、これまでに認識されてきた環境ダメージより、ずっとはっきりと実感できる具体的な環境ダメージがない限り、保守的な考えを打ち破って、現行の経済システムを徹底的に見直すことには至らないかもしれない。

現段階では、そうした具体的な環境の変化がどこで起こるか、誰も予測できない。地球が温暖化に向かっているのは明らかで、21世紀中に、気温は産業革命以前に比べると少なくとも3℃は高くなるだろう。これまでに検討された行動よりずっと思い切った行動をとらないと、そうした事態を回避できない。地球全体の気温が3℃上昇した場合、唯一確かなことは、そのことからどんな連鎖反応が起こり、どれくらいのスピードでいくつもの都市が水にのみ込まれ、多くの国が砂漠のような気候に見舞われるのかを予測できるモデルがまったくないということだ。現在起こっているその他の環境の変化を考えると、壊滅的な環境破壊の最初の兆候は、生物多様性の急激な崩壊、海洋の酸性化、肥沃な土地の消失など、これまでとは違う様相を呈する可能性もある。[1] 最悪のシナリオは、兆候を察知できないまま、資源をめぐる国家間の対立が激化し、何十年かかっても復興がおぼつかないというものだ。[2] 山火事や自然災害の頻発といった目立つ次なる兆候の波が起これば、やっと、何かしなくてはと自覚し始め、1930年代の大恐慌の時のように、経済システムの根本的な変更や公権力の新たな介入の形が必要だと認められるかもしれない。今起こっていることが日常生活に深刻な影響を及ぼしていることに多くの人々が気がつけば、たとえば、自由貿易に対する態度が劇的に変わるかもしれない。アメリカをはじめヨーロッパやその他の国々の最富裕層の生活様式が環境破壊の最大の原因になっていることから、そうした国々や社会層に対する敵対的な反応を予想することもできる。[3]

そうした観点から重ねて指摘しておきたいのは、北側諸国は人口が少ないにもかかわらず（アメリカ、カナダ、ヨーロッパ、ロシア、日本の人口を合わせても世界人口の約15％）、産業革命時代の初期以降に蓄積された炭素排出量のおよそ80％は北側諸国によるものだということだ。これは、1950年代から2000年代までに欧米諸国で人口1人当たりの年間炭素排出量が極端に増加したためである。具体的には、アメリカでは人口1人当たり25―30トン、ヨーロッパでは15トン前後だ。現在、それぞれの数値は減少し始め、2020年はアメリカでは20トン、ヨーロッパでは10トンになっている。しかし中国では2000年まで1人当たり年間炭素排出量は5トン以下だったのが、2000年から2020年までの間に5―10トンになった。今日までの経過を考えると、中国は1人当たり炭素排出量が欧米ほど高いレベルには決してならないまま、欧米の生活様式レベルに到達するに違いない。[4] これは確かに、ひとつには地球温暖化の認識が高まったことと、新しい技術が進んだことによるものだ。しかし、最近、地球上に到達したらしい「緑のレーザー」が環境汚染の低減にうってつけの出口を提供するという話には、眉に唾したほうがいい。化石燃料の急激な燃焼が大気に有害な影響を及ぼすのではないかと懸念され始めたのは、ずっと昔、産業革命が始まった頃のことだ。その疑念に対する反応が遅く、今日も依然として対策が限られているのは、何といっても、諸国間でも国内でも社会・経済的利益への影響が大きいからだ。(5) 地球温暖化への影響の軽減や、炭素排出の影響を最も受けている国々(とくに南側諸国)に適用する対策のための資金調達には経済システム全体や富の分配の変更が必要で、そのためには、世界レベルで新しい政治・社会的な結集を推進する必要がある。ウィンウィンの対策があるだろうなどという考えは危険で鈍感な幻想にすぎず、そんな考えからはさっさと抜け出さなくてはならない。

中国社会主義、完全なデジタル専制体制の脆さ

環境問題とは別に、政治の変化を加速させる可能性のある要因のひとつとして大国やイデオロギーの対立を挙げることができる。非常に重要な問題のひとつは、中国体制の将来と、その強みと弱点の問題だ。中華人民共和国は、思いがけなく崩壊するようなことがない限り、今後数十年以内に世界最強の経済大国になるだろう。もっとも、どのくらいのスピードでそうなるか、またどれくらいの期間その地位を維持できるかは誰も予想できない。(6) 現在の中国と欧米の経済の仕組みを比較すると、最も際立つ違いは所有権制度、とくに公有財産の比重の大きさであることは疑う余地がない。経済改革が始まった1978年時点の中国の公的資本(政府と自治体を合わせた)の割合は70%前後だったが、1980年代から1990年代に急速に縮小し、2000年代半ばまで縮小傾向が続き、その後、2000年代半ば以降は30%前後で落ち着いている(図10-1参照)。

中国での資産民営化のプロセスが2005-2006年頃に終わったのは驚くべきことだ。その頃から、公有財産と私有財産のバランスはほとんど変化していない。中国経済の著しい成長を考えると、中国資本は

図 10-1
公有財産のシェアの低下　1978―2020 年

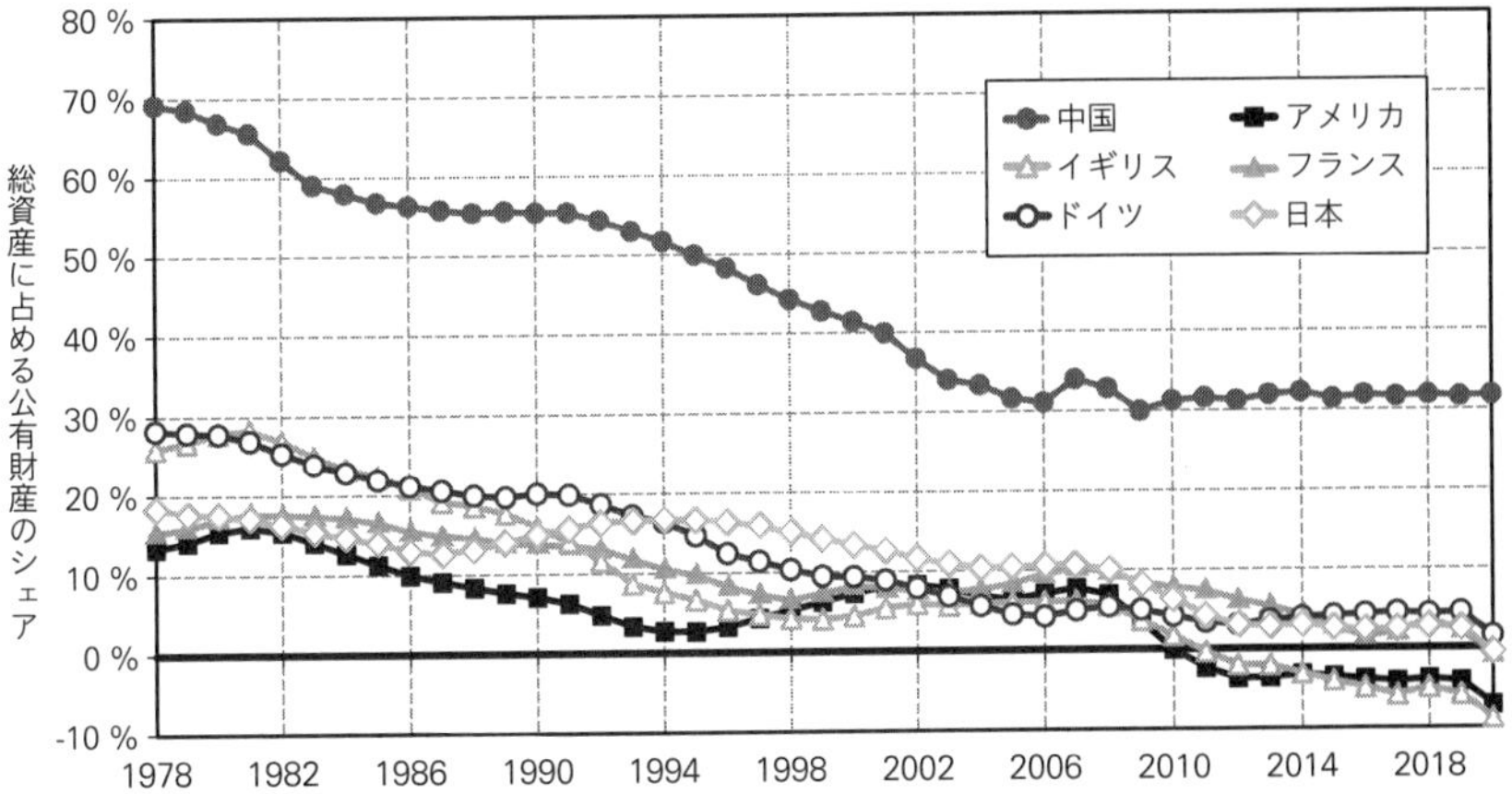

解説：1978 年の中国では、国の総資産（つまり、公有財産と私有財産の合計）に占める公有財産（あらゆる公共団体および企業、建物、土地、資本参加、金融資産などあらゆる公的資産から負債を差し引いた純公有資産）のシェアはおよそ 70%だった。その後 2000 年代半ば以降、30%前後に落ち着いている。資本主義諸国では、1970 年代末には 15―30%前後だったが、2020 年にはほとんどゼロかマイナスになっている。
出所と時系列データ：piketty.pse.ens.fr/egalite を参照。

あらゆる形で蓄積され続けているのは明らかだ。途方もないスピードで新たな土地が整備され、工場やビルが建設されている。公有化の形で蓄積された資本は、ほとんど民間資本と変わらない速さで増えている。その意味で、中国は混合経済といえる所有構造に落ち着いているようだ。この国はもはや真の共産主義ではないが、完全な資本主義でもない。というのも、公有財産の割合は国内全財産の30％をやや上回っており、これは確かに私有財産より少ないとはいえ、かなり大きな割合だからだ。中国政府が国内全財産の3分の1を所有しているということは、投資や雇用創出をどう配分するか、どんな地域開発政策をとるかについて、政府が大きく関与する可能性があるということだ。

しかも、平均して約30％という公有財産の割合は、資産のカテゴリーによって非常に大きな違いがある。居住用不動産はほとんどすべてが私有化された。2020年代初めに政府と国営企業が保有する住宅は全戸数の5%以下にすぎない。貯蓄の可能性が限られており、公的年金制度は基金不足という状況のなかで、住宅は資金に余裕のある中国人世帯の代表的な投資先になり、その結果、不動産価格が急騰した。それに引き換え、政府は現在、（上場企業と非上場企業を合わせた）企業の総資本のおよそ55―60%を保有している。この割合は2005―2006年以降ほとんど変わっていない。このことは政府が生産システムを厳重に管理し、しかも大企業の管理にとくに力を入れていることの表れである。また、海外投資家が保有する企業資本のシェアは著しく低下し、その分、中国人世帯の保有するシェアが増加している（図10‐2参照）。

このような混合経済構造と企業への政府による強力な介入の他に、「中国の特色ある社会主義」（中国政府が自らこう形容したがっている）のまた別の重要な特徴はもちろん中国共産党の支配的役割だ。2020年時点で中国共産党は9000万人以上の党員を抱えているが、これは国内の成人人口の10%に相当する。政権の見解によれば（その公式見解は毎日、*Global Times*［環球時報］で表明されている）、中国流民主主義は、候補者が乱立するスーパーマーケットのような欧米の選挙制民主主義より優れている。なぜなら、中国流民主主義は、移り気で影響されやすい欧米の平均的な有権者よりもはるかに真剣に一般利益のために働く前衛部隊に国の行く末を任せており、彼らは、選抜され、社会を代表し、毅然として意欲に溢れているからだという。(7) ところが実際には、この体制はますます完璧なデジタル専制体制のようになってきており、誰も中国のようになりたいとは思わないほどだ。党内での討議モデルは、外部には一切漏れないだけに説得力に乏しいが、反対に、社会ネットワーク上での国民監視の広がり、反体制派や少数派の弾圧、香港の選挙への妨害行為、台湾の選挙制民主主義体制に対する脅迫などは誰の目にも次第に明らかになっている。このような体制が他の国々の（指導者ばかりか）世論を惹きつけることができるとはとても思えない。加えて、格差が大きく拡大し、

図 10-2
中国企業の所有権　1978－2020 年

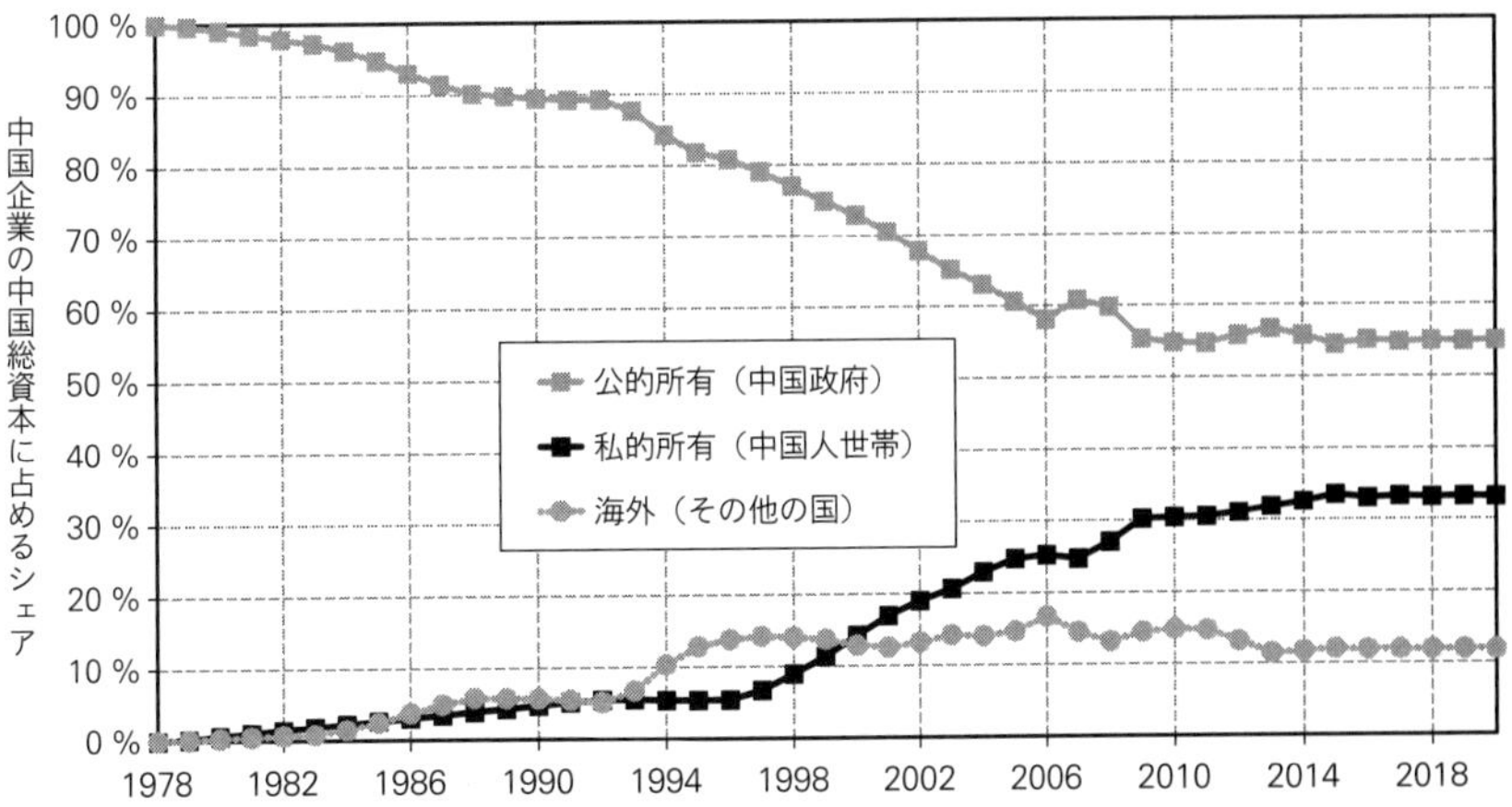

解説：中国国家（政府および地方公共団体を含めて）は 2020 年、（あらゆる規模、部門の上場、非上場企業を含む）中国企業資本全体の約 55％を保有していたのに対し、中国人世帯は 33％、海外投資家は 12％を保有していた。海外投資家のシェアは 2006 年以降減少し、中国人世帯のシェアは増えたが、中国国家のシェアは 55％前後で変わっていない。
出所と時系列データ：piketty.pse.ens.fr/egalite を参照。

富の分配がきわめて不透明で、そのことから生ずる社会に対する不満感が高まっていることにも言及する必要がある。そうした不満感は投獄や隔離という手段では、永久に鎮めることはできない[8]。また、人口の減少と高齢化も中国政府にとっての大きな課題で、このままだと21世紀後半には世界最大の経済大国としての地位をインドに奪われるかもしれない[9]。

　このような不安定さを抱えてはいるものの、中国社会主義には数々の切り札がある。欧米列強が時代遅れのハイパー資本主義に執着するのであれば、勢いを増す中国体制の影響を最小限に抑えることができるかどうか定かではない。経済・金融面では、中国政府は債務をはるかに上回る莫大な資産を持っており、対内的にも対外的にも野心的な政策、とりわけインフラ投資やエネルギー転換政策を推進する資金には事欠かない。それに引き換え、主要な欧米諸国がいずれも2020年代初めに国有資産がゼロかマイナスになっているのは驚くべきことだ（図10－1参照）。これらの国々は国民経済計算のバランスを図ってこなかったために（最も豊かな納税者により多くの税金を課すべきだったのだ）、公有資産の多くの部分を売却しながらも公的債務を積み増し、ついには債務が資本を軽く超えるまでになっている。はっきり言えば、私有財産の割合がかつてここまで高かったことはないという意味で、富裕国はやはり裕福なのであり、貧しいのは政府だけなのだ。欧米諸国がこうしたやり方に固執するなら、公有財産はどんどんマイナスになり、債権保有者がほとんどすべての公有資産（建物、学校、病院、インフラなど）を保有するだけでなく、将来の納税者から税金の一部を取り上げる権利を持つ状況になるだろう。[10] 反対に、戦後、同じ欧米諸国が行ったように、たとえば最高額私有財産から高い税率で税を徴収して公的債務を急速に減らし、政府にいくらか余裕を与えることは十分可能だろう。[11] そのためには、可能性のあるさまざまな選択肢やその方向を目指す政治・社会活動に関心を持つことから始めるべきだが、残念なことに、世の中に保守主義の傾向が強いことを考えると、やはり何らかの危機に見舞われる可能性がある。

中国の政治体制にはまたいくつか別の強みもある。気候の大変動が起こった場合、中国は欧米の責任だと公然と非難することができるだろう。より広い意味で中国は、自分たちは奴隷制や植民地主義に頼ることなく苦労して工業化を成し遂げたのだと主張せずにはいられないだろう。だから、いつまでたっても傲慢だと世界中から思われている欧米諸国を前に、中国は優位に立つことができるのだ。欧米諸国は、正義や民主主義について世界中に教訓を垂れようとするくせに、その民主主義を損なう不平等や差別に対処できずに、自国に便宜を図ってくれるあらゆる富豪や実力者たちと当然のように手を組んでいるのだ。こうしたあらゆるテーマについて、中国の専制主義的国家社会主義に対抗する適切な策は、環境に配慮したポスト植民地主義的な参加型民主社会主義の形を推し進め、南側世界、そしてあらゆる西側の不平等と偽善に目を向け対処することだろう。このような変化を成し遂げてこそ、新自由主義を減速させ、2008年の金融危機や2020年の感染症拡大によって加速した経済の衰退に対応できるだろう。新自由主義の退潮は、規制緩和による経済成長の活性化というレーガンの約束の失敗だと広く理解されているが、素晴らしい経済成長を約束された中産階級や庶民階級はグローバル化を真剣に疑い始めた。[12] 初めのうちは、確かに新自由主義が、トランプ主義やブレグジット、あるいはトルコやブラジルやインドのナショナリズムの台頭などに象徴されるネオナショナリズムに取って代わられるのではないかと危惧するかもしれない。こうしたネオナショナリズムのさまざまな政治運動には、自国の不幸は外国人や国内の多様なマイノリティのせいだと糾弾するという共通点がある。[13] しかしトランプ主義の失敗がこうした政治潮流の限界を示している。この政治潮流は、何よりも、過剰なアイデンティティ闘争と、最も豊かで最も環境を汚染している者に有利な税や社会政策のダンピングの新たな波へとやみくもに突入するリスクをはらんでいるのだから。[14] そんなことでは現在のさまざまな課題を解決することはできない。それどころか、中国流の独裁的国家社会主義を強化してしまうように思える。そうなれば、ナショナリズムに突き進み、公権力を振りかざして、少なくともしばらくは野心を実行する手段を手にするかもしれない。

資本主義間の戦争から社会主義間の闘いへ

さまざまな理由から、今後のイデオロギーの対立は、しばしば言及されてきた資本主義間の戦争よりも社会主義間の闘いに近い様相を呈する可能性のほうが大きい。より広くは、長期間にわたり世界各地で、資本主義あるいは社会主義を標榜する体制をはじめ、非常に多様な経済モデルが現れるだろうことを強調する必要がある。

私は本書で、社会国家と累進税の拡大、企業における権限の共有、ポスト植民地への賠償と差別対策、平等な教育と炭素カード、経済の段階的な脱商品化、雇用保証と「みんなの遺産」、富の格差の徹底的な縮小、お金の力が及ばない選挙制度と報道制度に基づく分権化されかつ参加型で環境に配慮し他民族が共生する民主的で連邦主義的社会主義の構築が可能であると主張してきた。これは、いくつかの方向付けにすぎない。私がとりわけ示したかったことは、実施可能な制度がたくさんあること、そしてこうした新たな制度をめぐる結集が、過去の歴史の軌跡を形づくることに大いに貢献してきたということだ。現体制に代わる体制や多様な形の社会主義についての論争は、ソヴィエト共産党崩壊後、1990年代に一時下火になったが、2008年の金融危機以降、現体制が不平等と気候変動という窮地に陥るにつれて再び勢いづいてきた。この論争や対立が終わる気配はない。

私が提案するこの民主社会主義は、現在の世界とはかけ離れているように見えるかもしれないが、実際は過去に、ときには数十年間もかけて成し遂げられた大きな変革の延長線上にあるものだということを重ねて主張したい。社会、法律、税、教育、選挙、貿易の諸制度において、1910年代の強権的・植民地主義的資本主義と1980年代の社会民主混合経済との間にはいくつかの形式的な類似点を除き、これといった共通点はない。ここで説明する参加型民主社会主義が2050年までに日の目を見るとすれば、この動きの直接的な延長上にあり、おそらく1980年代の社会民主混合経済モデルとそう違わないものになるだろう。経済システムについてのこのような長期の展望を考察することもまた、さまざまな経済モデル間の対話を育むうえで欠かせないものである。欧米諸国あるいはその一部の国が、習慣化したナショナリズム的資本主義の姿勢から抜け出し、何よりも公平な税制や多国籍企業や億万長者からの税収の世界レベルでの共有という強力な対策を掲げて、民主社会主義に基づく言説を取り入れ、新植民地主義から脱却するなら、南側諸国との信頼関係を取り戻すことができるだけでなく、中国の強権的社会主義を透明性と民主主義の面で徹底的に攻撃することができるだろう。環境や男性優位制、外国人排斥などの重要な問題については、現存するどんな体制にも、現段階では他の国々に示せるような説得力のある教訓はとくにないというのが本当のところだ。異なる制度間の対話と健全な競争意識のみが、何らかの進歩を期待させることができるのだ。

通貨は私たちを救ってくれるだろうか？

どんな経済モデルを採用するにしても、今後数十年間は通貨や金融システムが重要な役割を担うことを強調したい。2008年の金融危機と2020−2021年のパンデミックによる危機の際には、中央銀行と通貨創出が決定的に重要な役割を果たした。具体的には、世界の主要な中央銀行のバランスシート、すなわち中央銀行の融資額と保有債券の合計がほぼ10年間にわたって、戦後の最大水準とほとんど同じレベルになった（図10−3参照）。さらに増やすことを禁じるものは誰もいない[15]。今日、金などの素材の比重で価値が決まる通貨はない。中央銀行が際限なく通貨を創出できるのは、何といっても、それがコンピューター上の電子記号だからだ。中央銀行のデジタル通貨をごく短期で発行することさえ検討されている。これは、市民が自国の中央銀行にデジタル口座を持つことで、中央銀行が従来のような民間銀行や企業の口座だけでなく個人の口座に直接融資できるシステムである[16]。

2008年以降の通貨創出の著しい増加は、改めて経済体制がいかに硬直化していないかということの表れだ。経済体制というものは、不安定で変わりやすい状況において、経済危機やパワーバランスに応じて定義し直される。だが、この通貨の新しい融通手法は混乱を生み出したことをここで明らかにしておくことが重要だ。要するに、通貨は経済、社会、気候のいずれの政策にも欠かせないツールだが、それは、通貨を絶

図 10-3

中央銀行のバランスシートの規模　1900−2020 年

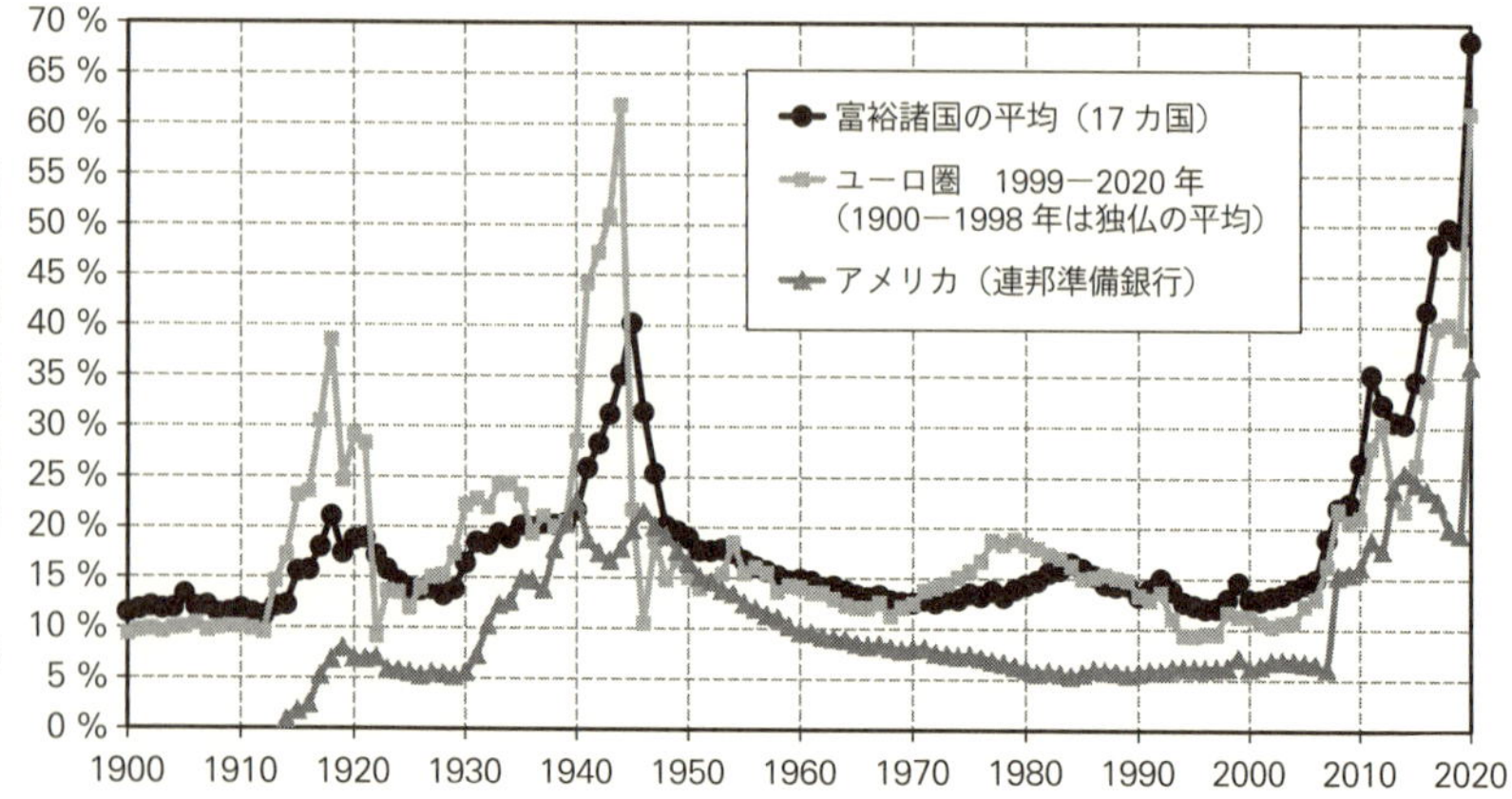

解説：欧州中央銀行（ECB）が保有する総資産は、2004 年 12 月 31 日にはユーロ圏 GDP の 11%だったが、2020 年 12 月 31 日には 61%に増加している。1900−1998 年の曲線はドイツとフランスの中央銀行のバランスシートについて得られた平均値を示している（1918 年と 1944 年にピークがあり、それぞれ 39%と 62%）。アメリカ連邦準備銀行（FRB）（1913 年創設）の総資産は 2007 年末にはアメリカの GDP の 6%だったが、2020 年末には 36%に増加している。

注：富裕諸国の平均とは、以下 17 カ国の相加平均である。ドイツ、オーストラリア、ベルギー、カナダ、デンマーク、スペイン、アメリカ、フランス、フィンランド、オランダ、イタリア、日本、ノルウェー、ポルトガル、スウェーデン、スイス、イギリス。

出所と時系列データ：piketty.pse.ens.fr/egalite を参照。

対視しないで、社会国家、累進税、議会での合議、民主的な管理に基づく首尾一貫した制度の枠内で適切に用いればの話だ。

まずは、こうした金融政策の唯一の真の限界はインフレであることを思い起こそう。どんどん通貨創出することで失業対策、雇用保証、建築物のエネルギー改革、保健医療への公共投資といった有効な政策に対する資金調達ができるなら、消費者物価の大きな上昇がない限り、余分な通貨創出に反対する確たる理由は何もない。反対に、再びインフレになり、長く続くようなら、通貨創出が限界に達した証拠であり、そのときは、資金を集めるために（税金をはじめとする）他の手段に頼る必要がある。[17] 金融危機やパンデミックあるいは自然災害や気候変動によって経済が急激に落ち込んだ場合、中央銀行は、雪崩のように起こる倒産や貧困者の爆発的な増加を避けるために即座に対応できる唯一の公的機関であるということも強調したい。この最後の貸し手としての役割は、世界を奈落の底に突き落とした1929年の大恐慌の際には金融システムの正統性の名のもとに拒否されたが、幸いなことに今日ではコンセンサスが得られている。これは歴史から学ぶことができるという証である。問題は、2008年と2020年に実施された金融政策がどちらかといえば保守的な考えの枠に組み込まれ続けているということだ。要するに、銀行や銀行家を救うために通貨という武器が盛んに利用されてきたが、地球を救うため、また格差を縮小するため、あるいは経済危機やさまざまな救済策および民間セクターの立て直し計画への投資によって積み増した政府の巨額の負債を一掃するためとなると、ずっと消極的になってしまう。

公的債務については、2020年代初頭時点でのバランスはどちらかというと不安定だ。中央銀行はゼロに近い金利でたくさんの国債を買い増した。金利が再び上がっていたなら、あるいはむしろ今後再び上がれば、金利の負担は納税者たる市民にとって耐えられないだろうから、戦後に適用された個人資産に対する特別税のような他の解決策をとる必要があるだろう。しかも、現在の金融政策は他の問題を抱えている。小口の預金者にとって、ゼロ金利またはマイナス金利は必ずしも喜ばしいことではない。反対に、低金利で融資を受けて有利な投資先を見つける手段を持っている者にとっては、大きな収益を得る可能性がある。要するに、中央銀行による通貨創出と金融債権の購入は株式相場や不動産相場を活性化させ、最富裕層をますます豊かにした。加えて、ゼロ金利は富裕国の新たな特権になっている面が大いにある。どんな国の投資家たちも、(銀行の新しい規則によって部分的に制約を受けていない場合には)、自分の資金を堅調な通貨や欧米主要国の国債に投資するためには低い利子に甘んじる覚悟があるが、反対に南側諸国に融資する場合は金利を上げるよう要求する。富裕国は、このゼロ金利の奇跡に有頂天にならずに、むしろ経済危機の際にはあらゆる国が低い金利で融資を受けることができるような国際金融協力に関心を向けるべきだろう。

一般に、通貨として認められる新しいツールの出現は変化への強力な要因だ。したがって、オーソドックスな経済・金融システムに戻ることだけが唯一の可能な選択肢だと世論に説明するのは非常に難しくなっている。ただし、この新しいツールは民主的な方法で管理する必要がある。今では、中央銀行は環境保護の観点をバランスシートに組み入れることに心を砕き、さらには公正で持続可能な発展に向かう運動の先頭に立つことに努めるべきだという コンセンサスが形成されつつある。それ自体は素晴らしいニュースだ。ただし、この新しいミッションには、議会や公開の場で、多様な社会・環境指標に基づいて想定しうるさまざまな金融政策の効果を判断できるような、相反する徹底した専門的評価に立脚した民主的で広範な議論が必要だ。ところが、現在の中央銀行はまったくそうなっていない。各国政府によって任命され、議会にただちに承認される中央銀行のトップらは非公開で集まり、巨額の公的資金の最善の使い方を内輪で決めることに満足している。[18] 採択されるべき非常に政治的な数々の決定のなかから、特定の債務の長期繰り延べを挙げることもできる。[19] 中央銀行が平等のための真の民主的なツールになるまでには、多くの闘争が必要となるに違いない。

普遍的主権主義を目指して

そろそろ結論を述べよう。平等への歩みは漠然とした闘いであり、あらかじめ決まった道があるわけではない。18世紀末以降、その時々の体制が定めたさまざまなルールを覆しながら、平等への道が開かれていった。今後も同じようなことが続くだろう。関係国あるいは関係する社会団体の全会一致を絶対的な原則にすれば、決定的な変化が起こると想像するのは根拠のないことだ。どんな政治共同体も、パートナーとの全会一致の合意を待たずに、他国との交渉を続けることで諸条件を定めるべきである。これまでずっと行われてきたように、各国は、前体制が結んでいた契約を解除したほうがいいと判断したなら、とりわけそれが社会の調和や地球の存続を脅かすなら、解除すべきだ。しかし、このような主権の形は、普遍的で国際的な目標をもって、つまりあらゆる国で同じ方法を適用できるような公正な社会、税、環境という基準を明確にして定義することが重要だ。

そのような道をたどるのは容易いことで、きちんとした道しるべがあると主張するのはばかげている。それどころか、あらゆること、少なくともほとんどのことはこれから考えなくてはならない。実際、この普遍的主権主義では、固有の文明のアイデンティティと、その文明のなかで同質だと見なされる利益を守ろうとするナショナリズム的な主権主義とを区別するのは必ずしも簡単ではない。二つのアプローチをきちんと区別するためには、いくつかの厳格な原則に従う必要がある。考えられうる対策に単独で取り組む前に、普遍的な価値と客観的で検証可能な社会・環境指標、とくにさまざまな所得・資産層がどの程度、公的負担や環境負荷に貢献しているかを誰もが確認できる指標に基づいた協同発展モデルを他の国々に提案することが非常に重要だ。

また、グローバルな公共財や公正な税および環境のための共通政策を完璧に担うべき超国家議会について明確に説明する必要がある。このような社会連邦主義的な提案がただちに採用されない場合に、一方的なアプローチはつねにインセンティブに基づき、取り消し可能なものでなければならない[20]。最後に、普遍的主権主義への道は、民主的な社会連邦主義への移行を加速できるような信頼できる国際的団結を絶えず追求し続けなければ、信頼性をすべて失ってしまうだろう。民主的な社会連邦主義こそが究極の目標であるべきなのだ。

このような普遍的主権主義には何よりも市民の積極的な参加が必要だ。それには社会科学が役に立つだろうが、いうまでもなくそれだけでは十分ではない。集団で組織された運動に支えられた強力な社会結集があってこそ、共通の目標を定め、パワーバランスを変えることができるだろう。各人がそれぞれ友人やネットワーク、自分が選んだ議員やメディア、組合の代表者らに要求を表明し、自ら行動し、集団の議論や社会運動に参加することで、よりわかりやすい社会・経済現象を生み出して、さらなる変化に向けた種をまくことができるのだ。経済的な諸問題は非常に重要なことで、他人に任せることはできない。市民が経済の知識を自分のものとして再認識することが平等を勝ち取るための闘いに欠かせないひとつのステップとなる。本書が、読者をその方向に進ませるための一助となれば、私の目標は十分達成されたといえるだろう。

索 引

【さ行】

【た行】

【な行】

【は行】

【ま行】

【ら行】

【わ行】

原注

謝辞

1. A. B. Atkinson, T. Piketty, *Top Incomes over the 20th Century,* Oxford University Press,2007; A. B. Atkinson, T. Piketty, *Top Incomes:A Global Perspective,* Oxford University Press, 2010; ファクンド・アルヴァレド、ルカ・シャンセル、トマ・ピケティ、エマニュエル・サエズ、ガブリエル・ズックマン『世界不平等レポート 2018』徳永優子他訳、みすず書房、2018 年 ; A. Gethin, C. Martinez-Toledano, T. Piketty, *Clivages politiques et inégalités sociales. Une étude de 50 démocraties, 1948–2020,* EHESS / Gallimard / Seuil, 2021 を参照。これらの研究のテキストおよびデータの多くは、wid.world, wpid.world, piketty.pse.ens.fr. の各サイトで入手できる。

はじめに

1. ケネス・ポメランツ『大分岐——中国、ヨーロッパ、そして近代世界経済の形成』川北稔訳、名古屋大学出版会、2015 年を参照。
2. フェルナン・ブローデル『物質文明・経済・資本主義』村上光彦他訳、みすず書房、1986–1996 年 ; イマニュエル・ウォーラーステイン『近代世界システム』川北稔訳、名古屋大学出版会、2013 年を参照。
3. P. Parthasarathi, *Why Europe Grew Rich and Asia Did Not, Global Economic Divergence 1600–1850,* Cambridge University Press, 2011; スヴェン・ベッカート『綿の帝国——グローバル資本主義はいかに生まれたか』鬼沢忍他訳、紀伊国屋書店、2022 年 ; S. Beckert, S. Rockman, *Slavery's Capitalism. A New History of American Economic Development,* University of Pennsylvania Press, 2016; J. Levy, *Ages of American Capitalism: A History of the United States,* Random House, 2021 を参照。
4. たとえば以下を参照。F. Cooper, *Citizenship between Empire and Nation. Remaking France and French Africa 1945–1960,* Princeton University Press, 2014; C. Hall, N. Draper, K. McClelland, K. Donington, R. Lang, *Legacies of British Slave-Ownership: Colonial Slavery and the Formation of Victorian Britain,* Cambridge University Press, 2014; O. Rosenboim, *The Emergence of Globalism. Visions of World Order in Britain and the United States 1939–1950,* Princeton University Press, 2017; E. Saada, *Les enfants de la colonie. Les métis de l'empire français, entre sujétion et citoyenneté,* La découverte, 2007; P. Singaravelou, S. Venayre, *Histoire du monde au XIXᵉ siècle,* Fayard, 2017; S. Subrahmanyam, *Empires between Islam and Christianity, 1500–1800,* SUNY Press, 2019; A. Stanziani, *Les métamorphoses du travail contraint. Une histoire globale XVIIIᵉ-XIXᵉ siècles,* Presses de Sciences Po, 2020.
5. 以下を参照。ハワード・ジン『民衆のアメリカ史—— 1492 年から現代まで』上下巻、猿谷要監修、明石書店、2005 年 ; M. Zancarini-Fournel, *Les luttes et les rêves. Une*

histoire populaire de la France de 1685 à nos jours, La Découverte, 2016; G. Noiriel, *Une histoire populaire de la France de la guerre de Cent Ans à nos jours*, Agone 2018; D. Tartakowsky, *Le pouvoir est dans la rue. Crises politiques et manifestations en France XIXe-XXe siècles*, Flammarion, 2020; B. Pavard, F. Rochefort, M. Zancarini-Fournel, *Ne nous libérez pas, on s'en charge! Une histoire des féminismes de 1789 à nos jours*, La découverte, 2020.

6. トマ・ピケティ『21世紀の資本』山形浩生他訳、みすず書房、2014年、pp. 4–12 および pp. 237–239 を参照。
7. E. Labrousse, *Esquisse du mouvement des prix et des revenus en France au XVIIIe siècle*, Dalloz,1933 を参照。また、革命期および帝政下での賃金の回復について考証している A. Chabert, *Essai sur les mouvements des prix et des revenus en France de 1798 à 1820*, Librairie de Médicis, 1949 を参照。
8. J. Bouvier, F. Furet, M. Gilet, *Le mouvement du profit en France au XIXe siècle. Matériaux et études*, Mouton, 1965 を参照。
9. マルク・ブロック『フランス農村史の基本性格』河野健二他訳、創文社、1959年を参照。
10. A. Daumard, *Les fortunes françaises au XIXe siècle. Enquête sur la répartition et la composition des capitaux privés à Paris, Lyon, Lille, Bordeaux et Toulouse d'après l'enregistrement des déclarations de successions*, Mouton, 1973 を参照。
11. すでに言及した書物のほかに、以下も参照。F. Simiand, *Le salaire, l'évolution sociale et la monnaie*, Alcan, 1932; C. Baudelot, A. Lebeaupin, *Les salaires de 1950 à 1975*, INSEE, 1979; J. Goy, E. Le Roy Ladurie, *Les fluctuations du produit de la dîme. Conjoncture décimale et domaniale de la fin du Moyen Age au XVIIIe siècle*, Mouton, 1972; G. Postel-Vinay, *La terre et l'argent. L'agriculture et le crédit en France du XVIIIe siècle au début du XXe siècle*, Albin Michel, 1998; J. Bourdieu, L. Kesztenbaum, G. Postel-Vinay, *L'enquête TRA, histoire d'un outil, outil pour l'histoire*, INED, 2013.
12. S. Kuznets, *Shares of Upper Income Groups in Income and Savings*, NBER, 1953 を参照。
13. R. J. Lampman, *The Share of Top Wealth-Holders in National Wealth*, Princeton University Press, 1962 を参照。
14. A. B. Atkinson, A. J. Harrison, *Distribution of Personal Wealth in Britain*, Cambridge University Press, 1978 を参照。
15. A. H. Jones, *American Colonial Wealth: Documents and Methods*, Arno Press, 1977 を参照。
16. トマ・ピケティ『格差と再分配——20世紀フランスの資本』山本知子他訳、早川書房、2016年; A. B. Atkinson, T. Piketty, *Top Incomes over the 20th Century*, Oxford University Press, 2007; *Top Incomes: A Global Perspective*, Oxford University Press, 2010 を参照。
17. World Inequality Database（世界不平等データベース）は、2011年にまず World Top Incomes Database（世界高所得データベース）という名称で構築され、『世界不平等レポート 2018』の出版を機に現在の名称になった。
18. トマ・ピケティ『21世紀の資本』および『資本とイデオロギー』山形浩生他訳、みすず書房、2023年を参照。

19. A. Gethin, C. Martinez-Toledano, T. Piketty, *Clivages politiques et inégalités sociales* を参照。また S. Lipset, S. Rokkan "Cleavage Structures, Party Systems and Voter Alignments: An Introduction",in *Party Systems and Voter Alignments: Cross-national Perspectives*, Free Press, 1967 を参照。
20. 参照文献の詳細はその都度提示する。

第 1 章

1. より正確には、$1.008^{300}=10.9$。
2. とくに第 9 章を参照のこと。
3. 20 世紀のフランスにおける平均賃金の、ニンジンや肉のキロ数、新聞、散髪、自転車、家賃などで示した購買力の向上についての具体的な例については、トマ・ピケティ『格差と再分配―― 20 世紀フランスの資本』pp. 99–114、『21 世紀の資本』pp. 93–95 を参照のこと。要するに、製品に対する購買力は、購買力の平均上昇率よりずっと大きく伸びているのに対し、サービスに対する購買力の伸びは平均上昇率よりずっと小さい（まったく伸びていないサービスもある）。そして食品に対する購買力の伸びはほぼ平均値にある。
4. トマ・ピケティ『21 世紀の資本』の第 1 章および第 2 章を参照のこと。国民所得は国民純所得（NNI）または国民純生産（NNP）と表記されることがある。資本減耗は概して GDP の 15%前後に相当する。2020 年の世界 GDP はおよそ 100 兆ユーロ（購買力平価。すなわち国による物価の違いを考慮した価格）、75 億人以上の世界人口に対する世界所得はおよそ 85 兆ユーロであることから、世界の平均所得は年間 1 万 2000 ユーロ（月額 1000 ユーロ）である。
5. たとえば、炭素の年間排出相当量 500 億トン（世界人口 1 人当たり平均約 6.2 トン）にトン当たり 100 ユーロの最低価格を適用すれば、年間社会的費用が 5 兆ユーロに達し、これは世界 GDP の約 5%に相当する。トン当たり数百ユーロという価格を適用すると、これは思い切った気候変動政策を検討するためにはおそらく不可欠なことであるが、世界所得の計算やさまざまな国の公共福祉の負担金に膨大な影響を与えるだろう。
6. 技術的に見て、1 世紀後の環境の「相対価格」がどんなものになるかなど誰も予測できない。市場やその投機傾向はなおさら予測不可能だ。
7. L. Chancel, T. Piketty,"Carbon and Inequality: From Kyoto to Paris", WID.world, 2015 および L. Chancel,"Global Carbon Inequality in the Long Run", WID.world, 2021 を参照。
8. L. Chancel, *Insoutenables inégalités. Pour une justice sociale et environnementale*, Les petits Matins, 2017; E. Laurent, *Sortir de la croissance: mode d'emploi*, Les lien qui libèrent, 2019 を参照。
9. T. Jackson, *Prosperity without Growth. Foundations for the Economy of Tomorrow*, Routledge, 2017 および、ジェイソン・ヒッケル『資本主義の次に来る世界』野中香方子訳、東洋経済新報社、2023 年を参照。
10. ジニ係数も世界不平等データベース（WID.World）で入手できるが、私はむしろ本書で集中的に取り上げている十分位や百分位による詳細なデータを用いることを勧める。

第2章

1. 当然のことだが、残りのシェアは最貧層50%と最富裕層1%の間に位置する49%が保有する資産である。全体の構成については図2－3を参照のこと。
2. ここに提示されている結果は、パリおよび各県の相続記録文書のデータを収集した重要な研究に基づいている。とくにT. Piketty, G. Postel-Vinay, J.-L. Rosenthal, "Wealth Concentration in a Developping Economy: Paris and France,1807–1994", *American Economic Review*, 2006; "Inherited vs Self-Made Wealth: Theory and Evidence from a Rentier Society (Paris 1872–1927)", *Explorations in Economic History*, 2014を参照。
3. ここで問題にしたいのは、フランスで1798年に採択された人権宣言の第1条（「社会的区別は公共の利益のみを根拠とすることができる」）やジョン・ロールズの『正義論』に見られるような古典的な不平等の正当化だ。このような不平等の正当化が受け入れられるとすれば、それは、あらゆるレベルの不平等を正当化するために無分別に利用するのでなく、正確な歴史分析に基づいて、俯瞰的な視野で、どの程度、本当に一般利益になるか評価している場合だろう。
4. 財産を「権利の束」という観点で捉えるアプローチは、古今東西に存在するさまざまな「共有財産」（牧草地、森林、河川、池、野禽獣、魚など限りのある天然資源）の多様な管理方法についてアメリカの経済学者エリノア・オストロムが開発したものだが、実際にこのアプローチはずっと広く適用されていることがわかるだろう。
5. 「所有権とは、最も絶対的な方法で物を享受し、自由に利用する権利である。但し法律または諸規定が禁止する使い方をすることはできない」（民法典第544条）。この定義から提起される問題と他国で採用されているさまざまな条文については第5章を参照のこと。
6. おそらく、私有財産全体のごくわずか（時代および国によって1―2%）にしか相当しない芸術作品および貴重品の所有を除く。トマ・ピケティ『21世紀の資本』pp. 187–188を参照。
7. たとえば以下を参照。T. Bhattacharya, *Social Reproduction Theory. Remapping Class, Recentering Oppression*, Pluto Press, 2017; C. Arruza, T. Bhattacharya, N. Fraser, *Feminism for the 99 %: A Manifesto*, Verso, 2019.
8. コロナ禍が始まる直前の2020年代初頭には、フランスの国民所得は約2兆ユーロで（INSEEによれば、2022年も同等レベルになるだろう）、これは約5300万人の成人1人当たりで換算すると、平均およそ3万7000ユーロ（月3100ユーロ）になる。その一方で、総私有財産（負債を差し引いた）は12兆ユーロ近くあり、成人1人当たりでは約22万ユーロに相当する。
9. 最富裕層1%はおよそ50万人（成人約5000万人中）。フランスの雑誌『Challenges』によれば、フランスの最富豪500人（人口の約0.001%）が保有する資産は2010年には2000億ユーロ（GDPの10%）だったが、2020年には7100億ユーロ（GDPの30%）に跳ね上がった。つまり総私有財産のおよそ2%だったシェアが6%になった。
10. 資産の集中度は20―39歳でとくに高く、2018年にはこの年代の最富裕層10%の保有資産のシェアは62%（この年代には珍しい資産家の資産は相続財産が多いこ

とを考慮)、そして全人口に対するシェアは50%である。それに対し、40—59歳の最富裕層10%が保有する財産は同年代の54%、60歳以上は51%である。どの年代でも最貧層50%はほとんど財産を保有していない(いずれのケースも、総私有財産の5—10%そこそこである)。トマ・ピケティ『資本とイデオロギー』pp. 524–525、図11－18を参照。年代別の特徴および構成についての詳細な調査結果は、B. Garbinti, J. Goupille-Lebret, T. Piketty, “Accounting for Wealth Inequality Dynamics: Methods and Estimates”, WID.world, 2018を参照のこと。

11. 人口の40%に相当するこの社会層が、国内総財産の約40%を保有しているということは、この層の平均財産額が全人口の平均財産額にほぼ等しいということである(2020年には成人1人当たり約22万ユーロ)。
12. 19世紀にはイギリスでもフランスでも資本所得は国民所得の40—45%に達していたが、19世紀末に減少し、20世紀には25%から35%の間を上下していた。トマ・ピケティ『21世紀の資本』p. 209、図6－1—6－2を参照。実際のところは、賃金労働者や非正規労働者の海外投資家や資本家に対する交渉力が特別に弱い貧困国や新興国では、資本所得は国民所得の40—50%(さらには50%以上)に達していることもある。WID.world および *The Global Labour Income Share and Distribution*, International Labour Organization, 2019を参照。
13. むしろ、資本所得の集中のほうがもっと極端である。というのは、実際問題として、資本の収益はその保有額が多いほど著しく増加するためだ。銀行のわずかな預金にはごくわずかな利息しかつかず、中流階級が保有する不動産の収益を上回る収益を長期間にわたってもたらす充実した株式のポートフォリオの収益とは比べるべくもない。これもまた、さまざまな制度や特殊なパワーバランスに左右される。トマ・ピケティ『資本とイデオロギー』pp. 415–416、図10－6を参照。
14. 『資本とイデオロギー』pp.416–417、図10－6—10－7を参照。

第3章

1. ケネス・ポメランツ『大分岐』を参照のこと。
2. 『大分岐』pp. 222–245、272–305、315–320を参照。木材の輸入は、考えられているよりずっと遅くまで重要な役割を担い続けた。「エネルギー転換」という楽観的な概念から想像されるのとは裏腹に、歴史上、エネルギー資源(木材、石炭、石油)は転換されたのではなく、種類が増えていったのだ。1900年頃には、フランスは木材の国内生産高の半分に相当する量を輸入しており(つまり、フランスは国内生産高を上回る量の木材を燃やしていた)、イギリスはフランスの生産高の2年分を上回る量を輸入している(つまり、イギリスの森林は相当枯渇していた)。木材は北欧(ロシア、スウェーデン、フィンランド)や北米だけでなく、アフリカ、中南米、アジアからも輸入している。J.-B. Fressoz “Pour une histoire des symbioses énergétiques et matérielles”, *Annales des Mines*, 2021を参照。18世紀、19世紀のヨーロッパおよび北米における深刻な森林破壊についてはL. Chancel, “Global Carbon Inequality in the Long-Run” も参照のこと。
3. K. Karaman, S. Pamuk, “Ottoman State Finances in European Perspective”, *Journal of*

Economic History, 2010 および『資本とイデオロギー』pp. 366–367 を参照のこと。

4. 国民所得の推定値が確実でないことを考えれば、都市の日給換算での値を求めるほうがいい。とくに建築部門では、長期間における日給換算値が大体わかっている。18 世紀の税収を銀のトン数で表しても、ヨーロッパ諸国とオスマン帝国や中国との間には同じように大きな開きがあることがわかる。トマ・ピケティ『資本とイデオロギー』p. 362、図 9－1 を参照。
5. 国家公務員（警察官、軍人、行政官など）の報酬が国の平均賃金と同レベルで、公務員の任務を確実に遂行するために必要な設備や必需品も平均価格と変わらないことが前提とされている。もし、公務員の報酬が平均値より 2—3 倍高ければ、雇用能力はそれだけ縮小される。
6. 産業資本主義の発展に重要な役割を果たした奴隷や植民地の収奪については、すでに（カール・マルクスをはじめ）19 世紀の多くの識者が分析していること、またとくに（歴史家で経済学者、また 1956 年から 1981 年までトリニダード・トバゴ共和国の首相を務めた）エリック・ウィリアムズがその著書『資本主義と奴隷制』で分析していることを強調する必要がある。それに対し、マックス・ヴェーバーは『プロテスタンティズムの倫理と資本主義の精神』で文化的・宗教的要因を主張し、フェルナン・ブローデルは『物質文明・経済・資本主義』でヨーロッパ由来のカトリック的またプロテスタント的な高度な金融の役割を強調している。ポメランツやパルタサラティやベッカートの近年の著作はヨーロッパ中心ではなく、マルクスやウィリアムズに回帰した形を呈しているが、グローバルで接続した歴史と結びついた、より豊富なツールや資料に基づいている。
7. J. L. Rosenthal, R. Bin Wong, *Before and Beyond Divergence. The Politics of Economic Change in China and Europe*, Harvard University Press, 2011 を参照。
8. スヴェン・ベッカート『綿の帝国』を参照。
9. P. Parthasarathi, *Why Europe Grew Rich and Asia Did Not* を参照。
10. 同上、pp. 97–131, pp. 234–235 を参照。また P. Singaravelou, S. Venayre, *Histoire du monde au XIXe siecle*, pp. 90–92 を参照。
11. イマニュエル・ウォーラーステイン『近代世界システム』；ジョヴァンニ・アリギ『長い 20 世紀——資本、権力、そして現代の系譜』土佐弘之監訳、柄谷利恵子他訳、作品社、2009 年を参照。また D. Harvey, *Spaces of Capital: Towards a Critical Geography*, Edinburgh University Press, 2001 を参照。
12. たとえばハジュン・チャン『はしごを外せ——蹴落とされる発展途上国』横川信治他訳、日本評論社、2009 年；マリアナ・マッツカート『企業家としての国家——公共投資がイノベーションを起こす』大村昭人訳、経営科学出版、2023 年を参照。
13. ウィリアム・ダルリンプル『略奪の帝国——東インド会社の興亡』上下巻、小坂恵理訳、河出書房新社、2022 年を参照。
14. A. Barbe, *Dette publique et impérialisme au Maroc (1856–1956)*, La Croisée des chemins, 2020 を参照。また N. Barreyre, N. Delalande, *A World of Public Debts. A Political History*, Palgrave, 2020; P. Penet, J. Zendejas, *Sovereign Debt Diplomacies: Rethinking Sovereign Debt from Colonial Empires to Hegemony*, Oxford University Press, 2021 を参照。

15. 1718−1720年のバブル期に構想された最大のプロジェクトは、フランス商人らが構想したある会社のプロジェクトで、資本金が8000ポンド（当時のイギリスの年間国民所得にほぼ匹敵する）のこの会社はアメリカ全土での貿易独占権を握っていたという。ソロモン王の栄華を支えたとの誉れ高い、一般にモザンビークとジンバブエの間に位置するとされている伝説のオフィル王国の発見を請け負うプロジェクトもあった。また別のプロジェクトは地元商人の要求にできるだけ早く応えるために、奴隷と交換されていた繊維をアフリカで生産することを検討していた。S. Condorelli, *From Quincampoix to Ophir. A Global History of the 1720 Financial Boom*, Bern University, 2019を参照。またA. Orain, *La Politique du merveilleux. Une autre histoire du Système de Law*, Fayard, 2018を参照。
16. ピエール・フランソワとクレール・ルメルシエは、近年発表した資本主義の歴史に関する論文で、貿易の時代（1680−1880年）、産業の時代（1880−1980年）、金融の時代（1980年以降）という区分をしている。貿易の時代には欧米諸国が世界と航路を支配していた。軍事面、貿易面で他国を制していたために、資金を蓄積し、産業の時代への移行に際して中心的な役割を担うことができた。P. François, C. Lemercier, *Sociologie historique du capitalisme*, La Découverte, 2021を参照。
17. R. Brenner, “Agrarian Class Structure and Economic Development in Pre-Industrial Europe”, *Past and Present*, 1976; E. Meiksins Wood, *The Origin of Capitalism. A Longer View*, Verso, 2002; A. Bihr, *Le Premier Age du capitalisme*, tome 1: *L’Expansion européenne (1415–1763)*, Syllepse, 2018を参照。
18. G. Todeschini, *Les Marchands et le Temple. La société chrétienne et le cercle vertueux de la richesse du Moyen Age a l’Époque moderne*, Albin Michel, 2017を参照。
19. J. Goody, *The European Family*, Blackwell, 2000を参照。
20. S. Subrahmanyan, *The Career and Legend of Vasco da Gama*, Cambridge University Press, 1997を参照。
21. ラマルティーヌはフランスが乱暴なアルジェリア侵略戦争を進めていた時期の1835年に有名な『東洋旅行』を著し、その中でヨーロッパには東洋を支配する権利があると論じている。その少し前にシャトーブリアンは『キリスト教精髄』や『パリからエルサレムへ』で、十字軍の文明的役割を正当化し、イスラム教徒を容赦なく非難する厳しい文章を書いている。曰く「中には騎士たちが異教徒どもを自分の故郷に追い返す以上に深追いしたことを糾弾する人もいるかもしれない。だがその人々は、これらが結局のところ、キリスト教徒に先に攻撃を加えた連中に対する報復でしかないことには触れない。ムーア人たちは十字軍を正当化するものだ。コーランの使徒たちはアラビアの砂漠でおとなしくしていただろうか、それとも彼らの法や蛮行をデリーの城壁にもたらし、ウィーンの城塁にもたらしたのではなかったか？　こうした凶暴な獣どものねぐらが再び占拠されるのを待つべきだったとでも言うのだろうか？」。エドワード・サイード『オリエンタリズム』上下巻、今沢紀子訳、平凡社ライブラリー、1993年を参照。また『資本とイデオロギー』pp. 322–328を参照。
22. クロード・レヴィ＝ストロース『月の裏側――日本文化への視角』川田順造訳、中

央公論新社、2014年を参照。

23. J.-P. Demoule, “Naissances des inégalités et prémisses de l'Etat” in *La Révolution néolithique dans le monde*, CNRS Éditions, 2010を参照。
24. 印刷技術の普及と関連づけた近代国民国家の原型となる「想像の共同体」の建設については、ベネディクト・アンダーソンの古典、『定本　想像の共同体――ナショナリズムの起源と流行』白石隆他訳、書籍工房早山、2007年を参照。
25. A. Testart, *L'Institution de l'esclavage. Une approche mondiale*, Gallimard, 2018を参照。同書では、国家形成によって、（平等を願うためでなく、主権が分散して共同体が分裂するのを避けるため、言い換えれば、統一国家の主権を確立するために）国内の奴隷制度が廃止され、所有する者と所有される者との間の極端な依存関係が調整されるという考えを主張している。反対に、原始国家は抑圧と強制労働の上に成り立っており、交互に分散した政治形態を取り戻そうとしていたと主張する研究者たちもいる。ピエール・クラストル『国家に抗する社会――政治人類学研究』渡辺公三訳、水声社、1987年；ジェームズ・C・スコット『反穀物の人類史――国家誕生のディープヒストリー』立木勝訳、みすず書房、2019年 ; D. Graeber, D. Wengrow, “How to Change the Course of Human History”, *Eurozine*, 2018; デヴィッド・グレーバー、デヴィッド・ウェングロウ『万物の黎明――人類史を根本からくつがえす』酒井隆史訳、光文社、2023年を参照。
26. G. Alfani, “Economic Inequality in Preindustrial Times”, *Journal of Economic Literature*, 2021; G. Alfani, M. Di Tullio, *The Lion's Share. Inequality and the Rise of the Fiscal State in Preindustrial Europe*, Cambridge University Press, 2019を参照。両書では、イタリアとオランダの都市に関する資料から、1500年代から1800年代にかけて資産の集中度が高まる傾向が明らかにされ、それは税制度や国家システムの後退によるものだと説明されている。当時は、地方や都会の貧しい住民に関してはきちんと記録されていなかったことを考慮すると、集中度が著しく高まったということは確かであるとは限らない。B. Van Bavel, *The Invisible Hand? How Market Economies Have Emerged and Declined since AD 500*, Oxford University Press, 2016も参照のこと。

第4章

1. トマ・ピケティ『資本とイデオロギー』pp. 218–221を参照。また、S. Henochsberg, “Public Debt and Slavery: the Case of Haiti”, PSE, 2016を参照。
2. 白人の在留維持とフランスとの平和的な協力の可能性、ハイチの国際経済への統合を頑として主張したトゥーサン・ルヴェルチュールが1802年に逮捕され、1803年に反乱軍の全滅を狙って派遣されたフランス遠征軍が降伏したのち、1804年にジャン＝ジャック・デサリーヌが権力を握り、反白人主義、孤立主義の超強権的な君主体制を敷いたときから、ハイチの荒廃のスパイラルが始まった。ハイチのその後の歴史は、同じような告発と忍従の繰り返しが続いている。
3. 過去の国民所得の一定比率を、現在に当てはめて考慮するということは、当初の国民所得総額を経済の名目成長率にスライドさせるということだ。これは物価のレベルだけにスライドさせた値と名目金利にスライドさせた値の中間の値になる。

4. たとえば、1500億金フランは1825年のフランスの国民所得の2%に相当する。2020年のフランスの国民所得にこの比率を適用すれば、40億ユーロになる。
5. この賠償金は1988年時点での生存者に限られたが、資産没収に対する賠償は全般に子孫に引き継がれている。この取り扱いの違いは当然のことなどではなく、明らかに政治的な理由によるものだ。概して、過去の賠償や相続の適切なレベルを定めるには、たとえば相続資産や資産に適用する税率表を参考にして、民主主義的な討議をすることが必要のように思う（表7-1を参照）。
6. 1904年、ハイチ独立100周年記念式典の折に、フランス第三共和国政府はハイチに公式代表団を派遣することを拒んだ。フランス政府はハイチの債務返済ペースに不満だったからで、とりわけ当時、この植民地帝国が債務を盾に強制権を行使することが多かっただけになおさら、そのような不良債務者に寛容な態度を示すなどありえないことだった。2004年の独立200周年記念式典についても、第五共和国政府は同じ結論に達した。しかし、その理由は別のところにあった。当時のフランス大統領は、ハイチ大統領がこれまでに支払ってきた忌まわしい債務の返還を要求するのではないかと危惧したのだ。フランス政府はどんな口実であれ、そんな話は聞きたくなかった。2010年、大地震に見舞われたハイチを訪問したフランス大統領も同じ態度を取った。フランスは確かにハイチに対して「道徳的」債務を負っているが、金銭による賠償について話し合いをすることに同意するなどもってのほかだった。2104年のハイチ独立300周年にどうするか、幸い、フランス政府が態度を決めるのにはまだ80年の猶予がある。
7. 概算を把握するために、18世紀のイギリスの予算のうち、教育に充てられた予算額（あらゆる教育課程を含む）は当時の年間国民所得の0.5%未満だったことを指摘しておこう（第5章を参照）。したがって、奴隷所有者に補償金を支払うために、教育への投資額の10年分以上の税金が使われたということだ。
8. N. Draper, *The Price of Emancipation: Slave-Ownership, Compensation and British Society at the End of Slavery*, Cambridge University Press, 2010; C. Hall, N. Draper, K. McClelland, K. Donington, R. Lang, *Legacies of British Slave-Ownership* を 参 照。LBS (Legacies of British Slave-Ownership) のデータベースは右記アドレスで参照できる。http://www.ucl.ac.uk/lbs/.
9. 2021年に Myriam Cottias とそのチームが立ち上げたサイト *Esclavages et indemnites* を参照。同サイトには、1825年のハイチの独立承認後と1848年の奴隷制度廃止後に奴隷所有者に支払われた補償金に関する完全なデータベースが含まれている（http://esclavage-indemnites.fr）。
10. やはり奴隷解放主義者のラマルティーヌは、代議院で力を込めてこう語った。「植民者から奪うことになる奴隷という合法的な所有権の分として、彼らに補償金を支給する必要がある。他の方法を取るつもりはまったくない。補償なしに接収できるのは革命だけだ。立法者はそんな風には行動しない。立法者は法律を変えて変革するが、決して損害を与えることはしない。どんな理由であれ、既得権を考慮する」。トマ・ピケティ『資本とイデオロギー』pp. 221–226を参照。この議論については、C. Oudin-Bastide, P. Steiner, *Calcul et morale. Coûts de l'esclavage et valeur de l'emancipation*

(XVIIIe-XIXe siecles), Albin Michel, 2015 を参照。

11. 累進課税の長所のひとつは、正確に社会構造の連続性を考慮して、大資産家と小資産家を区別して扱うことができる点である。
12. この法律の第5条の当初案には次のような規定がある。「受けた被害を特定し、犯罪被害に対する賠償条件の検討を担う委員会を設置する。当該委員会の権限および使命は国務院による政令で定める」。
13. トマ・ピケティ『資本とイデオロギー』pp. 235–237 を参照。すべての奴隷所有者に補償するにはアメリカの国民所得の約1年分が必要で、これは（国土の荒廃をもたらした）南北戦争によって発生した連邦政府の負債の3―4倍に相当する。アメリカでは、奴隷制廃止に対する奴隷制支持者の反感が大きく、奴隷所有者との平和的な解決はとても実現しそうになかった。奴隷をアフリカに送り返すという計画は、リベリアの建国によって失敗に終わった。
14. 戦後の再建期のアメリカにおける政策論争の構造の変化については、以下の熱のこもった著書を参照。N. Barreyre, *L'Or et la Liberté. Une histoire spatiale des Etats-Unis après la guerre de Sécession*, EHESS, 2014. また N. Maggor, *Brahmin Capitalism. Frontiers of Wealth and Populism in America's First Gilded Age*, Harvard University Press, 2017 を参照。
15. たとえば以下の提案を参照。W. Darity, K. Mullen, *From Here to Equality. Reparations for Black Americans in the Twenty-First Century*, University of North Carolina Press, 2020.
16. 農園主、混血、有色自由人が占有していた生産物の80%のうち、55%は本国や他の植民地に輸出して農園主が代金を手に入れるための在庫品や消費品で、25%は現地で消費されたり、蓄積されたりしていた。トマ・ピケティ『資本とイデオロギー』pp. 219–220 を参照。
17. ここで資産の分配と所得の分配の違いが思い出される（第2章を参照）。資産の分配のほうがより極端で、1914年のフランスのように最富裕層10%の保有資産が80―90%に達しているような例が多く見られる。所得の分配はもう少し複雑で（ひとつには、生きていかなくてはならないという制約があることから）、資産の分配よりはるかに厳しい支配体制が必要だ。
18. さまざまな研究から、1960年代のレユニオンでの所得格差はフランス領アルジェリアや南アフリカでの格差レベルに近いことがわかっている。以下の著書を参照。トマ・ピケティ『資本とイデオロギー』pp. 262–263; Y. Govind, "Post-colonial Trends of Income Inequality: Evidence from the Overseas Departments of France", WID.world, 2020; F. Alvaredo, D. Cogneau, T. Piketty, "Inequality Under Colonial Rule: Evidence from French Algeria, Cameroon, Tunisia, Vietnam and Comparison with British Colonies 1920–1960", WID.world, 2020.
19. 「インドシナで合法的に無名の両親から生まれた混血児の身分を決める」1928年の政令では、少なくとも両親の一人が「フランス人と思われる」すべての個人にフランス人の資格を認めている。そのため、裁判所は原告の身体的、人種的特性に強い関心を寄せるようになった。E. Saada, *Les Enfants de la colonie. Les métis de l'empire français, entre sujétion et citoyenneté*, La Découverte, 2007 を参照。
20. この分離政策は多様なアイデンティティや敵対関係を永続的に硬直化することにな

った。東南アジアの島々はは1000年以上前から、植民地列強の軍事的ヴィジョンとほとんど相いれないヒンドゥー教や儒教、仏教、イスラム教などが交雑した文化が特色だったからだ。D. Lombard, *Le Carrefour javanais. Essai d'histoire globale*, EHESS, 1990を参照。ビルマでの仏教徒とイスラム教徒の敵対関係についてはJ. Lavialle-Prelois, "De la colonisation a la legitimation : l'autre "terroriste" en Arakan", *Journal des anthropologues*, 2018を参照。アフリカ（マリ、ルワンダ、ブルンジ、コンゴ）における「民族」アイデンティティの植民支配による硬直化については、J.-L. Amselle, E. M'Bokolo, *Au coeur de l'ethnie. Ethnies, tribalisme et Etat en Afrique*, La Decouverte, 1985を参照。

21. A. Stanziani, *Les Métamorphoses du travail contraint* を参照。
22. M.van Waijenburg, "Financing the African Colonial State: the Revenue Imperative and Forced Labor", *Journal of Economic History*, 2018を参照。
23. 1946年から1962年まで、確かに植民地支配下の住民には国民議会に議員の議席を得る権利があったが、人口比とは全く関係のない一定数に基づくものだった。トマ・ピケティ『資本とイデオロギー』pp. 294–299を参照。また、以下の興味深い著書も参照。F. Cooper, *Citizenship Between Empire and Nation: Remaking France and French Africa 1945–1960*, Princeton University Press, 2014.
24. D. Cogneau, Y. Dupraz, S. Mesplé-Somps, "Fiscal Capacity and Dualism in Colonial States : The French Empire 1830–1962", EHESS et PSE, 2018; É. Huillery, "The Black Man's Burden : the Costs of Colonization of French West Africa" , *Journal of Economic History*, 2014; *M. Woker, Empire of Inequality: the Politics of Taxation in the French Colonial Empire, 1900–1950s*, Columbia University Press, 2020を参照

第5章

1. J. Nicolas, *La Rébellion française. Mouvements populaires et conscience sociale, 1661–1789*, Gallimard, 2002を参照。同書は1730年から1759年の間に起こった87件の領主に対する農民反乱、および1760年から1789年の間に起こった246件の農民暴動について記している。またG. Lemarchand, *Paysans et seigneurs en Europe. Une histoire comparée, XVIe-XIXe siècles*, Presses universitaires de Rennes, 2011を参照。同書はとくに1848年の革命の波の数年前に、ヨーロッパで起こった農民暴動が果たした役割を論じている。
2. 「第三身分とは何か。すべてである。現在まで、政治の分野で彼らは何者であっただろう？　何者でもなかった。彼らは何を要求しているのか？　何者かになることだ」
3. 図2－1を参照。
4. 東ヨーロッパ（とくにバルト海沿岸諸国）で農奴制が強化されたのは、一部には、16世紀から18世紀にかけて西ヨーロッパへの穀物の輸出量が著しく増えたため、領主が労働体制をより厳しくして生産量を増強せざるをえなかったためだと考えられ　る。T. Raster, "Serfs and the Market: Second Serfdom and the East-West Goods Exchange, 1579–1859", PSE, 2019を参照。1807年にプロイセンで、1848年にオーストリア＝ハンガリーで、また1861年にはロシアで農奴制が廃止された際には、領

主への補償金の支払いが元農奴に課せられ、それは20世紀初頭まで続いた。S. A. Eddie, *Freedom's Price. Serfdom, Subjection and Reform in Prussia 1648–1848*, Oxford University Press, 2013; T. Dennison, "The Institutional Framework of Serfdom in Russia: the View from 1861", in S. Cavaciocchi, ed., *Serfdom and Slavery in the European Economy, 11th-19th Centuries*, Firenze University Press, 2014 を参照。

5. M. Arnoux, *Le Temps des laboureurs. Travail, ordre social et croissance en Europe (XIe-XIVe siecle)*, Albin Michel, 2012 を参照。また J. Le Goff, "Les trois fonctions indo-européennes, l'historien et l'Europe féodale", *Annales E.S.C.*, 1979 を参照。
6. 1793年の憲法では男性の普通選挙が制定されているが、適用の機会がなかった。
7. この議論については、トマ・ピケティ『資本とイデオロギー』pp. 106–112 を参照。また以下の興味深い著書を参照。R. Blaufarb, *The Great Demarcation: The French Revolution and the Invention of Modern Property*, Oxford University Press, 2016. S. A. Eddi は、その著書 *Freedom's Price* で、1807年のプロイセンの農奴制廃止（所有者への補償金支払いを伴う）は結局、フランス革命時よりも貧しい農民に好都合だったという考えを述べてさえいる。
8. 以下の古典的著作を参照。E. P. Thompson, *Whigs and Hunters: The Origin of the Black Act*, Pantheon, 1975. ブラック法は、鹿を撃ち殺した者、木を伐った者、魚の養殖池で密猟した者、雑木林で薪を拾った者が対象とされていた。有罪と思われる者には有無を言わせず絞首刑を命じることができた。当初、この法律の施行期間は3年と予定されていたが、延長され強化されて1世紀以上も施行され続けた。ヨーロッパでは、同じように所有権が強化されていった例が、たとえば1821年のプロイセンなど他の国でも見られる。このことは若きマルクスの心に深く刻まれ、所有権とは歴史的に国家と有産階級を後ろ盾にして築き上げられ、定着したひとつの社会関係であり、自然で普遍的な現実ではないということを納得するに至った。フランス革命では、私有地および私有林はすべての者に狩猟をするために開放されるべきであると規定されており、この措置は今日も適用されている。
9. 18世紀末から19世紀初頭にかけて、生活条件が悪化したことが最もよく表れているのは、おそらく、とくに都市や工業中心地の徴兵適齢者の体格が小さくなったことだろう。S. Nicholas, R. Steckel, "Heights and Living Standards of English Workers During the Early Years of Industrialization", *Journal of Economic History*, 1991 を参照。
10. ロベール・カステル『社会問題の変容――賃金労働の年代記』前川真行訳、ナカニシヤ出版、2012年 ; R. Castel, C. Haroche, *Propriété privée, propriété sociale, propriété de soi*, Pluriel, 2001 を参照。また C. Didry, *L'Institution du travail. Droit et salariat dans l'histoire*, La Dispute, 2016; M. Margairaz, M. Pigenet, *Le Prix du travail. France et espaces coloniaux, XIXe-XXIe siècles*, Éditions de la Sorbonne, 2019 を参照。労働権や所有権など、権利の「社会化」への長いプロセスについては、同時代のデュルケームの連帯主義や社会主義に近い立場をとる以下を参照。L. Duguit, *Les Transformations générales du droit prive depuis le Code Napoléon*, Alcan, 1912.
11. ショシャナ・ズボフ『監視資本主義――人類の未来を賭けた闘い』野中香方子訳、東洋経済新報社、2021年 ; C. Durand, *Techno-féodalisme. Critique de l'économie numérique*,

Zones, 2020; S. Abdelnour, D. Méda, *Les Nouveaux ravailleurs des applis*, PUF, 2020 を参照。最善の解決策は、相当数の利用者がいるあらゆるプラットフォームを「システマティックなプラットフォーム」として指定し、半公共サービスとして扱い、利用手順や基本的権利の遵守を厳しく管理することだ。

12. 関係する直接税は、主に地租（土地および不動産の所有に対する税金）と事業免許税（商標や設備など事業資産を対象とする税）である。つまり選挙権があるのは、その他の納税額に基づく制度と同様、最も大きな資産の所有者だ。フランスでは、1820年に公布された「二重投票」法によって、最も裕福な有権者（被選挙権資格者とほぼ同数）が一部の議員を指名するために2回、投票できるようになった。
13. 以下の非常に熱のこもった記事を参照。E. Bengtsson, "The Swedish *Sonderweg* in Question: Democratization and Inequality in Comparative Perspective, c. 1750–1920", *Past and Present*, 2018 を参照。
14. また別の興味深いケースとして、スウェーデンほど極端ではないものの、1871年から1918年までドイツ帝国の主要構成国だったプロイセンは、1848年から1918年まで納税額により国民を3つのカテゴリーに分ける独自の体制を採用していた。もう少し正確に言うと、プロイセンの有権者は納税額によって3つの階級に分けられるが、各階級の納税額累計が全納税額の3分の1になるようになっている。各階級から同数の選挙人が選ばれ、その選挙人が議員を選ぶ。
15. T. Kuhner, *Capitalism vs Democracy: Money in Politics and the Free Market Constitution*, Stanford University Press, 2014; L. Bartels, *Unequal Democracy: The Political Economy of the New Gilded Age*, Princeton University Press, 2016 を参照。
16. J. Cage, *Le Prix de la démocratie*, Fayard, 2018; *Libres et égaux en voix*, Fayard, 2020 を参照。政党への寄付に対する税額控除（その恩恵を受けているのは主に納税者の1%に当たる富裕層、とくに0.01%の超富裕層）の総計は、公共財政としての正式の政党交付金（主に最新の選挙結果に基づいて交付され、したがってすべての有権者に対して同じウエイトを与えている）の総計とほとんど同額になる。著者はこの不平等な制度を、すべての人が同額を寄付する「民主的平等性バウチャー」に代え、慈善事業やメディアでも同様の制度を適用することを提案している。
17. J. Cage, B. Huet, *L'information est un bien public. Repenser la propriété des médias*, Seuil, 2021 を参照。
18. 2020年にアメリカのカリフォルニア州でUberやLyftのきわめて不安定な労働モデルを保護するために両社が組織した住民投票が成功したことは、直接民主主義の理想的なヴィジョンの限界を示している。また、保護と自主性の折り合いをつけることのできるような賃金労働者の身分を検討する必要性も示している。
19. 元老院は各地域から選ばれた保守的傾向の強い選挙人集団によって選出される。1946年に社会党と共産党の圧力を受けて、元老院は通常法案に対する拒否権を失った（第三共和政下では元老院の拒否権によって数々の重要な税制・社会制度改革が数十年も遅れる結果となった）が、憲法改正についての拒否権は維持され、現在も両院で同じ文言での過半数の承認を得る必要があり、その後、両院合同会議で5分の3以上の賛成または国民投票による承認を得なければならない。

20. 第五共和国になってから今日までに実施された主な憲法改正は1962年の直接普通選挙による大統領選挙に関する改正で、これもまたド・ゴール将軍による典型的な憲法違反によって行われた（ド・ゴールの意向で任命された憲法院が彼を不問に付した)。このような改正は事前に両院の承認なしに国民投票によって決定できるとは何も規定されていなかったのだ（今日も、規定されていない)。
21. 貴族院はこの一般受けする提案にあえて拒否権を行使した。自由党の首相アスキスは当時、自由党が労働党に取って代わられることを恐れており、最終的にはそうなるのだが、庶民階級出身の有権者に安心感を与える必要があった。そこで、貴族院から法案の拒否権を取り上げる憲法案を庶民院で採択させると同時に、再度、総選挙に持ち込むという二重の賭けに出る決断をし、堂々と勝った。貴族院は当時、1880年代に第3代ソールズベリー侯が軽率に発言した口約束の罠にはまっていた。これは、貴族院は、庶民院で人民の明確な支持を得た法案の承認に同意しなければならない、というものだ。国の約束を裏切るなら貴族院に法案に賛成する数百名の新たな議員を任命すると国王から脅された貴族院は、二つの法案の採択と自分たちに対する死刑判決に署名することを強いられた。トマ・ピケティ『資本とイデオロギー』pp. 179–181を参照。
22. アメリカの連邦最高裁判所の時代遅れについて少し触れよう。判事は、カトリック教会の教皇やモルモン教会の使徒と同様に終身で任命される。ところが、カトリックでは1970年の教皇勅書によって80歳以上の枢機卿は教皇を選出する権利を失った。そうであるなら、どんな制度も、きわめて神聖な制度も含め、改革することは可能だということだ。
23. 18世紀から19世紀初めにかけて、初期の株式会社は社員同士の平等という原則で設立されたケースが多い。その後、次第に資本金を多く提供したものほどより多くの投票権を持つというふうに、議決権にいくつかの等級が導入されたが、無条件に比例方式はとられなかった。少数の株主に権限が極端に集中し、議決の質や社員間の関係を損ねることを恐れたからだ。イギリスで保有株数と議決権の比例方式の原則が法的に株式会社の標準統治方式となるのは、1906年の会社法が制定されてからのことだ（定款ではつねに、これを適用除外することができ、株式を複数のカテゴリーに分類したり、あらゆる特殊なルールを規定したりすることができる)。E. McGaughey, *Participation in Corporate Governance*, SSRN, 2014を参照。
24. E. McGaughey, “The Codetermination Bargains: the History of German Corporate and Labour Law”, *Columbia Journal of European Law*, 2017; S. Silvia, *Holding the Shop Together. German Industrial Relations in the Postwar Era*, Cornell University Press, 2013を参照。
25. スウェーデンでは、従業員代表は議席の3分の1しか占めることができないが、このルールは従業員が25人以上のすべての企業に適用されている。デンマークでは従業員が35人以上の企業、ノルウェーでは50人以上の企業にこのルールが適用されている。オーストリアでは、このルールは従業員数が300人以上の企業にしか適用されず、適用範囲が著しく限られている（ドイツとほとんど同じ)。
26. 最低基準ルール（従業員代表に3分の1ないし半数の議席）を課すことを目指したEU指令案が1972年、1983年、1988年に議論されたが、保守政党の激しい反対に

あった（フランス社会党やイギリス労働党は、当時、目標を主に国有化に絞っていたため、この法案に熱狂的な支持を表明しなかった）。

27. たとえば、ニーダー・ザクセン州はフォルクスワーゲン社の資本金の13%を保有しており、同社の定款は、同州に20%の議決権を、従業員代表には50%の議決権を保証している。

28.「土地、天然資源および生産手段は、社会化の目的のために、補償の種類および程度を規律する法律によって、公有財産または他の形態の公共経済に移すことができる」（第15条）。

29. 1919年の憲法第155条では、不動産所有制度および土地の再分配は、「あらゆる家庭に安全な住居」や「必要に応じた経済活動の場所」を保証するといった社会的目的に応じて、法律で定めることと規定している。

30. 現在も合憲性の判断に欠かせない1789年の人権宣言第2条には、次のような規定がある。「あらゆる政治組織の目的は、人間の生まれながらの、かつ取り消しえない権利を保全することである。それらの権利とは、自由、所有権、安全および圧政に対する抵抗である」。憲法には、所有権の自然主義的定義についての詳細（たとえば、1919年および1949年にそれぞれ制定されたドイツの憲法に言及されているような所有形態など）については一切言及されておらず、裁判官の自由な解釈、とくに、既存の所有者の権利保全に最も好都合で最も保守的な考えによる解釈に委ねられている。2013年、フランスのある法律で、大企業の取締役会への従業員代表のささやかな参画（12議席のうちの1議席。このルールは2019年に適用範囲がわずかに拡大された）が初めて導入されたが、議席の半数までを従業員に認める法律は、あらかじめ憲法を改正しない限り、認められない可能性が非常に大きい。

31. E. McGaughey, "A Twelve-Point Plan for Labour, and a Manifesto for Labour Law", *Industrial Law Journal*, 2017; S. Silvia, *Holding the Shop Together*; S. Jäger, B. Schœfer et al., "Labor in the Boardroom", *Quarterly Journal of Economics*, 2021; J. Harju, S. Jäger, B. Schoefer "Voices at Work", NBER, 2021 を参照。

32. トマ・ピケティ『資本とイデオロギー』pp. 877–879を参照。この制度はジュリア・カジェが『なぜネット社会ほど権力の暴走を招くのか』（山本知子他訳、徳間書房、2015年）で、すでにメディア社会について提案した議決権の上限ルールを一般化したものだ。

33. 従業員間の議決権の完全な平等に基づく協同組合の形態は、特定のプロジェクトに適しているが、それを一律に強要するのは非生産的だろう。

34. たとえば、アメリカの民主党上院議員らが2018－2020年に提出、主張したReward Work Act（報酬労働法）やAccountable Capitalism Act（責任ある資本主義法）を参照。前者では、上場企業は取締役の3分の1以上を従業員代表に割り当てることが規定されている。後者では、大企業に対し、取締役の40%を従業員代表にすること、政治献金は（最高法院の法解釈を考慮して、政治献金を禁止する権利がない場合）取締役会において75%以上の過半数の承認が必要であることが定められている。イギリス労働党の新しい政治綱領についてはK. Ewing, G. Hendy, C. Jones, *Rolling out the Manifesto for Labour Law*, Institute for Employment Rights, 2018 を参照。

35. D. Méda, J. Battilana, I. Ferreras, *Le Manifeste Travail. Démocratiser, démarchandiser, dépolluer*, Seuil, 2020 を参照。また I. Ferreras, *Firms as Political Entities. Saving Democracy through Economic Bicameralism*, Cambridge University Press, 2017 を参照。さらに、従業員と株主の合同会議で取締役を選出することを提案している E. McGaughey, "A Twelve-Point Plan for Labour, and a Manifesto for Labour Law", *Industrial Law Journal*, 2017 を参照。
36. 国際的な労働組合連合であるユニ・グローバル・ユニオンの綱領を参照。また S. Block, B. Sachs, *Clean Slate for Worker Power: Building a Just Economy and Democracy*, Harvard Law School, 2020 を参照。

第6章

1. とくに P. Lindert, *Growing Public : Social Spending and Economic Growth since the 18th Century*, Cambridge University Press, 2004 を参照。
2. 『資本とイデオロギー』pp. 492–495 を参照。アメリカで 1870 年代に教育に充てられた公費（あらゆるレベルを含む）は国民所得の 0.7%だが、フランスでは 0.4%、イギリスでは 0.2%だった。1910 年にはアメリカは 1.4%に達していたが、フランスは 1%、イギリスは 0.7%だった。それに引きかえ、19 世紀から 20 世紀初頭にかけてヨーロッパの軍事予算は国民所得の 4―5%あるいはそれ以上だった。世界全体では、1960 年の軍事費は国民所得の 6%以上に達していた（植民地戦争、冷戦）が、2020 年は 3%になっている（ヨーロッパが 2%、アメリカが 4%、サウジアラビアが 10%）。
3. 初等教育についても 19 世紀にアメリカとヨーロッパ諸国との間に同じようなギャップがある。アメリカでは 1850 年代に初等教育の就学率が 80%を超えていたのに対し、ドイツ、フランス、イギリスでは、1890―1910 年代になってようやくそのレベルに達した。
4. 同じく『資本とイデオロギー』pp. 490–491 を参照。歴史上、アメリカでも労働時間が大きく短縮される傾向にあるが、ヨーロッパに比べると短縮幅は著しく小さい。それは、アメリカの社会国家としての発展が概して限定的だったことと関係がある。
5. 図 3－1 を参照。
6. 1950―1980 年代を通して、ヨーロッパの労働党、社会民主党、社会党、共産党、アメリカの民主党が社会層レベル（所得、学歴、資産など）に関わりなく、庶民の票を集め続けた。こうした団結は 1980―1990 年以降、徐々に崩れるが、そのことは、再分配を推し進める母体がその野心を失ったことと関係があるかもしれない。A. Gethin, C. Martinez-Toledano, T. Piketty, *Clivages politiques et inégalités sociales. Une étude de 50 démocraties 1948–2020*, EHESS/Seuil, 2021 を参照。
7. さまざまなタイプの社会国家構築における脱商品化のプロセスの重要性については、イエスタ・エスピン＝アンデルセン『福祉資本主義の三つの世界――比較福祉国家の理論と動態』岡沢憲芙・宮本太郎訳、ミネルヴァ書房、2001 年を参照。また 19 世紀および 20 世紀初頭に広まった労働力の商品化、および 1914 年以降のヨーロッパ社会の崩壊におけるその役割については、カール・ポラニー『大転換――市場

社会の形成と崩壊』野口建彦他訳、東洋経済新報社、2009年を参照。

8. たとえば P.-C. Michaud et al., “Differences in Health Between Americans and Western Europeans”, *Social Science & Medicine*, 2011; M. Roser, “Link Between Health Spending and Life Expectancy: US is an Outlier”, Our World In Data, 2017; アン・ケース、アンガス・ディートン『絶望死のアメリカ——資本主義がめざすべきもの』松本裕訳、みすず書房、2021年を参照。
9. 1973年の軍事クーデター後のチリでこのようなことが試みられ、トランプ大学でも教育部門が株式会社化されたが、大失敗に終わっている。それは一部には、利益追求が教育の基本である倫理的動機を損なうからであり、それは保健医療部門やその他の部門（メディア、文化など）でも同じことだ。
10. イギリスで1988年にサッチャー首相が導入を主張した「人頭税」など。この税はあまりに評判が悪く、保守党は1990年にこの法案を断念し、首相を交代させる決断をせざるをえなかった。
11. 所得または私有財産のレベルに応じて、税の逆進性または累進性を定めることができる。この二つのアプローチは適切で、互いに補完し合う。なぜなら、所得および資産は人々の納税能力の補足的指標だからだ。
12. エリック・ホブズボーム『20世紀の歴史——両極端の時代』上下巻、大井由紀訳、筑摩書房、2018年を参照。
13. 戦前、共和党のエリートらは、（当時についての入手可能なデータが富の極端な集中を示しているにもかかわらず）フランスは1789年の革命で平等になったから累進税は必要ないという論拠を乱用していた。1920年に国民ブロックによって採択された独身者に適用される25%の加算税（また、政府中枢による極めつきの税制構想である、結婚後2年以上経過した子供のいない夫婦に対する10%の加算税）も含めれば、最高税率は1923年には75%、1924年には（最善策として左翼連合政権によって採択された究極の加算税が実施された後）90%に達している。フランスの累進税の歴史については、『格差と再分配—— 20世紀フランスの資本』を参照。
14. フランスでは、累進相続税の創設（1901年2月25日の法律）は、累進所得税の創設（1914年7月15日）より先で、累進所得税は1909年に代議院で採択された後、元老院で長い間、採択を阻止されていたが、戦争による損失を埋め合わせるためについに採択された。当初、2.5%に定められていた最高相続資産の税率は、1910年には労働者と農民の退職年金の資金調達のため6.5%に引き上げられた。イギリス、ドイツ、日本では、累進性強化の動きは1914年前から始まっていた。
15. 憲法改正のプロセスは、民主党（1895年の連邦最高裁判所判決で頓挫）と人民党（またはポピュリスト党）によって進められていた。人民党は当時、土地の再分配、小農場主への融資、株主・土地所有者・大企業の連邦政府への影響力の排除などの綱領を掲げていた。
16. 70—80%の最高税率は、（最高税率区分の限度額を超える所得または資産部分に適用される）限界税率のこともあれば、（所得ないし資産の全体に適用される）実効税率のこともある。実効税率で直接示される税率表は、とくに1936年の税制改革の折に人民戦線（右翼政党連合）によって用いられた。この税率表は民主主義とい

う面ではるかに透明性があるという大きな利点がある。つまり、誰が何に対して支払うのかがよくわかり、何と言っても実効税率が十分なレベルに達するためには税率を非常に高くする必要があることが確認できる。『格差と再分配—— 20世紀フランスの資本』pp. 353–360を参照。

17. T. Piketty, G. Postel-Vinay, J.-L. Rosenthal, “The End of Rentiers : Paris 1842–1957”, WID.world, 2018を参照。

18. ここでは、法人税（該当する株主のさまざまな百分位に課せられる）、固定資産税（地主の百分位に課せられる）、消費税（消費者の百分位に課せられる）なども考慮されている。

19. 2018—2019年には、アメリカの最高額納税者400人の実効税率が、彼らほど豊かでない納税者の税率を下回った。エマニュエル・サエズ、ガブリエル・ズックマン『つくられた格差——不公平税制が生んだ所得の不平等』山田美明訳、光文社、2020年を参照。これらの推定値は直接観察できることしか考慮されていないうえに、節税や税逃れのための巧妙な戦略の大部分が無視されている。

20. A. Bozio, B. Garbinti, J. Goupille-Lebret, M. Guillot, T. Piketty, “Predistribution vs Redistribution : Evidence from France and the US”, WID.world, 2020を参照。

21. 給与を管理し、労使関係を調停するために設置された（政府、組合、雇主の）三者構成機関。C. Goldin, R. Margo, “The Great Compression : The Wage Structure in the United States at Mid-Century”, *Quarterly Journal of Economics*, 1992を参照。

22. 『資本とイデオロギー』pp. 503–504を参照。

23. ヨーロッパでも同様の結果が見られる。つまり、累進性が最も大きかった1950—1990年は経済成長率も同様に高いが、その後、累進性が小さくなるにつれて経済成長率も低下している。だがヨーロッパの場合、この結果を解釈するのは難しい。戦争の影響で1910—1950年は経済成長がとりわけ低迷したため、1950年以降の経済成長は、その低迷を挽回した結果であるからだ。アメリカの場合はこのような挽回効果は存在しないため（1910—1950年の成長率は1870—1910年の成長率と1950—1990年の成長率の中間）、この比較（1950年以前と累進性が拡大した以降の比較）はより重要な意味がある。同じく『資本とイデオロギー』pp. 512–515、図11－12、11－15を参照。

24. この点について、歴史的に進化し、学生数が増えているにもかかわらず1980—1990年以降、教育への投資が停滞していることは、経済成長が低迷していることの最も納得できる説明のひとつのように思われる。

25. 入手可能な資料によると、1700年から1914年までイギリスおよびフランスでは私有財産の総計は大体この程度で変化なかったが、資産の形は大きく変化した。18世紀初頭には農地が資産の3分の2を占めていたが、次第に不動産資産、産業用資産、外国資産に取って代わったと推定できる。『21世紀の資本』pp. 123–124、図3－1、3－2を参照。

26. 図2－3を参照。

27. より詳細な分析については『資本とイデオロギー』pp. 419–426を参照

28. 同上pp. 136–139、表4－1を参照。

29. この計算値は意味深長だが、植民地からの収奪の実際の規模を過小評価している。これは、(綿花、木材、石油など) 原材料の流れを示す多元的アプローチを進めない限り、正確に理解することはできない。第3章を参照。
30. 第4章を参照。1845－1848年のアイルランドの飢饉(当初800万人だった人口のうち約100万人が死亡、150万人が移住した)は、その規模から、しばしば1943－1944年のベンガルの飢饉(5000万人の人口のうち、400万人が死亡)と比較される。アイルランドでもベンガルでも、イギリス人のエリートはこの出来事を承知していたが、悲劇を避けるために必要な対策を取ることを拒否した。その意図が、明らかに貧しく反抗的な人々のマルサス的な人口統制であることさえあった。アイルランドの飢饉は、その後の数十年間ずっとアイルランド人のイギリス人土地所有者に対する深い遺恨の念を募らせ、農地を占拠したり、賃貸料の支払いを拒否する激しい運動が起こり、最終的には土地の再分配、さらにはアイルランド独立への道を開くことになる。
31. レーニンは1916年刊行の古典的著書『帝国主義――資本主義の最高の段階としての』宇高基輔訳、岩波書店、1956年で、植民地列強の間で繰り広げられた資金獲得の追い抜きレースの激しさを証明するために、当然のことだが、当時可能だった金融投資に関する統計を使用している。
32. 異常なまでの反ユダヤ主義に加えて、この著書のもう一つの大きな妄執は、フランス占領軍がライン沿岸に送り込んだ「黒人の群れ」だ。ヒトラーは、フランス人が「純潔なドイツ人」を一人残らず消滅させて「コンゴからラインまで広がる広大な混血国家」を形成しようとしているのではないかと疑っていた。「グレート・リプレイスメント(大置換)」という恐怖は、この大混血という恐怖とすでに重なり合っている。『資本とイデオロギー』pp. 451–458を参照。
33. 以下の興味深い著書を参照。M. L. Hughes, *Shouldering the Burdens of Defeat: West Germany and the Reconstruction of Social Justice*, University of North Carolina Press, 1999. また、近年、コロナ禍による負債を軽減することを目的にドイツの連邦会議で始まった似たような提案と比較するには、S. Bach, “Die Linke Capital Levy: Revenue and Distributional Effects”, DIW, 2020を参照。
34. より正確には、対外債務の支払いは1953年に中断され、1991年に東西ドイツが統一された際に最終的に停止された。G. Galofré-Vila, C. Meissner, D. Stuckler, “The Economic Consequences of the 1953 London Debt Agreement”, *European Review of Economic History*, 2018を参照。
35. 『資本とイデオロギー』pp. 427–430を参照。
36. 1815年にイギリスの債務は国民所得の200%を超えていた。この債務は1世紀にわたって財政黒字から返済されていた(1815－1914年の財政黒字は国民所得の2－3%で、納税者が支払った税金が資産家への返済に充てられていた。その一方で教育のために投資された税金は国民所得の1%にすぎない)が、債務が完全に消滅することはなかった。『資本とイデオロギー』を参照。またV. Amoureux, “Public Debt and Its Unequalizing Effects. Explorations from the British Experience”, PSE, 2014を参照。

第7章

1. 図2－2を参照。
2. 『資本とイデオロギー』pp. 495–504、図11－5―11－10を参照。
3. 社会国家のさまざまな部門において分権化と規制を最もうまく融合させることができる組織形態に関する議論はきりがなく、ここでは簡単に触れることしかできない。保健医療部門では、フランス式の公共－自由診療制度はイギリス式モデルに比べるとうまく設計されたシステムと見なされることが多いが、診療行為数や医師の所得をきちんと調整する必要がある。高等教育部門では、公的資金調達の適正なシステムが予期したとおりに実施されるのであれば、大学の自主性や分権化はおそらく意味があるだろう。文化部門では、舞台芸術家の不定期雇用身分にはさまざまな興味深い要素が含まれるが、ここでもまた資金調達が適切に行われ、文化政策として認められることが必要だ。水道、エネルギー、交通の部門では、ヨーロッパや世界のいくつかの都市で発展している自治体直営の管理方式から学ぶべきことがたくさんある。
4. ごくわずかの限られた金額を考えれば、「ユニバーサルインカム」というよりも「ベーシックインカム」と言うほうが適しているように思える。給与明細書に基づくベーシックインカムの自動振込については P.-A. Muet, *Un impôt juste, c'est possible*, Seuil, 2018を参照。このシステムは、賃金労働者の身分を保護し、労働の細分化に対抗することができる。
5. P. Tcherneva, *The Case for a Job Guarantee*, Polity Press, 2020を参照。また、アトキンソンの提唱する雇用保証制度についてはアンソニー・アトキンソン『21世紀の不平等』山形浩生他訳、東洋経済新報社、2015年を参照。
6. 退職年金については、寿命が伸びており、年金依存という問題もあるから、死ぬまで現役時代の格差を引きずることに甘んじるべきだという考えは、もはや時代遅れだ。統合された新しい年金制度は、反対に、平均以上の給与をもらっていた人よりも、低賃金に甘んじていた人により高い所得代替率を保証するために、あらゆる所得に累進税を課すことで資金を調達するなど、あらゆることをすべきである。このテーマは、数あるテーマのなかでもとくに、守りの姿勢に甘んじることなく、新しい野心的な基本方針を策定するために、力を合わせて平等を目指すことが必要だ。
7. 累進性の高い税率は、歴史的な大きな出来事（ドイツや日本では第二次世界大戦、また多くの国々では農地改革）をきっかけに資産税ですでに適用されてきたが、いずれも永続的な制度にはならなかった。永続的年次資産税の多くは、厳密な定率課税（アメリカの財産税やフランスの不動産税は18世紀末以来ほとんど変わらず、不動産と事業資産の両方に課税されたが、累進性はまったくなく、金融資産も金融債務も考慮されずに最終的に、国民所得のおよそ2%相当のかなり大きな税収だったが、非常に不公平に割り当てられていた）または緩い累進課税である（ドイツや北欧で20世紀のほとんどの期間に適用され、フランスで1981年以降、断続的に適用された年次資産税の税率は2―3%を超えることはなく、免税対象が多く、税務監査がほとんどない、したがって税収は少ない）。『資本とイデオロギー』pp. 525–540を参照。

8. 具体的には、ある人が30歳か40歳のときに億万長者になっても、その資産相応の税金を支払ってもらえるのは、その人が80歳か90歳になって資産を相続させるまで待たなければならないのは納得できないだろう。年次資産税を優先的に用いれば（最も大きな財産をターゲットにできるほうがいいから、相続税を用いるより一般受けする）、中産階級がその改革時に手にできることをより効果的に実現できる。
9. 財団が一個人のためだけの道具にすぎないなら、その財団の基金は当然、しかるべく課税されるべきである。社会全般の利益を追求する非営利組織の場合は、特別の税率表を準備すべきだ。入手可能なデータによれば、最も大規模な基金（たとえば、アメリカの最も豊かな大学の基金）は、1980年から2018年の間に（インフレは別にして）年7―8％のペースで増加しており、これは民間の最も大規模な財産の増加ペースに近いが、世界経済の成長率や、もっと小規模な基金（その他の大学や小規模団体）の成長率とはまったく異なる。『21世紀の資本』pp. 464–467、および『資本とイデオロギー』pp. 633–634を参照。
10. とくに個人用炭素カードは、最も多くの炭素を排出する者および最も裕福な納税者に税負担を集中させることで、みんなで決めた炭素の総排出量を遵守させることができるに違いない。炭素カードは、庶民階級や中流階級のために、排出量目標の厳格化によって誘発される購買力への悪影響を自動的に相殺できるような方法で、累進所得税の税率と厳密にリンクさせることが非常に重要である。『資本とイデオロギー』pp. 900–901を参照。
11. 図5－4を参照。パラメータは当然、調整される可能性がある。
12. 古くからの借家人に特別な保護を認める、あるいは買い取り優先権、ときには買い取り価格の値下げまたは補助金を与えるなど数々の法的制度に、そのような例がある。居住形態がどうであれ、ゲットー化を避けることができる社会的多様性を検証し、罰することができるような厳しいルールを適用することが欠かせない。
13. 表7－1で説明した資産に対する累進税の一部を賃金基金に繰り入れる形で徴収できるようにすることを想定してもいい。
14. R. Meidner, *Employee Investment Funds: An Approach to Collective Capital Formation*, Allen & Unwin, 1978; G. Olsen, *The Struggle for Economic Democracy in Sweden*, Ashgate, 1992; J. Guinan, "Socialising Capital: Looking Back on the Meidner Plan", *International Journal of Public Policy*, 2019を参照。
15. J. Guinan, M. O'Neill, *The Case for Community Wealth Building*, Polity Press, 2020を参照。
16. ここで言及した「参加型社会主義」にある面でかなり近い、消えゆく資産とあらゆる権利の平等化に基づく空想上の優しい社会についてはE. Dockès, *Voyage en misarchie. Essai pour tout reconstruire*, Editions du Détour, 2017を参照。
17. 資産の再分配を可能にし、税の累進性を守る憲法の条文は次のようなものになるだろう。「本法律は、所有権の行使条件を定め、必要に応じ、資産に対する累進課税、給付金、従業員の議決権などの制度によって資産集中の低下および資産の一般利益のための役割が促進されることに留意する。納税者が保有するあらゆる種類の財産の額に応じて支払われる直接税および間接税の総額を明示する際には、その課税比

率は最富裕層の比率が最貧層よりも低いことがあってはならない。本法律が定める条件にしたがって、最富裕層の課税比率はさらに高くすることができる」

18. とくに B. Friot, *Puissances du salariat,* La Dispute, 2012 を参照。フリオは「賃金社会主義」という言葉は使っていないが、この表現は、給与規定や社会保障制度による既存の状況からの脱却の可能性について彼自身の（根拠のある）主張を表現するのにふさわしいように思われる。

19. 歴史上、自然資源、物質資源、知的資源を共同で利用するために発展してきたさまざまな組織形態については D. H. Cole, E. Olstrom, éds., *Property in Land and Other Resources,* Lincoln Institute of Land Policy, 2012; B. Coriat, ed., *Le Retour des communs,* Les Liens Qui Libèrent, 2015; T. Boccon-Gibod, P. Crétois, *État social, propriété publique et biens communs,* Le Bord de l'eau, 2015 を参照。

20. フリオは、賃金公庫や投資公庫は選ばれた、または抽選で決まった機関が管理すると述べ、国の機関との関連性は何ら明示していない（国の機関かどうかも曖昧なままだ）。B. Friot, J. Bernard, *Un désir de communisme,* Textuel, 2020, p. 32 を参照。また F. Lordon, *Figures du communisme,* La Fabrique, 2021 を参照。同書は、フリオが提案したシステムを支持し、生涯賃金を「一般経済保障」と改名することを提案する一方で、このシステム（選挙、政党、労働組合、メディアなど）のガバナンスについては何も述べていない。

21. フリオが税金や税の累進性の問題に関心を示さないのはそのためだ。その場合、時として、たとえば新たな社会保険料を財源にして、すべての人が毎月一定額を受け取り、それを使って認可生産者から食料を買うという食糧保障制度のアイデアのような、より穏健な提案を採択することになるが、そのような制度は、本書で主張する分権化された枠組みに組み入れることがまったく可能なのだ。

22. たとえば S. Weeks, "Collective Effort, Private Accumulation: Constructing the Luxembourg Investment Fund, 1956–2019", *in* M. Benquet, T. Bourgeron, *Accumulating Capital Today: Contemporary Strategies of Profit and Dispossessive Policies,* Routledge, 2021 を参照。また C. Herlin-Giret, *Rester riche. Enquête sur les gestionnaires de fortune et leurs clients,* Le Bord de l'eau, 2019 を参照。さらに S. Guex, "L'émergence du paradis fiscal suisse", *in* D. Fraboulet, P. Verheyde, *Pour une histoire sociale et politique de l'économie,* Éditions de la Sorbonne, 2020 を参照。

23. P. François, C. Lemercier, *Sociologie historique du capitalisme,* La Découverte, 2021 を参照。公共および民間企業の古臭い官僚主義を時代遅れだと見なして、1970 年代から 1980 年代にかけての資本主義イデオロギーを再構築するために用いられた、迅速性と柔軟で活発な組織をテーマとした手法については、リュック・ボルタンスキー、エヴ・シャペロ『資本主義の新たな精神』上下巻、三浦直希他訳、ナカニシヤ出版、2013 年を参照。金融化の普及は、企業間、国家間での資本の持ち合いが広がるという結果も生んだ。銀行、企業、一般家庭が保有する民間の金融資産および金融負債の総額は、1970 年には GDP（国内総生産）の 200%だったが、2020 年には 1000%を超えている（金融派生商品は含めずに）。一方、実物資産（すなわち、不動産および企業の純価値）は、同じ期間に 300%から 500%に増加したにすぎない。

24. O. Rosenboim, *The Emergence of Globalism* を参照。同書では、1940年代以降、バーバラ・ウートンやウィリアム・ヘンリー・ベヴァリッジらの社会保護、連邦累進税、民主社会主義に基づくヨーロッパ連邦の設立を主張する思想など、他の思想も表明されていたことを明らかにしている。
25. R. Abdelal, *Capital Rules: The Construction of Global Finance*, Harvard University Press, 2007を参照。調査は主に当時の責任者（とりわけ、ジャック・ドロールおよびパスカル・ラミー）の証言に基づいている。また B. Lemoine, *L'Ordre de la dette. Enquête sur les infortunes de l'État et la prospérité du marché*, La Découverte, 2016を参照。
26. 欧州司法裁判所は、資本の完全な自由流通（あらゆる規制を事実上回避できるオフショア組織の設立を含む）を擁護する立場からはきわめて遠いが、マーストリヒト条約がルールを定め、税金を徴収する各国の権利を適切に考慮していたなら、このような経過を辿ることはなかっただろう。K. Pistor, *The Code of Capital : How the Law Creates Wealth and Inequality*, Princeton University Press, 2019を参照。
27. たとえば、バイデン政権で検討されている21%という最低税率（アイルランドでは現在12%）は、世界的な金融資産登録制度の実用化と税の累進性の立て直し（最高額の資本所得および労働所得に対して80―90%に達する税率を課す可能性をさぐる）を目指す世界プロジェクトにおける第一歩としてなら、有用な役割を果たせるだろう。それが最終的な税率なら事情はまったく異なる（しかも、現在、OECDで進行中の議論から判断すれば、15%前後に下がる可能性がある）。

第8章

1. それでも裕福な卒業生は、彼らの子供が大学入学の年齢になると、異常なほど莫大な寄付を集中的にしていることがわかっており、このことは、大学の席をお金で買う習慣が、大学が主張しているよりずっと広がっていることを示唆している。J. Meer, H. S. Rosen,"Altruism and the Child Cycle of Alumni Donations", *American Economic Journal*, 2009を参照。
2. 入手できた最新データによると、学士課程／修士課程に在籍する恵まれない社会階層出身の子供（同年代の36%）は20%だが、パリ政治学院（Sciences Po）では8%、パリ高等師範学校（ENS Ulm）では7%、経営大学院（HEC）では3%、そしてエコール・ポリテクニークでは0%だ。反対に、学士課程／修士課程に在籍する非常に恵まれた社会階層出身の子供（同年代の23%）は47%だが、パリ政治学院（Sciences Po）では73%、パリ高等師範学校（ENS Ulm）では75%、経営大学院（HEC）では89%、そしてエコール・ポリテクニークでは92%にも上る。C. Bonneau, P. Charousset, J. Grenet, G. Thebault, *Quelle démocratisation des grandes écoles depuis le milieu des années 2000?*, IPP, 2021を参照。しかも調査の結果、多様な社会階層の学生を受け入れることを政府や教育機関が繰り返し宣言しているにもかかわらず、2000年以降、目立った進歩は認められない。
3. 図4－5を参照。また、『資本とイデオロギー』pp. 902–906を参照。この数十年で学生1人当たりの投資額が減少したことを考慮すると、選抜課程の学生への投資を減らすことが必要なのではなく、むしろ、その他の一般課程の学生への投資を同じ

額に引き上げることが必要だ。

4. ある年代の50—60%に相当する集団のために10—20%の受入枠が留保されている場合、受入枠を増やさずに、非難が巻き起こるままにしておけば、実際の効果は限られるかマイナスになる可能性がある。中等教育課程の奨学生（親の所得が最も低いおよそ15—20%の高校生）という概念が高等教育課程の奨学生という概念に比べてずっと限定的であるという事実から、議論は曖昧になりやすい。高等教育の奨学生は8段階に分かれ、全体で約40%の学生（親の所得が同年代の若者全体の親の所得より高いことを考慮すると、同年代の50—60%）に相当する。この違いは、この問題に関する情報が提供されたうえでの民主的な討議を重ねるために、明確で公正かつ独立した情報が必要なことを示している。
5. 中学校の教員の平均給与（あらゆる手当を含む）は、裕福な家庭の子供の割合が最も少ない10%の中学では月額2400ユーロ未満で、その割合が増えるにつれて高くなり、裕福な家庭の子供が最も多い10%の中学では月額2800ユーロにまで上がっている。高校の教員の平均給与は同じように最も恵まれない10%の高校では月額2700ユーロで、最も裕福な10%の高校では月額約3200ユーロに達している。A. Benhenda, “Teaching Staff Characteristics and Spending per Student in French Disadvantaged Schools”, PSE, 2019; A. Behenda, *Tous des bons profs. Un choix de société*, Fayard, 2020を参照。
6. *Effective Teacher Policies: Insights from PISA*, OECD, 2018を参照。
7. B. Pavard, F. Rochefort, M. Zancarini-Fournel, *Ne nous libérez pas, on s'en charge! Une histoire des féminismes de 1789 a nos jours*, La Decouverte, 2020を参照。
8. 『資本とイデオロギー』pp. 637–638を参照。
9. L. Beaman, R. Chattopadhyay, E. Duflo, R. Pande, P. Topalova, “Powerful Women: Does Exposure Reduce Bias?”, *Quarterly Journal of Economics*, 2009を参照。
10. フランスでは、1924年4月26日の法律で初めてアファーマティブ・アクションが導入された。この法律は、従業員10人以上のすべての企業に10%以上の戦傷者を雇用することを課し、違反すれば欠員戦傷者分の1日の賃金に相当する金額を支払う義務を課すというもので、現行の障害労働者の雇用義務制度へと発展していった（それまでより抑止効果が低い制裁であり、対象人数も少ない）。
11. C. Arruza, T. Bhattacharya, N. Fraser, *Feminism for the 99 %* を参照。また M. Benquet, *Encaisser! Enquête en immersion dans la grande distribution*, La Découverte, 2015; F.-X. Devetter, J. Valentin, *Deux millions de travailleurs et des poussières. L'avenir des emplois du nettoyage dans une société juste*, Les Petits Matins, 2021を参照。
12. H. Périvier, *L'Économie féministe*, Sciences Po, 2020を参照。新しい格差も現れている。たとえば、別居の増加および非常に不平等な資産共有制度の維持（ときには徹底化）によって、理不尽な資産の男女格差が広がっている。C. Bessière, S. Gollac, *Le Genre du capital. Comment la famille reproduit les inégalités*, La Découverte, 2020; C. Bessière, “Reversed Accounting. Legal Professionals, Families and the Gender Wealth Gap in France”, *Socio-Economic Review*, 2019; N. Frémeaux, M. Leturq, “Inequality and the Individualization of Wealth”, *Journal of Public Economics*, 2020を参照。

13. 第一のリスクは女性のためのクオータ制に当てはまり、第二のリスクはずっと少ない。
14. 人数的には、SC-ST（指定カースト・指定部族）はフランスでの中等教育の奨学生とほぼ同人数で、SC-CT-OBC（指定カースト・指定部族・その他の後進諸階級）はフランスでの高等教育の奨学生と同人数。
15. アメリカ（黒人は人口の10―15%）と比較するのは、南アフリカ（黒人は人口の80%以上）と比較するより意味がある。
16. F. Jensenius, *Social Justice through Inclusion : The Consequence of Electoral Quotas in India*, Oxford University Press, 2017 を参照。また C. Jaffrelot, *Inde: la démocratie par la caste. Histoire d'une mutation sociopolitique 1885–2005*, Fayard, 2005 を参照。イスラム教徒（人口の15%）はSC-ST枠から排除されたが、OBC枠を利用することができた。このことは、ヒンドゥー教徒の庶民階級とイスラム教徒の庶民階級の間に事実上の連帯が生まれ、インド人民党（BJP）の反イスラムかつ反下位カーストの保守系ナショナリストたちの台頭に拍車をかけることになった。『資本とイデオロギー』pp. 838–859 を参照。
17. L. Chancel, T. Piketty, "Indian Income Inequality, 1922–2015: from British Raj to Billionaire Raj?", *Review of Income and Wealth*, 2019 を参照。また、アマルティア・セン、ジャン・ドレーズ『開発なき成長の限界――現代インドの貧困・格差・社会的分断』湊一樹訳、明石書店、2015年を参照。また C. Jaffrelot, A. Kalaiyarasan, "Post-Sachar Indian Muslims: Facets of Socio-Economic Decline", Sciences Po, 2021 を参照。
18. 『資本とイデオロギー』pp. 353–355 を参照。
19. 限度額は2021年現在、80万ルピーで、これは事実上、人口の約10%がクオータ制から排除されるということだ。
20. デリーのジャワハルラル・ネルー大学など特定の大学では、数十年前から連邦が課す義務を尊重し、それをさらに進めて、成績、性別、カースト、両親の所得、出身地方などを組み合わせたクオータ制を活用している。
21. J. Cagé, *Libres et égaux en voix*, Fayard, 2020 を参照。著者は、各政党に候補者の50%を事務職および労働者（労働力人口の約50%に相当する社会階層）とすることを義務づけ、これを回避した場合（たとえば、そうした社会層出身の議員が40%以下の場合）は、抑止効果のある制裁を科すことを提案している。直近10年の平均年間所得または資産に基づいて下層階級を定義することも可能だろう。
22. ドイツの労使共同経営制度では、逆向きの社会的パリテの形が存在することに注目しよう。つまり、従業員代表団に管理職の一定枠が設けられている。このルールについては、労働組合を分断させ、株主の権限を強化することを目指す雇用主の戦略であると労働組合がつねに糾弾している（これは一理ある）。S. Silvia, *Holding the Shop Together* を参照。
23. アメリカで激しい人種差別が根強く続いていることに関してはF. Pfeffer, A. Killewald, "Visualizing Intergenerational Wealth Mobility and Racial Inequality", Socius, 2019 を参照。
24. しかし、複数の州で両親の所得を考慮することを裁判所が禁じ、そうした州では、居住地区だけを優先枠の対象とすることに甘んじている。これでは、恵まれない地

域のなかの最も恵まれている者がこの措置の恩恵を受けることになることが多いため、対象の社会階層を正確に把握するには不十分だ。G. Ellison, P. Pathak, “The Efficiency of Race-Neutral Alternatives to Race-Based Affirmative Action: Evidence from Chicago's Exam Schools”, NBER, 2016 を参照。

25. Z. Rocha, P. Aspinall, *The Palgrave International Handbook of Mixed Racial and Ethnic Classification*, Palgrave, 2020 を参照。

26. A. F. Heath, V. Di Stasio, “Racial Discrimination in Britain,1969–2017: A Meta-Analysis of Field Experiments on Racial Discrimination in the British Labour Market”, *British Journal of Sociology*, 2019 を参照。また L. Quillian *et al.*, “Do Some Countries Discriminate More than Others? Evidence from 97 Field Experiments of Racial Discrimination in Hiring”, *Sociological Science*, 2019 を参照。同書によると、フランス、スウェーデンではイギリスやドイツより強い差別があるが、その差は、統計上、有意と見なされる限度値を下回っている。

27. フランスでは、北アフリカ出身二世の国際結婚の比率は30―35%で、ポルトガル出身二世と同じ割合である。スペインまたはイタリア出身二世の国際結婚の比率は60%に達している。C. Beauchemin, B. Lhommeau, P. Simon, “Histoires migratoires et profils socioéconomiques”, *in Trajectoires et origines. Enquête sur la diversité de la population francaise*, INED, 2015 を参照。アメリカでは、2015年に黒人であると申告した者同士の国際結婚は15%（1967年には2%）だった。中南米出身者および少数のアジア出身者の国際結婚は25―30%に達している。白人同士の国際結婚は約10%である。G. Linvingston, A. Brown, “Intermarriage in the U.S. 50 Years after Loving v. Virginia”, Pew Research Center, 2017 を参照。

28. イギリスの国勢調査では、トルコ、エジプト、マグレブで生まれた者の4分の1ないし半分が「白人」（「黒人／カリブ系」または「インド人／パキスタン人」より良いと思えるカテゴリー）に分類され、その他は「アジア人」「アラブ人」（2011年に導入されたカテゴリーだが、対象者全員の関心をまったく惹きつけていない）に分類されている。

29. P. Simon, M. Clément, *Rapport de l'enquête, “Mesure de la diversité”*, INED, 2006 を参照。民族と人種の質問票に対する不快感は、サハラ砂漠以南またはアンティル諸島の出身者よりも、北アフリカ出身者のほうがずっと強く感じている。また P. Ndiaye, *La Condition noire. Essai sur une minorité française*, Calmann-Lévy, 2008 を参照。

30. M.-A. Valfort, *Discriminations religieuses à l'embauche : une réalité*, Institut Montaigne, 2015 を参照。

31. フランスでは、2011年に権利擁護機関（Le Défenseur des droits）が差別対策・平等促進高等機関（Halde）にとって代わったが、これらの機関にはこれまで大規模な年次調査を進めるために必要な手段がなかった。欧州連合の同様の機関（欧州基本権機関：FRA）も同じだ。

32. 以前から、多くの公的調査（「雇用」「教育および専門資格」「経歴および出自」）に両親の出生国に関する質問が存在する。しかし、詳細を分析するには調査期間と規模が十分でない。2010年の公式報告書では、従業員によって提供される情報を用

いて分析することを提案しているが、成功していない（F. Héranらによる *Inégalités et discrimination. Pour un usage critique et responsable de l'outil statistique. Rapport du Comité pour la mesure de la diversité et l'évaluation des discriminations (COMEDD)* を参照）。国勢調査を介して情報が得られれば、手続きが簡単になるだろう。

33. 想定される質問形式は次のような形になる。「あなたの祖先に、あなたの知るかぎり、以下のような地域の出身者がいますか？」（質問には、はい／いいえを選ぶ以下の項目が続く：南ヨーロッパ、北アフリカ、サハラ以南、南アジアなど）。
34. 若年世代は、年長者に比べてイスラム教徒に対する差別にずっと敏感で、このことはおそらくポジティブな変化だと言える。*Enquête auprès des lycéens sur la laïcité et la place des religions à l'école et dans la société*, Licra, 2021 を参照。
35. J. Grenet, "Renforcer la mixité sociale dans les collèges parisiens", PSE, 2016 を参照。フランスはまた、小学校でカトリックの教理問答を学ばせるために土日のほかに週に1日、休日（1882年から1972年までは木曜日、その後は水曜日）にしている唯一の国である。この中休み日を通常の学校の時間割に組み入れることが検討されていたが、1週間を分割し、1日の授業時間が長すぎるフランスの特殊な時間割が学習上も男女間の不平等の上にも弊害があることが明らかであるにもかかわらず、2017年の学校改革によって、この制度を続けることが決定された。C. Van Effenterre, *Essais sur les normes et les inégalités de genre*, EHESS, 2017 を参照。
36. フランスでは、納税者が100ユーロの寄付をする場合、34ユーロしか払わなくて済む。残りの66ユーロは国が支払ってくれるのだ。この補助は、納税者が所得税を支払っている（国民の最貧層の半分は排除されている）という条件の下で、所得の20%を上限に、あらゆる一般利益団体に適用される。

第9章

1. 中国は2010年以降、最貧国50%に入っておらず、図9−1に示された比率の低下には、とくにインド、インドネシア、ベトナムそしてアフリカの一部の成長が反映されている。労働時間当たりの所得の格差は、所得総額の格差に比べるとさらに大きい。貧しい国ほど平均して人口1人当たりの労働時間が長いが、長く働いたからといって、ささやかな経済・教育資金のほんの一部を補っているにすぎない。L. Chancel, T. Piketty, "Global Income Inequality 1820–2020", WID, 2021 を参照。
2. （フレイザーが言うところの）「ケインズのウェストファーレン体制」国家の概念、あるいは（バリバールが言うところの）「社会−国民」国家の概念については、ナンシー・フレイザー『正義の秤——グローバル化する世界で政治空間を再想像すること』向山恭一訳、法政大学出版局、2013年、および、エティエンヌ・バリバール、イマニュエル・ウォーラーステイン『人種・国民・階級——揺らぐアイデンティティ』若森章孝他訳、大村書店、1995年; E. Balibar, *Histoire interminable. D'un siècle l'autre*, La Découverte, 2020; L. Boltanski, N. Fraser, P. Corcuff, *Domination et émancipation. Pour un renouveau de la critique sociale*, Presses universitaires de Lyon, 2014 を参照。
3. フランスは1945年から1960年まで西アフリカ連邦構想を無視して、パリが主導するフランス−アフリカ連邦共同体の構築という幻想を抱きつづけていたため、こ

のプロジェクトを揺さぶり続けた。F. Cooper, *Citizenship between Empire and Nation* を参照。マリ連邦は、最も連邦領土が広かった1960年当時、6つの構成国にそれぞれ200―400万人、合わせて2000万人弱の人口がいた。

4. アンティル諸島の連邦構想は、とくにトリニダードのC. L. R. ジェームズが主導した。ジェームズはハイチの奴隷蜂起について記して反響を呼んだ1938年刊行の著書『ブラック・ジャコバン――トゥサン゠ルヴェルチュールとハイチ革命』青木芳夫監訳、大村書店、1991年や、奴隷解放運動における少数派の自主組織化についてのトロツキーとの論争でその名が知られている。D. Obono, P. Silberstein, *Question juive, question noire. Textes choisis et commentés de Léon Trotsky*, Syllepse, 2011を参照。
5. R. Toye, "Developing Multilateralism: The Havana Charter and the Fight for the International Trade Organization, 1947–1948" , *International History Review*, 2003を参照。また、クィン・スロボディアン『グローバリスト――帝国の終焉とネオリベラリズムの誕生』原田太津男他訳、白水社、2024年を参照。イギリスの労働党は、（保守党に激しく非難され、また帝国主義の利益に反すると判断して）ITO構想に反対し、フランスの社会党は1956年のスエズ侵攻時に政権に就いていたこと（社会党は共産党に対抗して中道右派と手を結んでいた）を指摘しておこう。
6. 2020―2021年の新型コロナウイルス感染症拡大の危機に直面して、インド、南アフリカおよび百数カ国に上る南側諸国がWTO（世界貿易機関）にワクチンの特許権放棄の要求申し立てをした際に、欧米諸国が自国を脅かしかねないあらゆる提案に拒否権を行使する可能性が再び見えた。
7. 冷戦時代を理想視するわけではないが、当時の東西間の競争では、今よりずっと南側諸国の意見に耳を傾け、国際機関では多国間主義が貫かれ、もっと成果を上げていた（あるいは存在感を示していた）ことが最近の研究で明らかになっている。S. Kott, *Organiser le monde. Une autre histoire de la guerre froide*, Seuil, 2021を参照。
8. 欧米諸国で、（それまで非常に高かった）関税収入の損失が19世紀から20世紀にかけて、はるかに漸進的だったのは、外部からの圧力がなく、代わりの税収を準備することに気を配る余裕があったからだ。J. Cagé, L. Gadenne, "Tax Revenues and the Fiscal Cost of Trade Liberalization, 1792–2006", *Explorations in Economic History*, 2018を参照。
9. 貧困諸国では不動産および事業用資産の登記や最低税率がないため、非公式部門がはびこる結果となっている。M. Chen, F. Carré, *The Informal Economy Revisited: Examining the Past, Envisioning the Future*, Routledge, 2020を参照。
10. 南側諸国にとって国家建設に立ちはだかるさらなる困難は、高学歴者は、その他のほとんどの国民のように北側諸国に移住する選択が閉ざされていないだけに、自分の報酬を北側諸国の同学歴の者（あるいは植民地時代の役人の報酬）と比較できることだ。このことがプロセスを複雑にし、超国家的な協力態勢や公正な基準を発展させることが一層必要となっている。
11. 『資本とイデオロギー』pp. 562–563、およびA. Alstadsæter, N. Johannesen, G. Zucman, "Who Owns the Wealth in Tax Havens?" , *Journal of Public Economics*, 2018を参照
12. P. Micheletti, *0,03 %. Pour une transformation du mouvement humanitaire international*,

Éditions Parole, 2020 を参照。OECD による政府開発援助の公式目標は富裕国については国民総所得（GNI）の 0.7%だが、フランスをはじめ多くの国が 0.3−0.4%にとどまり、その結果、世界全体では 2000 億ユーロ（2020 年の世界 GDP100 兆ユーロの 0.2%未満）となっている。ちなみに、政府国際援助には欧米のコンサルタントの給与も含まれるが、これを援助費用に含めることをためらう者もいる。

13. 第 1 章を参照。国連の発表による最低適応基金〔気候変動の影響に脆弱な開発途上国における具体的な適応プロジェクトに対して資金支援を提供することを目的に、京都議定書に基づいて設立された基金〕（年間の世界 GDP の 0.5−1%）総額については、L. Chancel, T. Piketty, “Carbon and Inequality: From Kyoto to Paris” を参照。
14. 1970−2012 年について、アフリカにおける資本所得の表向きの流出資金は、政府国際援助による流入資金より平均して 3 倍も多い。『21 世紀の資本』p. 73 を参照。
15. ヨーロッパの社会階級、労働条件、また、それらによって形成される体制を分析し直す必要性については C. Hugrée, E. Penissat, A. Spire, *Social Class in Europe: New Inequalities in the Old World*, Verso, 2020 を参照。
16. G.Mann, *From Empires to NGOs in the West African Sahel: The Road to Nongovernmentality*, Cambridge University Press, 2015 を参照。
17. このような税は、世界総資産の 15%前後、すなわち世界 GDP の 75%（75 兆ユーロ）を保有する世界人口の 0.1%（成人 50 億人中の約 300 万人）の集団が対象となる。ちなみに、アメリカの経済誌フォーブスが調査した億万長者 3000 人（人口の 0.001%以下）は世界総資産の 2%前後、すなわち世界 GDP の 10%（10 兆ユーロ）を保有している。つまり、1000 万ユーロ以上の資産に課税するほうが 10 億ユーロ以上の資産に課税するより潜在的税収はずっと多いということになる。
18. 表 6−1 を参照。
19. 現在、経済協力開発機構（OECD）で議論されている「税源浸食と利益移転（BEPS）」プロジェクトは、多国籍企業に世界での利益を一括して申告させることを検討している。これは大きな進歩だろう。問題は、この課税基礎をそれぞれの国に割り当てる際に、複数の要素を組み合わせた基準（給与総額とさまざまな地域での売り上げ）を用いることが想定されていることだ。そのような基準を用いれば、実際問題として、現実にタックスヘイブンに回避されている利益の 95%以上が富裕国に割り当てられ、貧しい国々にはわずかしか割り当てられないことになる。これを避けるには、少なくとも、税収の一部を各国の人口に比例して分配する（男性／女性各 1 人当たり 1 ユーロ）ことがぜひとも必要だ。一方で、OECD で検討されている多国籍企業に対する 15−20%という最低税率での想定税収は、せいぜい 1000 億ユーロにすぎない（世界 GDP の 0.1%）。25−30%の税率にすればもっと多くの税収が可能になるが、いずれにしても、高額資産に対する累進税に比べると、OECD の目標はそれほど高くない。
20. 多国籍企業への課税についての議論が国連でなく OECD で議論されているという事実は、富裕諸国がこの議論での支配力を維持したがっていることの表れだ。この議論には国連が認めるすべての合法国家が参加すべきである。もしこの議論が国連での広いコンセンサスの対象なら、追加の条件を考えることができる。

21. いくつかの研究から、エネルギー体制の違いによって社会闘争の形や富の分配への影響がどのように違うかが明らかになっている。労働力が集中する石炭産業は社会闘争への結集を助長したが、流動性のある石油産業は反対に、社会運動を崩壊させる一端を担った。T. Mitchell, *Carbon Democracy: Political Power in the Age of Oil*, Verso, 2011 を参照。また P. Charbonnier, *Abondance et liberté. Une histoire environnementale des idées politiques*, La Découverte, 2020 を参照。
22. 戦間期に、アントニオ・グラムシはイタリア国内を含むヨーロッパ南部、周辺地域で民衆集団を組織する困難さを主張している。たとえば、彼の説明によれば、イタリア南部の貧困を北部のイタリア人の多くが依然として理解していない。そのため、ファシストのような伝説化されたナショナリズムを例に引いて共通の歴史認識を形成しようとする指導者が多い。A. Tosel, *Étudier Gramsci*, Éditions Kimé, 2016 を参照。
23. 1980 年代以降、アメリカやヨーロッパ諸国だけでなく、インド、中国、ロシアなどその他の国々でも国内での不平等が拡大している。不平等が拡大していない、または、ほとんど拡大していないのは、戦後、平等な社会をまったく経験していない国々（とくに中東、ラテンアメリカ、サハラ砂漠以南のアフリカ）だ。全体として、1980 年代から 2018 年までの世界の経済成長において、世界の最富裕層 1%は、最貧層 50%の 2 倍以上の成長を遂げている。ファクンド・アルヴァレド他『世界不平等レポート 2018』を参照。
24. 新しいタイプの条約は使用される指標も大きく変化する。従来の条約では（EU の各種条約のように）GDP または GDP 比で表した赤字および負債が指標とされている。共同開発条約は格差、利益と給与の配分、炭素排出量などについての指標が導入されるべきだろう。これは、環境に関する諸協定においても、これらの指標に拘束力がないという、細い点を別にすれば、ある程度、当てはまる。国際法における社会的公平を目標にする必要性については、アラン・シュピオ『フィラデルフィアの精神――グローバル市場に立ち向かう社会正義』橋本一径訳、勁草書房、2019 年 ; M. Delmas-Marty, *Aux quatre vents du monde. Petit guide de navigation dans l'océan de la mondialisation*, Seuil, 2016; S. Moyn, *Not Enough: Human Rights in an Unequal World*, Harvard University Press, 2018 を参照。
25. 1952 年から 1979 年までヨーロッパ共同体には各国議員で構成され 1962 年に欧州議会と改称された議会があったが、主として諮問機関としての役割を担っていた（今日の欧州議会にかなり近い）。
26. 2019 年に締結された仏独二国間条約によって、このような性質の仏独議会が設置されたが、これはまさに諮問機関である。希望するすべての国にこのような議会を設置し、その議会に真の権限（累進税によって資金調達する社会・環境復興予算の決議）を託することを目指すヨーロッパ民主化条約の案については、www.tdem.eu および M. Bouju, A.-L. Delatte, S. Hennette *et al.*, *Changer l'Europe, c'est possible*, Seuil, 2019 を参照。
27. K. Nubukpo, *L'Urgence africaine. Changeons le modèle de croissance*, Odile Jacob, 2019 を参照。西アフリカ経済・通貨同盟（UEMOA）は2008年に法人税の共通課税基礎を設定し、加盟各国に 25－30%の税率を適用することを課す指針を制定した。これは EU が

今日まで決定できなかったことだ。CFA フラン（もともとは1848年の法律の一環で奴隷所有者に支払われた補償金を原資に1853年にセネガル銀行が発行した通貨）をEcoという名称の西アフリカ諸国が主権を持つ通貨に変更するプロジェクトは政治的・歴史的に大きな意味を持つ。

28.『資本とイデオロギー』pp. 624–627を参照。問題は、（経済機関にとって非常に重要な）金融証券の保有記録機能が国から民間の資産管理機関に委ねられ、アメリカのデポジトリー・トラスト・カンパニーやヨーロッパのクリアストリーム、ユーロストリームなどのように、そうした機関自体が透明性に欠けることだ。この問題を解決するには、資産預託の中央機関の役割を担う公共金融預託機関あるいはグローバル金融レジスター（GFR）を創設する必要がある。

29. OECDで議論された共通報告基準（CRS）計画には、すべての資産がカバーされているわけではなく、多くの抜け穴がある。ヨーロッパで展開されている法人の実質的受益者（つまり原則としてペーパー・カンパニーを別にして、本当の所有者）の申告制度も、2021年のパンドラ文書によって明らかになったように、同様である。全般的に、情報伝達によって今日まで税を回避してきた富豪らに適切に課税するにはどんな対策をとるべきかを検証できるような指標を税務当局が公表することが重要だ。L. Chancel, “Measuring Progress Towards Tax Justice”, WID. world, 2019を参照。

30. 企業が請求された情報を提供しない場合の最もシンプルな制裁は、個人所有者に対する資産税の税率を企業に適用することだ。2020年に、国籍を放棄し、資産を海外に移して資産に対する連邦税構想から逃れようとしているアメリカの納税者に対して、バーニー・サンダースやエリザベス・ウォーレンが提案した40％の税金のような「出国税」を適用することも可能だ。

31.『資本とイデオロギー』pp. 458–463を参照。

32. F. Alvaredo, L. Assouad, T. Piketty, “Measuring Inequality in the Middle East: The World's Most Unequal Region?” , *Review of Income and Wealth*, 2019を参照。また『資本とイデオロギー』pp. 608–610を参照。

第10章

1. *Global Warming of 1.5°C*, IPCC Special Report, 2018; *Global Assessment Report on Biodiversity and Ecosystem Services*, IPBES, 2019; W. Steffen et al., “Planetary Boundaries: Guiding Human Development on a Changing Planet” , Science, 2015; ジェイソン・ヒッケル『資本主義の次に来る世界』を参照。

2. Léonora Miano, *“Rouge impératrice”* (2019) では、21世紀に起こる環境破壊と原子力災害の後、2124年についに統合された強力なアフリカ連邦が誕生し、市場のグローバル化の行き詰まりに追い込まれた欧米諸国を追い越し、偏見と怨恨を乗り越えてヨーロッパの難民に手を差し伸べている。

3. 図1－3を参照。このような大災害が起こった後に、最も常軌を逸した地球工学の仮説をいつも早々と支持するIT億万長者たちが（税金を支払うとか、質素な生活をするという）簡単ではあるが面倒な解決策を取ることを避けて、プライベートジェットや宇宙旅行をする生活を続けることができたとしても、彼らの気まぐれはも

はや笑えない可能性が大いにある。

4. L. Chancel, "Global Carbon Inequality in the Long Run", WID. world, 2021を参照。また L. Chancel, T. Piketty, "Carbon and Inequality: From Kyoto to Paris" も参照。ここに示された数字は、直接的および間接的な（輸入については修正後の）炭素排出量を反映している
5. クリストフ・ボヌイユ、ジャン゠バティスト・フレソズ『人新世とは何か――〈地球と人類の時代〉の思想史』野坂しおり訳、青土社、2018年 ; J.-B. Fressoz, F. Locher, *Les Révoltes du ciel. Une histoire du changement climatique*, Seuil, 2020を参照。
6. 2013年になると、購買力平価で表した中国のGDPはアメリカのGDPを超えた。だが、中国の成人1人当たりの国民所得は欧米諸国の3分の1にとどまっている。具体的には、西ヨーロッパの成人1人当たりの国民所得はおよそ4万ユーロ、アメリカは5万ユーロなのに対し、中国は約1万5000ユーロである。現在の収斂リズム（年5%）が続けば、2040―2050年代には差はなくなるだろう。そうなれば、中国のGDPはアメリカとヨーロッパを合わせたGDPの1.5倍、人口はほぼ同じになるだろう。
7. 天安門事件のときに若い学生だった *Global Times* の編集長、胡錫進（フー・シージン）はユーゴスラビアの分離主義による内紛を見て、党と党内での討議を鎮める役割の重要性を確信し、国境管理体制や財産制度といったデリケートな決定を選挙で選ばれた議員たちに任せることはできないと確信した、としばしば力説する。2017年10月15日付「ル・モンド」紙の胡錫進のインタビュー記事を参照。
8. 中国における格差拡大とデータの透明性欠如については T. Piketty, G. Zucman, L. Yang, "Capital Accumulation, Private Property and Rising Inequality in China, 1978–2015", American Economic Review, 2019を参照。
9. インドの人口は2028年には中国の人口を超えるに違いない。インドは、現政権のヒンドゥー至上主義ナショナリストらによるアイデンティティ重視で専制的な偏った政治から抜け出し、非常に重い不平等の遺産を乗り越えて、教育、保健・医療、インフラにより多くの投資をすれば、まだ確かではないが、選挙による連邦制、議会制度、報道の自由を手に入れ、そのことにより、中国より強固な（もしくは、他の国々にとってより魅力的で、取り入れやすい）政治基盤を築くだろう。
10. 現在も進行中のこのような変化の最近のひとつの例として、2019年にフランス政府が採択したパリ空港公団（ADP）グループの民営化計画を挙げることができる。この計画では、売却額は80億ユーロと見込まれているが、これは富裕税と資本所得に対する累進税を撤廃したことで年50億ユーロの税収を失った後のことだ。それなら、減税の恩恵を受けている人々に財産権利書を直接渡したほうが簡単だったのではないだろうか。
11. 第5章を参照。国民経済計算に記録されている公有資産価額は一般に国民所得の100―150%で、そのため負債がこのレベルを超えると、純公有財産がマイナスになる。注目すべきは、欧米諸国も1950―1980年代には混合経済だったことだ。つまり、公的債務はわずかで、公有資産は潤沢だった。純公有財産は国全体の資本の大きな比率を占めていた（20―30%の国がほとんど）。ここでは、とくに公共部門

が発達した民主的な政治体制ではどれくらいのレベルが理想かという複雑な問題を断定することはできない。国の資本に占める純公有資産はゼロあるいはマイナスよりわずかにプラスのほうが好ましいとだけ言っておこう。

12. 新自由主義という言葉は、19世紀から1914年までもてはやされた従来の経済自由主義に対抗して1980年代以降、世界中に広がった新しい形の経済自由主義という意味である。新自由主義が、1914年以前の社会とはまったく異なる強力な社会国家体制を特徴とする北側諸国で、また1960年以前あるいは1914年以前の植民地主義とはまったく異なる形での新植民地主義を特徴とする南側諸国の独立後の社会で隆盛したという見方を失わない限り、この概念は役に立つかもしれない。この言葉は、1938年にリベラルな知識人のグループ（その中には、ジャーナリストのウォルター・リップマン、経済学者のフリードリヒ・ハイエク、ルートヴィヒ・フォン・ミーゼス、ヴィルヘルム・レプケらがいる）が、1914年以前の自由主義の衰退を確認し、将来の自由主義の再構築について考察するためにパリで集まった会議の折に導入された。S. Audier, *Le Colloque Lippmann. Aux origines du "néo-libéralisme"*, BDL, 2012; *Néo-libéralisme(s). Une archéologie intellectuelle*, Grasset, 2012 を参照。
13. 自由主義、ナショナリズム、社会主義にもとづくイデオロギー的政治空間の不安定な構造については B. Karsenti, C. Lemieux, *Socialisme et sociologie*, Éditions de l'EHESS, 2017 を参照。要約すると、自由主義は市場と、経済の社会からの解放をよりどころとし、ナショナリズムは国家の固定化と民族、国家の連帯によってそれに応じる。社会主義は教育、知識、権力の共有によってすべての人の自立を促進する。
14. 2016年のブレグジットに関する国民投票のキャンペーン費用がヘッジファンドによって調達された方法や、1980−1990年代にEUがもたらした規制緩和の波にもはや飽き足らずに、新しい規制緩和の波を求める金融ロビイストについては、M. Benquet, H. Bergeron, *La Finance autoritaire. Vers la fin du néolibéralisme*, Raisons d'agir, 2021 を参照。
15. スイスと日本の中央銀行は2020年のパンデミック以前でさえバランスシートの規模はGDPの100%を超えていた。『資本とイデオロギー』pp. 642–650 を参照。
16. このような制度は通貨政策を容易にするほかに、民間事業者が夢見る電子マネー・システムとは反対に、銀行による誰もがアクセスできる無料の本当の公共サービスの創出という利点がある（ビットコインのような民間事業者は分散型だが環境の汚染源となり、Facebook や民間銀行などは集中型だが不平等）。
17. S. Kelton や P. Tcherneva をはじめとする雇用保証やグリーン・ニューディールのための通貨創出の支持者たちは、この点について非常に明瞭だ。ステファニー・ケルトン『財政赤字の神話――MMTと国民のための経済の誕生』土方奈美訳、早川書房、2020年を参照。また L. Randall Wray *et al.*, *Public Service Employment: a Path to Full Employment*, Levy Institute, 2018 も参照のこと。
18. 欧州議会に対し融資評議会の設置を提案している E. Monnet, *La Banque Providence. Démocratiser les banques centrales et la création monétaire*, Seuil, 2021 を参照。また N. Dufrêne, A. Grandjean, *La Monnaie écologique*, Odile Jacob, 2020 も参照。
19. たとえば、ECB（欧州中央銀行）のバランスシートにおける公的債務を無利子に、

あるいは気候変動対策の目標実現に応じて40年ないし50年間に繰り延べることができるだろう。公的債務も、場合によっては個人口座に入金された融資額も、ECBのバランスシートに無利子の無期限債として計上することもできるだろう。そうすれば債務は帳消しになるのと同じことだ。いずれの場合も、こうした決定は金利がゼロのときに行うほうがいい。さもないと、各国がバラバラに金利を上げて必ず対立が起こるだろうから。

20. たとえば、主権主義－国際主義のある国が、税制や環境面で不当な行為をしている国に制裁を科す場合、問題の国が多国籍企業の収益に課税することを決断するなり、炭素排出量が望ましいレベルになりさえすれば、制裁は取り消されるべきである。この観点から、普遍的な根拠のない分野ごとの対策は排除すべきだ。なぜなら、そうしたものは、建設的で客観的な出口のない制裁へとエスカレートしがちだからだ。

図表一覧

著者略歴

（Thomas Piketty）

1971年5月7日，フランスのクリシー生まれ．パリ経済学校経済学教授．社会科学高等研究院（EHESS）経済学教授．EHESSおよびロンドン経済学校（LSE）で博士号を取得後，マサチューセッツ工科大学（MIT）で教鞭を執る．2000年からEHESS教授，2007年からパリ経済学校教授．多数の論文を *the Quarterly Journal of Economics, the Journal of Political Economy, the American Economic Review, the Review of Economic Studies* ほかに発表．経済発展と所得分配の相互作用について，主要な歴史的，理論的研究を成し遂げる．世界不平等研究所および世界不平等データベースの共同ディレクター，「欧州の民主化のためのマニフェスト」の発起人も務める．著書に『21世紀の資本』（2014）『世界不平等レポート2018』（共編，2018）『来たれ，新たな社会主義』（2022）『資本とイデオロギー』（2023）アレ＆アダム『マンガで読む 資本とイデオロギー』（原作，2024，以上みすず書房），『トマ・ピケティの新・資本論』（日経BP，2015）『格差と再分配』（早川書房，2016）『不平等と再分配の経済学』（明石書店，2020）『自然、文化、そして不平等』（文藝春秋，2023）ほか多数．

訳者略歴

広野和美〈ひろの・かずみ〉フランス語翻訳家．訳書 アレ＆アダム『マンガで読む 資本とイデオロギー』（みすず書房，2024）ル・ブルトン『歩き旅の愉しみ』（草思社，2022）ペリノ『0番目の患者』（共訳，柏書房，2020）ル・ケンヌ『フランス式 おいしい調理科学の雑学』（パイインターナショナル，2020）ほか．

トマ・ピケティ

平等についての小さな歴史

広野和美訳

2024年 9月17日 第1刷発行

発行所 株式会社 みすず書房
〒113-0033 東京都文京区本郷2丁目20-7
電話 03-3814-0131(営業) 03-3815-9181(編集)
www.msz.co.jp

本文組版 キャップス
本文印刷所 萩原印刷
扉・表紙・カバー印刷所 リヒトプランニング
製本所 誠製本
翻訳協力 リベル

Printed in Japan
ISBN 978-4-622-09732-7
[びょうどうについてのちいさなれきし]
落丁・乱丁本はお取替えいたします